高等学校"十二五"规划教材·公共管理类

项目可行性研究

主　编　田　洋　王成东　崔　嵩
副主编　陈　平　赵　莹　胡志博
参　编　冯明芬　张明君

HEUP 哈尔滨工程大学出版社

内 容 简 介

本书继承了传统的可行性研究的框架,即市场分析、项目建设条件分析、生产条件分析、财务分析、经济分析等。同时也体现了一些最新的理念,如建筑工程项目方案优化设计及风险理论与分析,模糊综合评判与营销策划。本书主要具有以下三个特点:①理论联系实际。本书不但系统地阐述了有关的科学理论,而且凝结了作者多年来从事项目评估的实际工作的经验,把理论和实践比较好地融合在一起;②兼收并蓄。书中不但融汇了作者多年来在教学、科研和实践工作中的想法和体会,而且在查阅大量国内外有关文献的基础上,较广泛地吸收了这些文献的观点、体系和方法;③操作性强。尽管书中有大量的理论论述,但作者的意图是使其能够成为一本具有较强操作性的项目评估指南。并在这方面作了很大的努力。

本书既可作为金融、工商管理、公共管理、工程管理及其他相关专业的本科生教材和研究生教材,又可作为从事银行信贷管理、工程项目管理、经济管理、财务管理和工程咨询的实际工作者的参考书。

图书在版编目(CIP)数据

项目可行性研究/田洋,王成东,崔嵩主编.—哈尔滨:
哈尔滨工程大学出版社,2015.4(2019.12 重印)
ISBN 978 - 7 - 5661 - 1022 - 0

Ⅰ.①项⋯ Ⅱ.①田⋯②王⋯③崔 Ⅲ.①投资项目－可行性研究
Ⅳ.①F830.593

中国版本图书馆 CIP 数据核字(2015)第 073864 号

出版发行	哈尔滨工程大学出版社
社　　址	哈尔滨市南岗区南通大街 145 号
邮政编码	150001
发行电话	0451 - 82519328
传　　真	0451 - 82519699
经　　销	新华书店
印　　刷	北京中石油彩色印刷有限责任公司
开　　本	787 mm × 1 092 mm　1/16
印　　张	15.75
字　　数	409 千字
版　　次	2015 年 6 月第 1 版
印　　次	2019 年 12 月第 6 次印刷
定　　价	39.00 元

http://www.hrbeupress.com
E-mail:heupress@ hrbeu.edu.cn

前言
PREFACE

    工程建设项目是满足国家及社会发展需要的必要保障,也是促进国富民强的有效途径。建设项目投资的成败对国计民生的作用及给社会带来的影响是非常巨大的。项目决策一旦失误,大则引发社会经济动荡,小则危及地区或企业的政治和经济安全。项目可行性研究是在项目投资决策前,对拟建项目在市场销售、投资环境、工程技术、组织管理和经济、社会等方面的可行性、合理性和有效性进行全面系统论证的一种科学方法,是基本建设程序中的一个重要工作阶段。

    本书在研究和总结我国近几十年来可行性论证理论和实践的基础上,以《全球价值链背景下黑龙江省装备制造业与生产性服务业融合发展模式与实现策略研究》(LBH－Z14067)项目为平台,对可行性论证的重大理论问题进行了研究,并取得了一系列研究成果。本教材在编写的过程中不断吸取国内外最新关于项目可行性分析与评价的有关规定,及时融入自己和他人的前沿理论研究成果。此外,还向学生提供了大量的扩充性学习材料,建立了项目可行性分析与评价的实际案例库和仿真案例库,运用大量案例进行手工计算和计算机模拟来加深学生对项目可行性分析与评价概念及编制方法的认识和理解,从而提高实际动手操作能力。

    全书共有九章,并在附录部分加入了两个完整的案例。其中第一章、第六章由田洋编写,第二章、第七章由王成东编写,第三章、附录由崔嵩编写,第五章由陈平编写,第八章由赵莹编写,第四章由胡志博编写,第九章由冯明芬编写,张明君负责全书的统稿和校对。

    本书在编写过程中,虽然反复推敲核定,仍难免有不足或疏漏之处,恳请广大读者提出宝贵意见。

编者

2015.3

目 录

第一章　项目可行性研究与评估基本原理简介

本章重点阐述了项目前期研究的基本原理,概括地介绍了有关进行投资项目可行性研究与评估的基本思路和方法,包括机会研究与项目建议书、项目的初步可行性研究与详细可行性研究、对项目前期可行性研究进行再评价的项目评估等基本内容与要求。对可行性研究与项目评估的成果及其表达问题,各类报告的作用与编写要求,特别是对作为编写规范和依据的一般工业项目可行性研究报告和项目评估报告的编制大纲的基本格式与内容要求等,也都作了简要的说明,这为典型案例的介绍与解析做了必要的理论铺垫和准备。若读者能将此与后面的具体案例内容结合起来对比阅读,将有助于领会和掌握有关项目可行性研究与评估的初步知识,获得在短期内初步掌握可行性研究与评估的基本要领,加深对项目前期研究工作理论的理解,提高实际工作的应用能力。最后本章还为完善项目评估的内容,补充了有关项目后评估主要原理、方法与基本要求等内容。

第一节　投资项目前期可行性研究与评估的基本思路与方法

一、投资项目前期可行性研究与评估的基本问题

"先评估论证,再决策是否上马"是当今进行现代项目管理的基本原则。进行投资项目的可行性研究与评估,即进行项目前期的分析论证,是指对拟建项目就其技术上的先进性、适用性,经济上的合理性、盈利性与实施上的可能性和风险性进行全面科学地综合分析,为项目的投资决策提供客观依据的一种技术经济性质的研究活动。

进行投资项目的可行性研究与评估(也称项目论证),通常应围绕市场需求、工艺技术、财务经济效益三个主要方面展开调查和分析——市场是前提,工艺技术条件是手段,财务经济效益是核心。通过详细的分析论证,可以回答以下五个方面的问题:一是项目产品或劳务的市场需求如何,为什么要实施这个项目;二是项目实施需要的物质条件如何,如需要多少人力、物力资源,供应条件怎样;三是项目需要多少资金,筹资渠道如何;四是项目采用的工艺技术是否先进适用,项目的生命力如何;五是项目的规模有多大,地(厂)址的选择有什么具体要求。

任何项目都可能有多种实施方案,不同的方案将产生不同的效果。同时,未来的环境具有不确定性,同一方案在不同的环境下也可能产生不同的效果。为了从多种可供实施的方案中选优,就需要对各种可供实施的方案进行分析、比较和评价,预测其可能产生的各种后果。这种在项目实施前进行的研究评价,一般都是通过对实施方案的工艺技术、产品、原材料、未来的市场需求与供应情况以及项目的投资与收益情况进行分析,从而得出各种方案的优劣以及在实施技术上是否可行、经济上是否合算等可供决策参考的信息。

二、项目前期可行性研究与评估的基本步骤

对项目进行可行性研究与评估论证,通常被视为一个连续的过程,包括提出问题、制定目标、拟订方案及分析评价,最后从多种可行的方案中选出一种比较理想的最佳方案,供投

资者决策。一般的程序应包括以下七个主要的步骤。

1. 明确项目范围和业主目标

明确项目范围和业主目标主要是要明确问题,包括弄清项目论证的范围以及业主的目标。

2. 搜集并分析相关资料

搜集并分析相关资料包括实地调查以及技术研究和经济研究,每项研究所要包括的主要内容、需要量、价格、工业结构和市场竞争将决定市场机会,同时原材料、能源、工艺要求、运输、人力和外围工程又影响工艺技术的选择。

3. 拟订多种可行的能够相互替代的实施方案

达到某一目标通常会有多种可行的方法,因而就形成了多种可行的能够相互代替的技术方案。项目论证的主要核心点是从多种可供实施的方案中选优,因此拟订相应的实施方案就是项目论证一步极为关键的工作。在列出技术方案时,既不能把实际上可能实施的方案漏掉,也不能把实际上不可能实现的方案当作可行方案列进去,否则,要么最后选出的方案可能不是实际最优的方案,要么由于所提方案缺乏可靠的实际基础造成不必要的损失。所以,在建立各种可行的技术方案时,应当根据调查研究的结果和掌握的全部资料进行全面仔细的考虑。

4. 进行多方案的分析、比较

方案分析与比较阶段包括:分析各个可行方案在技术上、经济上的优缺点;方案的各种技术经济指标如投资费用、经营费用、收益、投资回收期、投资收益率等的计算分析;方案的综合评价与选优,如敏感分析以及对各种方案的求解结果进行比较、分析和评价,最后根据评价结果选择一个最优方案。

5. 最优方案进一步详细全面地论证

最优方案进一步详细全面地论证包括:进一步的市场分析,方案实施的工艺流程,项目地址的选择及服务设施、劳动力及培训,组织与经营管理,现金流量及经济财务分析,额外的效果等。

6. 编制项目论证报告、环境影响报告书和采购方式审批报告

项目论证报告的结构和内容常常有特定的要求,这些要求和涉及的步骤,在项目论证报告的编制和实施中可能有助于业主。

7. 编制资金筹措计划和项目实施进度计划

项目的资金筹措在比较方案时,已作过详细考查,其中一些潜在的项目资金会在贷款者进行可行性研究时出现。实施中的期限和条件的改变也会导致资金的改变,这些都应根据项目前评价报告的财务分析做出相应的调整。同时应做出一个最终的决策,以说明项目可根据协议的实施进度及预算进行。

以上步骤只是进行项目可行性研究与评估论证的一般程序,而不是唯一的程序。在实际工作中,根据项目所研究问题重点及其性质、条件和方法的不同,采用其他适宜的程序。

对项目进行的可行性研究与评估,其论证后的作用主要体现在"依据性"上:项目论证的结果可以作为确定项目是否实施的依据,可以作为筹措资金、向银行贷款的依据,可以作为编制计划、设计、采购、施工以及机构设置与配套、资源配置的依据,还是防范风险、提高项目效率的重要保证。

第二节　投资项目可行性研究工作的阶段划分及要求

按照联合国工业发展组织（UNIDO）编写的《工业项目可行性研究手册》，一般把项目投资前期的可行性研究工作分为机会研究、初步可行性研究、可行性研究和项目评估决策几个阶段。

由于建设前期的各研究工作阶段的研究性质、工作目标、工作要求及作用不同，其工作时间与费用也各不相同（见表1－1）。通常因为各阶段研究的内容是由浅入深，故项目投资和成本估算的精度要求也由粗到细，研究工作量由小到大，研究的目标和作用逐步提升，因而研究工作的时间和费用也随之逐渐增加。

表1－1　可行性研究各阶段工作的目的和要求

研究阶段	机会研究	初步可行性研究	可行性研究	项目评估决策
研究性质	项目设想	项目初选	项目准备	项目评估
研究目的和内容	鉴别投资方向，寻求投资机会（含地点、行业、资源和项目的机会研究）、选择项目、提出项目投资建议	对项目作初步评价，进行专题辅助研究，广泛分析，筛选方案，确定项目的初步可行性	对项目进行深入细致的技术经济论证，重点对项目的技术方案和经济效益进行分析评价，进行多方案比选，提出结论性意见	综合分析各种效益，对可行性研究报告进行全面审核和评估，分析判断可行性研究的可靠性和真实性
研究要求	编制项目建议书	编制初步可行性研究报告	编制可行性研究报告	提出项目评估报告
研究作用	为初步选择投资项目提供依据，批准后列入建设前期工作计划，作为项目主体对投资项目的初步决策	判定是否有必要进行下一步详细可行性研究，进一步判断建设项目的生命力	作为项目投资决策的基础和重要依据	为投资决策者提供最后的决策依据，决定项目取舍和选择最佳投资方案
研究性质	项目设想	项目初选	项目准备	项目评估
估算精度	±30%	±20%	±10%	±10%
研究费用（占总投资的百分比）	0.2%～1.0%	0.25%～1.25%	大项目 0.2%～1% 中小项目 1%～3%	
需要时间／月	1～3	4～6	8～12 或更长	

注：以上费用的百分比只表明在三个阶段之间的相对关系，并不是绝对标准。由于项目之间的复杂性，涉及的工作范围和难易程度、论证人员的业务水平以及相互竞争程度有很大不同，所以费用的百分比也会有较大差异。

第三节　机　会　研　究

一、机会研究概述

在进行项目前期可行性研究与评估的分析论证过程中,初期首先要进行的是有关投资机会的研究,投资机会研究的主要任务是为建设项目的投资方向和设想提出建议。具体而言,投资机会研究就是要从一般机会或特定机会的分析中,发现投资的切入点或可能的接口,找出可供投资的项目。在我国,应根据国民经济发展的长远规划,行业、地区规划,经济建设方针,建设任务和技术经济政策,在一个确定的地区、企业或部门内部,结合资源情况、市场预测和建设布局等条件,选择建设项目,寻找最有利的投资机会。

机会研究可分为一般机会研究和特定项目机会研究。二者既有联系又有区别,一般机会研究要求对某个指定的地区、行业或部门鉴别各种投资机会,或是识别利用以某种自然资源或农业产品为基础的投资机会。此项研究,通常由国家机构、公共或营销中介指导机构进行,作为制订经济发展计划的基础。在对这些投资机会作出最初鉴别之后,再进行特定项目的机会研究,即将项目的设想转变为概略的项目投资建议,以引起投资者的注意,使其作出投资响应,并从几个有投资机会的项目中迅速而经济地作出抉择。然后,编制项目建议书,为初步选择投资项目提供依据。经批准后,列入项目建设前期工作计划,作为国家或投资者对投资项目的初步决策。

鉴于此阶段的研究工作较粗略,通常根据类似条件和背景的工程项目来估算投资额与生产成本,初步分析建设投资效果,提供一个或一个以上可能进行建设的投资项目和投资方案。故此阶段所估算的投资额和生产成本的精确程度大约应控制在30%以内,大中型项目的机会研究所需时间在1~3个月,所需费用约占投资总额的0.2%~1%。如果投资者对这个项目感兴趣,则可再进行下一步的可行性研究工作。

对有关机会研究的具体问题,下面按一般机会研究和特定项目机会研究的情况进行分述。

二、一般机会研究

一般机会研究是研究项目机会选择的最初阶段,是项目投资者或经营者通过占有大量信息,并经分析比较,从错综纷繁的事务中鉴别发展机会,最终形成确切的项目发展方向或投资领域的过程(或称项目意向)。按照联合国工业发展组织(UNIDO)推荐的纲要,一般机会研究通常需要作地区研究、部门研究和以资源为基础的研究。

作为一种全方位搜索投资切入点的过程,一般机会研究的主要内容是进行大量的信息数据的搜集、整理和分析。具体表现为以下三方面:

1. 地区研究

即通过分析地理位置、自然特征、人口、地区经济结构、经济发展状况、地区进出口结构等状况,选择投资或发展方向。

2. 部门研究

即通过分析部门特征,经营者或投资者所处部门(或行业)的地位作用,增长情况能否做出扩展等,进行项目的方向性选择。

3.资源研究

即通过分析资源分布状况、资源储量、可利用程度、已利用状况、利用的限制条件等信息,寻找项目机会。

一般机会研究所作的地区、部门、资源三方面的研究需要由有关地区经济发展及产业结构预测、地区社会发展现状及预测、地区资源状况及数量、有关法律法规、部门发展情况及增长率、进出口结构、趋势分析等方面信息及数据作为依据。

一般机会研究运用的方法主要是要素分层法(也称为层次分析法),这是项目机会选择中比较常用的一种方法。所谓要素分层法是通过将一般机会研究所涉及的各个方面的要素列出并区分类别,对各要素重要程度给出权重,并通过评分的方法找出关键要素,来确立项目方向。由于项目选择涉及许多要素,要素分层法就是将这些杂乱无章的影响因素按照项目机会,项目问题,项目承办者的优势、劣势等进行分层;通过要素的分层分析,并采取主观评分的方法来判断机会与问题、优势与劣势,从而作出判断。所以,要素分层法是一种将定性(要素分层)与定量(要素评分)相结合的方法;它要求在占有充分信息的情况下,将影响项目发展的有利因素和不利因素做出直观展示,易于操作,十分便于决策。

总之,对于一般机会研究来说,主要应通过分析下列各要点来鉴别投资机会或项目设想,一旦证明是可行的就需对它们进行详尽的研究。

(1)在加工或制造方面有所需的自然资源。

(2)为加工工业提供农业原料的现有农业布局情况。

(3)对某些因人口或购买力增长而具增长潜力的消费品以及对新研制产品的今后需求。

(4)在经济方面具有同样水平的其他国家中获得成功的同类制造业部门。

(5)与本国或国际的其他工业之间可能的相互关系。

(6)现有制造业通过前后工序配套,可能达到的扩展程度。

(7)现有工业生产能力的扩大,可能实现的经济性。

(8)生产要素的成本和市场供应情况。

(9)一般投资趋向及工业政策。

(10)进口的情况以及出口的可能性。

(11)多种经营的可能性。

一般机会研究的结果是提供机会研究报告或项目设想。该报告或项目设想为决策者提出可供选择的项目发展方向。

三、特定项目机会研究

所谓特定项目机会研究是在一般机会研究已确定了项目发展方向或领域后,所作的进一步调查研究,经方案筛选后,可将项目发展方向或投资领域转变为概括的项目提案或项目建议。与一般机会研究相比较,特定项目的机会选择更深入更具体。

对于特定项目进行的机会研究,其主要内容一般应涉及市场研究、项目意向的外部环境与承办者优劣势分析等具体内容。

所谓市场研究,是对已选定的项目领域或投资方向中若干项目意向进行市场调查和市场预测。通常不仅要做市场需求预测,还需做市场供应预测,同时还要概略了解项目意向相关需求。例如,若确定新型建筑材料的市场需求,就需要分析建筑业的发展概况。在特定项目机会研究阶段的市场研究不同于可行性研究阶段的市场调查和预测,这个阶段不需要具体研究市场与项目规模的关系,而是从宏观的角度把握市场的总体走势及动态。

所谓项目意向的外部环境分析,是指需研究除市场之外的其他与项目意向有关的环境,如具体政策的鼓励与限制(包括税收政策、金融政策等),再如进出口状况及有关政策等。

至于项目承办者优劣势分析,即分析承办者经营选定的项目意向有哪些优势,有哪些劣势,劣势能否转化为优势;也可以通过寻找投资或发展"机会"和"问题"的方式,再分析将"问题"转化为"机会"的途径进行优劣势的评价。

特定项目机会研究的方法也主要采用要素分层法。特定项目机会研究最终为决策者提供具体项目建议或投资提案,同时提出粗略的比较优选和论证的依据。其成果形式通常为机会研究报告或项目建议书。

第四节　项目建议书的基本内容与要求

一、项目建议书及其在可行性研究中的地位和作用

项目建议书是在项目周期内的最初阶段,通过机会研究,提出一个轮廓设想来要求建设某一具体投资项目和作出初步选择的建议性文件。它主要从宏观上对拟建项目考察其建设的必要性、建设条件的可行性和获利的可能性,并作出项目的投资建议和初步设想,以作为国家(地区或企业)选择投资项目的初步决策依据和进行可行性研究的基础。

项目建议书的主要作用具体可表现在以下几个方面:

(1)在宏观上考察拟建项目是否符合国家或地区或企业的长远规划、宏观经济政策和国民经济发展的要求,初步说明项目建设的必要性;初步分析人力、物力和财力投入等建设条件的可能性,及其具备程度。

(2)对于批准立项的投资项目即可列入项目前期工作计划,开展可行性研究工作。

(3)对于涉及利用外资的项目,项目建议书还应从宏观上论述合资、独资项目设立的必要性和可能性。待项目批准立项后,项目建设单位方可正式对外开展工作,编写可行性研究报告。

二、项目建议书的基本内容

由于项目建议书是初步选择投资项目的依据,各部门、地区、行业和投资主体(业主)应该按照国民经济和社会发展的长远规划、行业规划、地区规划等要求,通过调查、预测、分析和初步可行性研究,提出项目的大致设想,编制项目建议书。在此,以一般工业项目的项目建议书为例简要介绍其主要内容。通常,其内容主要包括以下几个方面。

1.关于投资项目建设的必要性和依据

(1)阐明拟建项目提出的背景、拟建地点,提出(或出具)与项目有关的长远规划或行业、地区规划资料,说明项目建设的必要性。

(2)对改扩建项目要说明现有企业概况。

(3)对于引进技术和设备的项目,还需说明国内外技术的差距与概况以及进口的理由、工艺流程和生产条件的概要等。

2. 关于产品方案、拟建规模和建设地点的初步设想

（1）产品的市场预测，包括国内外同类产品的生产能力、销售情况分析和预测、产品销售方向和销售价格的初步分析等。

（2）说明（初步确定）产品的年产量，一次建成规模和分期建设的设想（改扩建项目还需说明原有生产情况及条件），以及对拟建规模经济合理性的评价。

（3）产品方案设想，包括主要产品和副产品的规模、质量标准等。

（4）建设地点论证，分析项目拟建地点的自然条件和社会经济条件，论证建设地点是否符合地区布局的要求。

3. 关于资源、交通运输及其他建设条件和协作关系的初步分析

（1）拟利用的资源供应的可能性和可靠性。

（2）主要协作条件情况、项目拟建地点水电及其他公用设施、地方材料的供应情况分析。

（3）对于技术引进和设备进口项目应说明主要原材料、电力、燃料、交通运输及协作配套等方面的近期和远期要求，以及目前已具备的条件和资源落实情况。

4. 关于主要工艺技术方案的设想

（1）主要生产技术与工艺。如拟引进国外技术，应说明引进的国别以及国内技术与之相比存在的差距、技术来源、技术鉴定及转让等概况。

（2）主要专用设备来源。如拟采用国外设备，应说明引进理由以及拟引进设备的国外厂商的概况。

5. 关于投资估算和资金筹措的设想

投资估算根据掌握数据的情况，可进行详细估算，也可以按单位生产能力或类似企业情况进行估算或概算。投资估算中应包括建设期利息、投资方向调节税和考虑一定时期内的涨价影响因素（即涨价预备金），流动资金可参照同类型企业情况进行估算。资金筹措计划中应说明资金来源，利用贷款的需要附加贷款意向书，分析贷款条件及利率，说明偿还方式，测算偿还能力。对于技术引进和设备进口项目应估算项目的外汇总用汇额及其用途，外汇的资金来源与偿还方式，以及国内费用的估算和来源。

6. 关于项目建设进度的安排

（1）建设前期工作的安排应包括涉外项目的询价、考察、谈判、设计等。

（2）项目建设需要的时间和生产经营时间。

7. 关于经济效益和社会效益的初步估计（可能的话应含有初步的财务评价和国民经济评价的内容）

（1）计算项目全部投资的内部收益率、贷款偿还期等指标及其他必要的指标，进行盈利能力、清偿能力初步分析。

（2）项目的社会效益和社会影响的初步分析。

8. 有关的初步结论和建议

对于技术引进和设备进口的项目建议书，还应具备邀请外国厂商来华进行技术交流的计划、出国考察计划，以及可行性研究工作的计划（如聘请外国专家指导或委托咨询的计划）等附件。

第五节　项目的初步可行性研究与详细可行性研究

一、项目可行性研究概述

1. 项目可行性研究的概念

所谓建设项目的可行性研究,即所谓"可以行得通的方案研究",通常是指在投资决策前,对与拟建项目有关的社会、经济和技术等各方面情况进行深入细致的调查研究;对各种能拟定的技术方案和建设方案进行认真的技术经济分析与比较论证;对项目建成后的经济效益进行科学的预测和评价。在此基础上,综合研究建设项目的技术先进性和适用性、经济合理性和有效性,以及建设可能性,从而确定该项目是否应该投资,如何投资;是继续投资使之进入项目开发建设的下一阶段,还是就此中止不投资等,为项目的投资决策提供可靠的科学依据,为下一步工作的开展打好基础。

2. 可行性研究的主要任务

由于达成目标的载体形式在完成作为一次性任务的项目过程中可行性方案不是唯一的,因为要完成一个项目(即达成其目标)可以有多种途径,有多种方案,要从多个可行方案中选定最优方案和最佳时机,为该项目的决策提供科学依据。那么,按照最佳方案符合"从全局出发,技术上先进,经济上合算,完成时间尽可能最短"的要求对项目投资方案进行分析和评价也就成为可行性研究的基本任务。具体来说,就是要按照国民经济长期规划和地区规划、行业规划的要求,对拟建项目进行投资方案规划、工程技术论证、社会与经济效果预测和组织机构分析,经过多方面的计算、分析、论证评价,为项目决策提供可靠的依据和建议。因此,项目可行性研究是保证建设项目以最少的投资耗费取得最佳经济效果的科学手段,也是实现建设项目在技术上先进、经济上合理和建设上可行的科学方法。

3. 可行性研究的重要地位与作用

可行性研究在投资项目中有着特别重要的地位和作用,主要体现在以下几个方面:

(1)作为建设项目投资决策和编制可行性研究报告的依据。可行性研究是项目投资建设的首要环节,项目投资决策者主要根据可行性研究的评价结果,决定一个建设项目是否应该投资和如何投资,因此,它是项目投资的主要依据。

(2)作为筹集资金向银行申请贷款的依据。我国的建设银行、国家开发银行和投资银行以及其他境内外的各类金融机构在接受项目建设贷款时,首先会对贷款项目进行全面、细致的分析评估,银行等金融机构只有在确认项目具有偿还贷款的能力、不承担过大的风险情况下,才会同意贷款。

(3)作为项目主管部门商谈合同、签订协议的依据。根据可行性研究报告,建设项目主管部门可同国内有关部门签订项目所需原材料、能源资源和基础设施等方面的协议和合同,以及同国外厂商就引进技术和设备正式签约。

(4)作为项目进行工程设计、设备订货、施工准备等基本建设前期工作的依据。可行性研究报告是编制设计文件、进行建设准备工作的主要根据。

(5)作为项目拟采用的新技术、新设备的研制和进行地形、地质及工业性试验工作的依据。项目拟采用的新技术、新设备必须是经过技术经济论证认为可行的,方能拟订研制计划。

(6)作为环保部门审查项目对环境影响的依据,作为向项目建设所在地政府与规划部门申请施工许可证的依据。

二、项目可行性研究的分类

作为在项目意向确定之后(如立项后)对项目的进一步判断,可行性研究可以分为对项目作初步估计的初步可行性研究与对项目做全面详细可行性研究的详细可行性研究两个具体阶段。初步可行性研究是介于机会研究和详细可行性研究的一个中间阶段,详细可行性研究则是一项要对一个项目的技术、经济、环境及社会影响等进行深入调查研究,费时、费力、费资金的工作,特别是大型的或比较复杂的项目更是如此。

1. 项目的初步可行性研究

(1)项目初步可行性研究的概念

项目建议书经国家有关部门(如计划部门)或投资者审定同意后,对于投资规模较大、工艺技术较复杂的大中型骨干建设项目,仅靠机会研究还不能决定取舍,在开展全面研究工作之前,往往需要先进行初步可行性研究,以进一步判明建设项目的生命力。因初步可行性研究可将详细可行性研究的内容简化,作出粗略的论证估计,故其可以分析项目是否有前途,从而决定是否应该继续深入调查研究;看项目中是否有些关键性的技术或项目问题需要解决;哪些必须进行职能研究或辅助研究(如实验室试验、中间试验、重大事件处理、深入市场研究等)。

(2)初步可行性研究要解决的问题

通过初步可行性研究,要回答的问题主要有:

①项目建设有无必要性?

②项目建设需要多长时间完成?

③需要多少人力物力资源?

④需要多少资金且能否筹集到足够的资金?

⑤项目财务上是否有利可图?

⑥项目经济上是否合理?

(3)初步可行性研究阶段的基本工作目标

①分析投资机会研究的结论,并从占有详细资料的基础上作出初步投资估价。该阶段工作需要深入弄清项目的规模、原材料资源、工艺技术、厂址、组织机构和建设进度等情况,进行经济效果评价,以判定是否有可能和必要进行下一步的详细可行性研究。

②确定对某些关键性问题进行专题辅助研究,例如,市场需求预测和竞争能力研究,原料辅助材料和燃料动力等供应和价格预测研究,工厂中间试验、厂址选择、合理经济规模,以及主要设备选型等研究。在广泛的方案分析比较论证后,对各类技术方案进行筛选,选择效益最佳方案,排除一些不利方案,缩小下一阶段的工作范围和工作量,尽量节省时间和费用。

③签订项目的选择依据和标准,确定项目的初步可行性。根据初步可行性研究结果编制初步可行性研究报告,决定是否有必要继续进行研究,如通过所获资料的研究确定该项目设想不可行,则应立即停止工作。该阶段是项目的初选阶段,研究结果应作出是否投资的初步决定。

④初步可行性研究是介于机会研究和详细可行性研究之间的中间阶段,其研究内容和

结构与可行性研究的内容和结构基本相同。主要区别在于所获资料的详尽程度不同,研究的深度不一样。两者对建设投资和生产成本的估算精度要求一般控制在 $-20\% \sim 20\%$ 的范围,投资估算可采用 0.6 指数估算法、因子法、工程系数法和投资比例法等,研究所需时间为 $4 \sim 6$ 个月,所需费用占投资总额的 $0.25\% \sim 1.25\%$。

(4)初步可行性研究的主要内容

初步可行性研究的结构及研究的主要内容基本与详细可行性研究相同。所不同的是占有的资源细节有较大差异。具体而言,初步可行性研究涉及的主要内容大致有:

①市场和生产能力。进行市场需求分析预测,渠道与推销分析,初步的销售量和销售价格预测;依据市场销售量做出初步生产规划。

②物料投入分析包括从建设到经营的所有物料的投入分析。

③坐落地点及厂址的选择。

④项目设计包括项目总体规划和工艺设备计划、土建工程规划等。

⑤项目进度安排。

⑥项目投资,与成本估算,包括投资估算、成本估算、筹集资金的渠道及初步筹集方案。

(5)初步可行性研究的结果与作用

初步项目可行性研究的结果包括以下内容:市场和工厂生产能力、原材料投入、地点和厂址、工艺技术和设备选择、土建工程、企业管理费、人力资源、项目实施及经济评价。

若已就投资的可能性进行了项目机会研究,那么项目的初步可行性研究阶段往往可以省去。如果关于部门或资源的机会研究包括了足够的项目数据,则可继续进入项目可行性研究阶段或决定终止进行这一研究,那么有时也可越过初步项目可行性研究阶段。然而,如果项目的经济效果使人产生疑问,就要进行初步项目可行性研究来确定项目是否可行,除非初步项目可行性研究的某一方面已通过详尽的市场研究或对一些其他的功能研究进行较深入的调查,可以通过捷径来决定投资支出和生产成本中的次要组成部分,但不能决定其主要组成部分。必须把估计项目的主要投资支出和生产成本作为初步项目可行性研究的一部分,但并不一定只依靠确实的报价单作为估计根据,以往的项目数据可作为主要的参考。

经过初步可行性研究,可以形成初步可行性研究报告,该报告虽然比详细可行性研究报告粗略,但是对项目已经有了全面的描述、分析和论证。所以初步可行性研究报告可以作为正式的文献供决策参考,也可以依据项目的初步可行性研究报告形成项目建议书,通过审查项目建议书决定项目的取舍,即通常所称的"立项"决策。

(6)辅助(功能)研究

辅助(功能)研究包括项目的一个或几个方面,但并非所有方面,且只能作为初步项目可行性研究、项目可行性研究和大规模投资建议的前提或辅助,其分类如下:

①对要制造的产品进行的市场研究,包括市场的需求预测以及预期的市场渗透情况。

②原料和投入物资的研究,包括项目使用的基本原料和技术物资的当前和预测的可获得性,以及这些原材料和投入的目前和预测的价格趋势。

③实验室和中间工厂的试验,根据需要进行试验以确定具体原料是否合适。

④厂址研究,特别是对那些运输费用影响大的项目的厂址的选择十分重要。

⑤规模的经济性研究,一般作为技术选择研究的一个部分进行。如果牵扯到几种技术和几种市场规模,则分开进行这些研究,但研究不扩大到复杂的技术问题中去。这些研究

的主要任务是在考虑各种选择的技术、投资费用、生产成本和价格之后,评价最具经济性的工厂规模。这种研究通常对几种规模的工厂生产能力进行分析,研究该项目的主要特性,并计算出每种规模的结果。

⑥设备选择研究,如果项目的设备涉及的部门多,来源分散,而且成本各不相同,就要进行这种研究。一般在投资或实施阶段进行设备订货,包括准备投标、招标并对其进行评价,以及订货和交货。如果涉及巨额投资,项目的构成和经济性,在极大的程度上取决于设备的类型及其资本费用和经营成本,所选设备直接影响项目的经营效果,在这种情况下,如果得不到标准化的成本,那么设备选择研究就是必不可少的。

辅助研究的内容根据研究的性质和打算研究的项目各有不同,但由于其关系到项目的关键方面,因此其结论应为随后的项目编制阶段指明方向。在大多数情况下,投资前辅助研究如果在项目可行性研究之前或与项目可行性研究一起进行,其内容则构成项目可行性研究的一个必不可少的部分。

如果一项基本投入可能是确定项目可行性的一个决定因素,而辅助研究有可能表明否定的结果,那么应在初步项目可行性研究或项目可行性研究之前进行辅助研究。如果在所要求的对一项具体功能的详细研究过于复杂,不能作为项目可行性研究的一部分进行,辅助研究则与初步项目可行性研究或项目可行性研究分头同时进行。如果在进行项目可行性研究过程中发现,尽管作为决策过程一部分的初步评价可以早些开始,但比较稳妥的做法是对项目的某些方面进行更详尽的鉴别,那么就在完成该项目可行性研究之后再进行辅助研究。

辅助研究的费用必须和项目可行性研究的费用联系起来考虑,因为这种研究的一个目的就是要在项目可行性研究阶段节省费用。

2. 项目的详细可行性研究

机会研究、初步可行性研究、详细可行性研究、评估与决策是投资前期的四个阶段。在实际工作中,前几个阶段依项目的规模和繁简程度可把前两个阶段省略或合二为一,但详细可行性研究是不可缺少的。通常改扩建项目只做初步和详细研究,中小项目一般只进行详细可行性研究。

(1)详细可行性研究

详细可行性研究也叫可行性研究,是在项目决策前对项目有关的工程、技术、经济等各方面条件和情况进行详尽、系统、全面的调查、研究和分析,对各种可能的建设方案和技术方案进行详细的比较论证,并对项目建成后的经济效益、国民经济和社会效益进行预测和评价的一种科学分析过程和方法,作为建设项目投资决策的基础,它是项目进行技术、经济、社会和财务方面评估和决策的依据,是项目具体实施(即进行建设和生产)的科学依据。因此,这个阶段是进行详细深入的技术经济分析的论证阶段。

(2)详细可行性研究的主要目标

①深入研究有关产品方案、生产流程、资源供应、厂址选择、工艺技术、设备选型、工程实施进度计划、资金筹措计划,以及组织管理机构和定员等各种可能选择的技术方案,进行全面深入的技术经济分析和比较选择工作,并推荐一个可行的投资建设方案。

②着重对投资总体建设方案进行企业财务效益、国民经济效益和社会效益的分析与评价,对投资方案进行多方案比较选择,确定一个能使项目投资费用和生产成本降到最低限度,以取得最佳经济效益和社会效果的建设方案。

③确定项目投资的最终可行性和选择依据标准。对拟建投资项目提出结论性意见。可行性研究的结论,可以推荐一个认为最好的建设方案;也可以提出可供选择的几个方案,说明各个方案的利弊和可能采取的措施,或者也可以提出"不可行"的结论。按照可行性研究结论编制可行性研究报告,作为项目投资决策的基础和重要依据。

④可行性研究是决定项目性质的阶段(定性阶段)。是项目决策研究的关键环节,该阶段为下一步的工程设计提供基础资料和设计依据。因此,在此阶段,要求建设投资和生产成本计算精度控制在±10%的范围内;研究工作所花费的时间为8~12个月;所需费用中,大项目约占总投资的0.2%~1.0%,中小型项目约占总投资的1.0%~3.0%。

(3)详细可行性研究的依据

对一个拟建项目进行详细可行性研究,必须在国家有关的规划、政策、法规的指导下完成,同时,还要有相应的各种技术资料。详细可行性研究工作的主要依据有:

①国家有关的发展规划、计划文件,包括对该行业的鼓励、特许、限制、禁止等有关规定。

②项目主管部门对项目建设要求请示的批复。

③项目建议书及其审批文件。

④项目承办单位委托进行详细可行性研究的合同或协议。

⑤企业的初步选择报告。

⑥拟建地区的环境现状资料,自然、社会、经济方面的有关资料。

⑦主要工艺和装置的技术资料。对某些需要经过试验的问题,应由项目承办单位委托有关单位进行试验或测试,并将其结果作为可行性研究的依据。

⑧项目承办单位与有关方面取得的协议,如投资、原料供应、建设用地、运输等方面的初步协议。

⑨国家和地区关于工业建设的法令、法规,如"三废"排放标准、土地法规、劳动保护条例等。

⑩国家有关经济法规、规定,如中外合资企业法、税收、外资、贷款等规定;国家关于建设方面的标准、规范、定额资料;市场调查报告等。

(4)详细可行性研究的原则和流程

①原则

a.科学性原则,即要求按客观规律办事,这是可行性研究工作必须遵循的最基本的原则。遵循此原则需做到:运用科学的方法和认真的态度来收集、分析和鉴别原始的数据和资料,以确保它们的真实和可靠。真实可靠的数据资料是可行性研究的基础和出发点。要求每一项技术与经济的决定要有科学的依据,是经过认真的分析、计算而得出的。

b.客观性原则,也就是要坚持从实际出发、实事求是的原则。建设项目的可行性研究,是根据建设的要求与具体条件进行分析论证而得出可行或不可行的结论。

承担可行性研究的单位要正确地认识各种建设条件。这些条件都是客观存在的,研究工作要求排除主观臆断,要从实际出发。要实事求是地运用客观的资料作出符合科学的决策和结论。可行性研究报告和结论必须是分析研究过程合乎逻辑的结果,而不应掺杂任何主观的成分。

c.公正性原则,就是站在公正的立场上,不偏不倚。在建设项目的可行性研究与评估工作中,应该把国家的和人民的利益放在首位,综合考虑项目利益相关者的各方利益,决不为任何单位或个人而生偏私之心,不为任何利益或压力所动。实际上,只要能够坚持科学性与客观性原则,不是有意弄虚作假,就能够保证可行性研究工作的正确和公正,从而为项目的投资决策提供可靠的依据。

②详细可行性研究的一般工作流程

按照我国现行的工程项目建设程序和国家颁布的《关于建设项目进行可行性研究的试行管理办法》,可行性研究的一般工作流程如下:

a.建设单位提出项目建议书和初步可行性研究报告

各部、省、自治区、直辖市或计划单列市和全国性工业公司以及现有的企事业单位或投资业主,根据国家和地区经济发展的长远规划、经济建设的方针任务和技术经济政策,结合资源情况、建设布局等条件,在广泛调查研究、收集资料、勘察建设地点、初步预测投资效果的基础上,提出需要进行可行性研究的项目建议书和初步可行性研究报告。跨地区、跨行业的建设项目以及对国计民生有重大影响的大型项目,应由有关部门和地区联合提出项目建议书和初步可行性研究报告。

b.项目业主、承办单位委托有资质的工程咨询或设计单位进行可行性研究工作

各级计划部门汇总和平衡项目建议书。当项目建议书经国家或地区的计划部门、贷款单位或有关部门授权的工程咨询单位评估同意,并经审定批准后,该项目即可立项,分别纳入各级的前期工作计划和贷款计划,项目业主或承办单位就可委托经过资格审定的工程咨询公司(或设计单位)着手编制拟建项目的可行性研究报告。委托方式可由国家计划部门或主管部门直接给工程设计咨询公司下达计划任务;也可由各主管部门、国家专业投资公司、项目业主采用签订合同的方式委托给有资质的设计咨询单位承担可行性研究工作。在主管部门下达的委托任务或双方签订的合同中,应规定研究工作的依据、研究的范围和内容、前提条件、研究工作的质量和进度安排、费用支付办法以及合同双方的责任、协作方式和关于违约处理的方法等。

c.设计单位或咨询单位进行可行性研究工作

设计或咨询单位与委托单位签订合同承担可行性研究任务以后,就可以开展工作了。

通常有下面五个基本步骤:

一是组织班子与制订计划。承担可行性研究的单位在承接任务后,需获得项目建议书和有关项目背景与指示的文件,摸清委托者的目标意图和要求,明确研究内容,之后方可组成可行性研究工作小组或项目组,确定项目负责人和专业负责人。项目组根据书面任务书,研究工作范围和要求,制订项目工作计划,安排具体实施进度。

二是调查研究与收集资料。项目组在摸清了委托单位对项目建设的意图和要求后,首先应组织收集和查阅与项目有关的自然环境、经济与社会等基础资料和文件资料,并拟定调研提纲,组织人员赴现场进行实地探勘与抽样调查,收集整理得到的设计基础资料。必要时还需进行专题调查和研究。

这一阶段主要通过实际调查和技术经济研究,进一步明确拟建项目的必要性和现实性。调查研究主要从市场调查和资源调查两方面着手。市场调查要查明和预测社会对产品需求量、产品的价格和竞争力,以便确定项目产品方案和经济规模;资源调查包括原材料、能源、厂址、工艺技术、劳动力、建材、运输条件、外围基础设施、环境保护、组织管理和人员培训等自然、社会、经济的调查。为选定建设地点、生产工艺、技术方案、设备选型、组织机构和定员等提供确切的技术经济分析资料,通过论证分析,研究项目建设的必要性。

三是做方案设计和优化。根据项目建议书要求,结合市场和资源调查,在收集到一定数量的基础资料和数据的基础上,建立几种可供选择的技术方案和建设方案,结合实际条件进行多次反复的方案论证比较,会同委托部门明确选择方案的重大原则问题和优化标准,从若干方案中选择或推荐最优或次优方案,研究论证项目在技术上的可行性,进一步确定产品方案、生产经济规模、工艺流程、设备选型、车间组成、组织机构和人员配备等总体建设方案,以备用作进一步的综合经济评价。在方案设计和优化过程中,对重大问题或有争论的问题,要会同委托单位共同讨论确定。

四是经济分析和评价。项目的调研与经济分析人员应根据调查资料和领导机关的有关规定,选定与本项目有关的经济评价基础数据和定额指标参数,列表并注明数据来源。

在前一阶段研究论证了项目建设的必要性和可能性,以及技术方案的可行性之后,应对所选择确定的最佳建设总体方案进行详细的财务预测、财务效益分析,国民经济评价和社会效益评价。从测算项目建设投资、生产成本和销售利润入手,进行项目盈利性分析、费用效益分析和社会效益与影响分析,研究论证项目在经济效益上和社会效益上的盈利性和合理性,进一步提出资金筹集建议,制订项目实施总进度计划。当项目的经济评价结论达不到国家规定的标准时,可对建设方案进行调整或重新设计。

五是编写可行性研究报告。在对建设项目进行了认真的技术经济分析论证,证明了项目建设上的必要性、技术上的可行性和经济上与社会上的合理性后,即可编制详尽的可行性研究报告,推荐一个以上项目建设可行性方案和实施计划,提出结论性意见和重大措施建议,为决策部门的最终决策提供科学依据。

经过技术经济的分析论证,也可以在报告中提出项目不可行的结论意见或项目改进的建议。

第六节　项目建议书和初步与详细可行性研究间的关系

一、项目建议书与可行性研究报告的区别

我国项目建设前期工作中的项目建议书和可行性研究报告,通常在研究范围和内容结构上基本相同,但因二者所处工作阶段的作用和要求不同,研究的目的和工作条件不同,故在研究的重点、深度和计算精度等要求上也有所不同。二者的主要区别在于:

1. 研究的任务不同

机会研究阶段的项目建议书是为发现市场投资机会提出项目(立项准备)所做的研究分析,初步可行性研究的任务也只是初步选择项目以决定是否需要进行下一步工作,所以主要是论证项目的必要性和建设条件是否具备,是从大的方面考虑有无可能;而在详细可行性研究阶段的可行性研究则必须进行全面深入的技术经济论证,做多方案比较,推荐最佳方案,或者否定该项目并提出充分理由,为最终的项目决策提供可靠的依据。

2. 基础资料和依据不同

在项目建议书阶段之后所做的初步可行性研究工作,由于缺乏详细的设计资料和论证材料作为研究工作的基础,其基本的依据是国家的长远规划、行业及地区规划、产业政策,与拟建项目有关的自然资源条件和生产布局状况,项目主管部门的有关批文,以及初步的市场预测资料。而在可行性研究阶段,除了以批准的项目建议书和初步可行性研究作为依据外,还具有详

细的设计资料和经过深入调查研究后掌握的比较翔实确凿的数据与资料作为依据。

3.内容的繁简和深浅程度不同

初步可行性研究阶段的工作不可能也不要求做得很细致,而只要求有一个大致的轮廓,因此其内容较为概略和简洁。如对项目的生产工艺技术方面的研究,在初步可行性研究时只作出初步设想方案和基本的规定;而在可行性研究阶段则要确定生产工艺流程和主要设备选型。在进行项目经济评价时,初步可行性研究一般只作静态的初步分析评价;而在可行性研究时须作详细的动态分析评价等。

4.投资估算的精度要求不同

初步可行性研究的项目总投资一般根据国内外类似已建工程的数据或单位生产能力进行测算或对比推算,与实际发生的投资额差距较大,借鉴国外的经验投资误差允许控制在 ±20% 以内;而可行性研究阶段,必须对项目所需的各项投资费用,包括固定资产投资、流动资金、建设期贷款利息、投资方向调节税和物价因素影响的投资额等分别进行比较详细切实的精确计算,并要求投资估算的误差不应超过 ±10%。

5.上报的研究成果内容不同

机会研究和初步可行性研究阶段的研究成果应包括:初步可行性研究报告和项目建议书,并需附上市场初步调查报告、建设地点初选报告、初步勘察报告等文件;而可行性研究阶段的研究成果应包括:除可行性研究报告外,还必须附上市场调查报告、厂址选择报告、地质勘察报告、资源(包括水资源)调查报告、环境影响评价报告和自然灾害预测资料等文件。

二、初步可行性研究与详细可行性研究的关系

作为投资项目前期工作的两个不同阶段,初步可行性研究与详细可行性研究工作间既有联系又有区别。从形式上看,除了所需时间、估算精度和所需费用占总投资的比重不同外,初步可行性研究作为机会研究和详细可行性研究之间的一个过渡阶段,其最主要的区别还在于所获取资料的详细程度不同。如果在资料充分的情况下,可直接进行详细可行性研究,而不需再进行初步可行性研究。从内容上看,初步可行性研究和详细可行性研究在对服务功能、研究重点、结构内容和层次深度的要求上存在一些具体的差异,详细的比较如表1-2所示。

表1-2　初步可行性研究与详细可行性研究内容深度比较表

序号	研究内容深度	初步可行性研究	详细可行性研究
1	总论		
1.1	项目背景	项目名称 报告编制依据 项目提出的理由与过程	项目名称 承办单位概况 报告编制依据 项目提出的理由与过程
1.2	项目概况	拟建地区 建设规模与目标 主要建设条件 项目投入总资金及效益情况 主要经济技术指标	拟建地点 建设规模与目标 主要建设条件 项目投入总资金及效益情况 主要技术经济指标

表1－2（续1）

序号	研究内容深度	初步可行性研究	详细可行性研究
1.3	问题与建议	问题与建议	问题与建议
2	市场预测		
2.1	产品市场供应预测	预测产品在国内、国际市场的市场容量及工序情况	国内国际市场产品供应现状与预测
2.2	产品市场需求预测		国内国际市场产品需求现状与预测
2.3	产品目标市场分析	初步选定目标市场	确定产品的目标市场
2.4	价格预测	价格走势初步预测	国内国际市场产品销售价格现状与预测
2.5	竞争力分析		确定主要竞争对手，产品竞争力优劣势，产品目标市场占有率，促销策略
2.6	市场风险	识别有无市场风险	确定主要市场风险及风险程度
3	资源条件评价（资源开发型项目）	资源可利用量 资源品质 资源储存条件 资源开发价值	资源可利用量 资源自然品质 资源储存条件 资源开发价值
4	建设规模与产品方案		
4.1	建设规模	初步确定建设规模及理由	建设规模比选 推荐建设规模
4.2	产品方案	主要产品方案	主产品和副产品组合方案 各种产品方案优化选，确定最终推荐方案
5	场址选择	场址所在地区选择 场址初步比选 绘制场址地理位置示意图	场址所在地区选择 建厂条件分析 场址比选 绘制场址地理位置图
6	技术方案、设备方案、工程方案		
6.1	技术方案	拟采用的生产方法 主体和辅助工艺流程 技术来源设想 绘制主题工艺流程图 估算物料消耗定额	生产方法比选 主体和辅助工艺流程比选 论证技术来源的可靠性和可得性 绘制工艺流程图 绘制物料平衡图 确定物料消耗定额
6.2	主要设备方案	主要设备初步方案	主要设备选型比较 主要设备清单、采购方式、报价、精度等达到采购订单要求

表1-2（续2）

序号	研究内容深度	初步可行性研究	详细可行性研究
6.3	工程方案	主要建、构筑物初步方案	主要建、构筑物工程方案 建筑安装工程方案 设备安装工程 建筑安装工程量及"二材"用料估算 编制主要建、构筑物工程一览表
7	主要原材料、燃料供应		
7.1	主要原材料供应	主要原材料和辅助材料的品种、质量、年需要量 主要原材料和辅助材料的来源和运输方式	主要原材料和辅助材料的品种、质量、年需要量 主要原材料和辅助材料的来源和运输方式
7.2	燃料供应	燃料品种、质量、年需要量 燃料来源和运输方式	燃料品种、质量、年需要量 燃料来源和运输方式
7.3	主要原材料燃料价格	价格现状及价格走势	价格现状及价格走势
7.4	主要原材料燃料供应表		编制主要原材料、燃料供应表
8	总图运输与公用辅助工程		
8.1	总布置图	列出项目构成 绘制总平面布置图	列出项目构成 平面布置、竖向布置方案比选 绘制总平面布置图 绘制总平面布置主要指标表
8.2	场内、外运输	—	场内、外运输量,运输方式 场内运输设备
8.3	公用辅助工程	提出主要的公用工程方案	提出给排水、供电、供热、通信、维修、仓储、空分、空压、制冷等公用辅助工程方案
9	节能措施	—	节能措施 能耗指标分析
10	节水措施	—	节水措施 水耗指标分析
11	环境影响评价		
11.1	环境条件调查	调查项目所在地自然、生态、社会等环境条件及环境保护现状	调查项目所在地自然、生态、社会等环境条件及环境保护现状
11.2	影响环境因素分析	污染环境因素及危害程度,破坏环境因素及破坏程度	污染环境因素及危害程度,破坏环境因素及破坏程度

表 1 - 2(续 3)

序号	研究内容深度	初步可行性研究	详细可行性研究
11.3	环境保护措施	环境保护初步方案	环境保护措施
11.4	环境保护设施费用	—	治理环境所需费用方案
11.5	环境影响评价	分析环境是否影响项目的立项	环境治理方案比选与评价
12	劳动安全、卫生、消防	—	危害因素及危害程度 安全、卫生措施方案
13	组织机构与人力资源配置	估算项目所需人员数	组织机构设置方案及其适应性分析 人力资源配置构成、人数、技能素质要求 编制员工培训计划
14	项目实施进度	初步确定建设工期	确定建设工期 编制项目实施进度表 大型项目主要分项工程时序表
15	投资估算	初步估算项目建设投资和流动资金	分别估算建筑工程费、设备配置费、安装工程费、其他建设费用 分别估算基本预济费、涨价预备费、建设期利息 估算流动资金
16	融资方案	资本金和债务资金的需要数额和来源设想	编制并优化融资方案 资本金来源及其承诺文件 债务资金来源及其意向协议
17	财务评价		
17.1	销售收入与成本费用估算	粗略估算产品销售收入与成本	按规定科目详细计算销售收入和成本费用
17.2	财务评价指标		
17.2.1	盈利能力分析	项目财务内部收益率	项目财务内部收益率 资本金收益率 投资各方收益率 财务净现值 投资回收期 投资利润率
17.2.2	偿债能力分析	初步计算借款偿还能力	借款偿还期或利息备付率
17.3	不确定性分析		敏感性分析 盈亏平衡分析 必要时进行概率分析

表 1-2（续 4）

序号	研究内容深度	初步可行性研究	详细可行性研究
17.4	非盈利性项目财务评价	初步计算单位功能投资 负债建设的项目粗略估算借款偿还期	计算单位功能投资、单位功能运营成本、运营收费价格 负债建设的项目计算借款偿还期
18		国民经济评价	
18.1	国民经济效益和费用计算	初步计算国民经济效益和费用	利用影子价格计算投资、销售收入、经营费用、流动资金
18.2	国民经济评价指标	经济内部收益率	经济内部收益率 经济净现值
19	社会评价	以定性描述为主的社会评价	以动态分析、过程分析为主的详细社会评价
20	风险分析	初步识别主要风险因素 初步分析风险影响程度	识别项目主要风险因素 分析风险影响程度,确定风险等级 研究防范和降低风险的对策
21	研究结论与建议	推荐方案总体描述 推荐方案优缺点描述 结论与建议	推荐方案总体描述 推荐方案优缺点描述 主要对比方案描述 结论与建议
22		附图、附表、附件	

第七节　一般工业项目可行性研究报告编制大纲

在此,按照原国家发展计划委员会审定发行的《投资项目可行性研究指南》的规定,我们以一般工业投资项目可行性研究报告的编制大纲为例,说明报告编制的具体要求,可供相关人员参考。一般工业项目可行性研究报告的编制大纲如下:

一、总论

1.项目背景

（1）项目名称

（2）承办单位概况（新建项目指筹建单位情况,技术改造项目指原企业情况,合资项目指合资各方情况）

（3）可行性研究报告编制依据

（4）项目提出的理由与过程

2.项目概况

（1）拟建地点

（2）建设规模与目标

（3）主要建设条件

（4）项目投入总资金及效益情况

（5）主要技术经济指标

3.问题与建议

二、市场预测

1.产品市场供应预测

（1）国内外市场供应现状

（2）国内外市场供应预测

2.产品市场需求预测

（1）国内外市场需求现状

（2）国内外市场需求预测

3.产品目标市场分析

（1）目标市场确定

（2）市场占有份额分析

4.价格现状与预测

（1）产品国内市场销售价格

（2）产品国际市场销售价格

5.市场竞争力分析

（1）主要竞争对手情况

（2）产品市场竞争力优势、劣势

（3）营销策略

6.市场风险

三、资源条件评价（指资源开发项目）

1.资源可利用量

矿产地质储量,可采储量,水利水能资源蕴藏量,森林蓄积量等。

2.资源品质情况

矿产品位、物理性能、化学成分,煤炭热值、灰分、硫分等。

3.资源贮存条件

矿体结构、埋藏深度、岩体性质,含油气地质构造等

4.资源开发价值

资源开发利用的技术经济指标。

四、建设规模与产品方案

1.建设规模

（1）建设规模方案比选

（2）推荐方案及其理由

2.产品方案

（1）产品方案构成

（2）产品方案比选

(3)推荐方案及其理由

五、场(厂)址选择

1.场(厂)址所在位置现状

(1)地点与地理位置

(2)场(厂)址土地权属类别及占地面积

(3)土地利用现状

(4)技术改造项目现有场地利用情况

2.场(厂)址建设条件

(1)地形、地貌、地震情况

(2)工程地质与水文地质

(3)气候条件

(4)城镇规划及社会环境条件

(5)交通运输条件

(6)公用设施社会依托条件(水、电、气、生活福利)

(7)防洪、防潮、排涝设施条件

(8)环境保护条件

(9)法律支持条件

(10)征地、拆迁、移民安置条件

(11)施工条件

3.场(厂)址条件比选

(1)建设条件比选

(2)建设投资比选

(3)运营费用比选

(4)推荐场址方案

(5)场(厂)址地理位置图

六、技术方案、设备方案和工程方案

1.技术方案

(1)生产方法(包括原料路线)

(2)工艺流程

(3)工艺技术来源(需引进国外技术的,应说明理由)

(4)推荐方案的主要工艺(生产装置)流程图、物料平衡图、物料消耗定额表

2.主要设备方案

(1)主要设备选型

(2)主要设备来源(进口设备应提出供应方式)

(3)推荐方案的主要设备清单

3.工程方案

(1)主要建、构筑物的建筑特征、结构及施工方案

(2)扩建工程方案

（3）特殊基础工程方案

（4）建筑安装工程量及"三材"用量估算

（5）技术改造项目原有建、构筑物利用情况

（6）主要建、构筑物工程一览表

七、主要原材料、燃料供应

1. 主要原材料供应

（1）主要原材料品种、质量与年需要量

（2）主要辅助材料品种、质量与年需要量

（3）原材料、辅助材料来源与运输方式

2. 燃料供应

（1）燃料品种、质量与年需要量

（2）燃料供应来源与运输方式

3. 主要原材料、燃料价格

（1）价格现状

（2）主要原材料、燃料价格预测

4. 编制主要原材料、燃料需要量表

八、总图运输与公用辅助工程

1. 总图布置

（1）平面布置

列出项目主要单项工程的名称、生产能力、占地面积、外形尺寸、流程顺序和布置方案

（2）竖向布置

①场区地形条件

②竖向布置方案

③场地标高及土石方工程量

（3）技术改造项目原有建、构筑物利用情况

（4）总平面布置图（技术改造项目应标明新建、原有以及拆除的建、构筑物的位置）

（5）总平面布置主要指标表

2. 场（厂）内外运输

（1）场（厂）外运输量及运输方式

（2）场（厂）内运输量及运输方式

（3）场（厂）内运输设施及设备

3. 公用辅助工程

（1）给排水工程

①给水工程（用水负荷、水质要求、给水方案）

②排水工程（排水总量、排水水质、排放方式和泵站管网设施）

（2）供电工程

①供电负荷（年用电量、最大用电负荷）

②供电线路及电压等级的确定

③电源选择

④场内供电、输变电方式及设备设施

(3)通信设施

①通信方式

②通信线路及设施

(4)供热设施

(5)空分、空压及制冷设施

(6)维修设施

(7)仓储设施

九、节能措施

1. 节能措施

2. 能耗指标分析

十、节水措施

1. 节水措施

2. 水耗指标分析

十一、环境影响评价

1. 场(厂)址环境条件

2. 项目建设和生产对环境的影响

(1)项目建设对环境的影响

(2)项目生产过程产生的污染物对环境的影响

3. 环境保护措施方案

4. 环境保护投资

5. 环境影响评价

十二、劳动安全、卫生与消防

1. 危害因素和危害程度

(1)有毒有害物品的危害

(2)危险性作业的危害

2. 安全措施方案

(1)采用安全生产和无危害的工艺和设备

(2)对危害部位和危险作业的保护措施

(3)危险场所的防护措施,职业病防护和卫生保健措施

3. 消防设施

(1)火灾隐患分析

(2)防火等级

(3)消防设施

十三、组织机构与人力资源配置

1. 组织机构
(1) 项目法人组建方案
(2) 管理机构组织方案和体系图
(3) 机构适应性分析
2. 人力资源配置
(1) 生产作业班次
(2) 劳动定员数量及技能素质要求
(3) 职工工资福利
(4) 劳动生产率水平分析
(5) 员工来源及招聘方案
(6) 员工培训计划

十四、项目实施进度

1. 建设工期
2. 项目实施进度安排
建立项目实施进度表(横线图)

十五、投资估算

1. 投资估算依据
2. 建设投资估算
(1) 建筑工程费
(2) 设备及工器具购置费
(3) 安装工程费
(4) 工程建设其他费用
(5) 基本预备费
(6) 涨价预备费
(7) 建设期利息
3. 流动资金估算
4. 投资估算表
(1) 项目投入总资金估算汇总表
(2) 单项工程投资估算表
(3) 分年投资计划表
(4) 流动资金估算表

十六、融资方案

1. 资本金筹措
(1) 新设项目法人项目资本金筹措
(2) 既有项目法人项目资本金筹措

2. 债务资金筹措

3. 融资方案分析

十七、财务评价

1. 新设项目法人项目财务评价

(1) 财务评价基础数据与参数选取

① 财务价格

② 计算期与生产负荷

③ 财务基准收益率设定

④ 其他计算参数

(2) 销售收入估算(编制销售收入估算表)

(3) 成本费用估算(编制总成本费用估算表和分项成本估算表)

(4) 财务评价报表

① 财务现金流量表

② 损益和利润分配表

③ 资金来源与运用表

④ 借款偿还计划表

(5) 财务评价指标

① 盈利能力分析

a. 项目财务内部收益率

b. 资本金收益率

c. 投资各方收益率

d. 财务净现值

e. 投资回收期

f. 投资利润率

② 偿债能力分析(借款偿还期或利息备付率和偿债备付率)

2. 既有项目法人项目财务评价

(1) 财务评价范围确定

(2) 财务评价基础数据与参数选取

① "有项目"数据

② "无项目"数据

③ 增量数据

④ 其他计算参数

(3) 销售收入估算(编制销售收入估算表)

(4) 成本费用估算(编制总成本费用估算表和分项成本估算表)

(5) 财务评价报表

① 增量财务现金流量表

② "有项目"损益和利润分配表

③ "无项目"资金来源与运用表

④ 借款偿还计划表

(6)财务评价指标

①盈利能力分析

a. 项目财务内部收益率

b. 资本金收益率

c. 投资各方收益率

d. 财务净现值

e. 投资回收期

f. 投资利润率

②偿债能力分析(借款偿还期或利息备付率和偿债备付率)

3. 不确定性分析

(1)敏感性分析(编制敏感性分析表,绘制敏感性分析图)

(2)盈亏平衡分析(绘制盈亏平衡分析图)

4. 财务评价结论

十八、国民经济评价

1. 影子价格及通用参数选取

2. 效益费用范围调整

(1)转移支付处理

(2)间接效益和间接费用计算

3. 效益费用数值调整

(1)投资调整

(2)流动资金调整

(3)销售收入调整

(4)经营费用调整

4. 国民经济效益费用流量表

(1)项目国民经济效益费用流量表

(2)国内投资国民经济效益费用流量表

5. 国民经济评价指标

(1)经济内部收益率

(2)经济净现值

6. 国民经济评价结论

十九、社会效益评价

1. 项目对社会的影响分析

2. 项目与所在地相互适应性分析

(1)利益群体对项目的态度及参与程度

(2)各级组织对项目的态度及支持程度

(3)地区文化状况对项目的适应程度

3. 社会风险分析

4. 社会评价结论

二十、风险分析

1. 项目主要风险因素识别
2. 风险程度分析
3. 防范和降低风险对策

二十一、研究结论与建议

1. 推荐方案的总体描述
2. 推荐方案的优缺点描述
（1）优点
（2）存在问题
（3）主要争论与分歧意见
3. 主要对比方案
（1）方案描述
（2）未被采纳的理由
4. 结论与建议
（1）附图
①场址位置图
②工艺流程图
③总平面布置图
（2）附表
①投资估算表
a. 项目投入总资金估算汇总表
b. 主要单项工程投资估算表
c. 流动资金估算表
②财务评价报表
a. 销售收入、销售税金及附加估算表
b. 总成本费用估算表
c. 财务现金流量表
d. 损益和利润分配表
e. 资金来源与运用表
f. 借款偿还计划表
③国民经济评价报表
a. 项目国民经济效益费用流量表
b. 国内投资国民经济效益费用流量表
④附件
a. 项目建议书（初步可行性研究报告）的批复文件
b. 环保部门对项目环境影响的批复文件
c. 资源开发项目有关资源勘察及开发的审批文件
d. 主要原材料、燃料及水、电、气供应的意向性协议

e. 项目资本金的承诺证明及银行等金融机构对项目贷款的承诺函

f. 中外合资、合作项目各方草签的协议

g. 引进技术考察报告

h. 土地主管部门对场址的批复文件

i. 新技术开发的技术鉴定报告

j. 组织股份公司草签的协议

第二章 市场分析

第一节 市场分析概述

一、市场分析的必要性

作为一项投资项目，其最终目的是为了追求经济效益最大化（公共项目有所不同，追求经济效益与社会效益的一种平衡）。在市场经济的条件下，任何经济活动都是围绕市场这个主题展开的，因此在进行投资项目可行性分析中必然要求将市场分析与预测放在首要的战略位置。一项投资项目，无论在技术分析、财务分析上多可行，如果无法带来经济效益，任何分析都是没有意义的。

市场供需状况、竞争状况及需求结构等市场因素，与项目投资风险的大小密切相关，这是可行性研究需要考虑的第一步，也是重要的研究内容。在市场容量、需求结构和目标市场确定之后，可行性研究的其他工作内容才能够确定。具体来说，项目市场分析解决了"生产什么和生产多少，如何生产，为谁生产"这几个基本问题，即

1. 明确投资项目的必要性

通过市场分析，了解投资项目的产品是否符合社会需求，生产什么产品有利，产品的目标市场在哪儿，销路如何。

2. 明确投资项目的内容

社会需求什么就生产什么，如何生产要由市场来决定。市场不仅决定投资项目的投资方向还决定着投资的内容，如果市场需求发生了变化，投资的内容也随之变化。

3. 明确投资项目的生产规模

应通过市场分析确定市场需求量，了解竞争对手的情况，最终确定项目建成时的最佳生产规模，使企业在未来能够保持合理的赢利水平和持续发展能力。

二、市场分析的主要内容

市场分析的主要内容可分为市场调查和市场预测两个具体的方面。

1. 市场调查的主要内容

所谓市场调查是指对市场进行全面或局部的了解，即以购买与消费商品的个人与团体为对象，在市场经营的各个阶段上，运用科学的方法搜集、记录、整理、分析所有的情报资料，进而掌握市场现状与发展趋势。市场调查主要是调查项目产品的市场容量现状、价格现状以及市场竞争力现状，根据拟建项目产品的复杂程度和项目特点来确定内容。市场调查通常有如下几个主要方面。

(1)关于产品需求的宏观经济环境调查。包括人口数、国民生产总值和增长率、人均收入、消费及增长率、物价指数、有关该类产品的人均生产和消费水平等。

(2)有关的政策、法规、标准和财税制度调查。

(3)市场需求容量调查。包括有效需求现状、潜在需求量、需求增长速度等。

（4）消费者和消费者行为调查。包括拟建项目产品的主要消费对象、消费层次，消费者的要求和消费心理状况、消费目的、消费方式等有关的消费行为特征。

（5）拟建项目产品质量状况调查。包括花色、品种、包装、装潢、产品质量、使用寿命及用户反映等。

（6）拟建项目产品生产能力及发展规划的情况调查。包括现有企业生产能力、正在兴建的潜在生产能力和有关部门的发展规划，以及生产供应的增长速度等。

（7）拟建项目产品的价格状况调查。包括现行产品出厂价格、零售价格、生产成本、税收、赢利、国际市场价格状况及其变化趋势，有关替代产品、竞争产品的价格情况，消费者购买力水平与价格承受能力。

（8）拟建项目产品进出口情况调查。包括进出口数量、价格、增长速度，进出口渠道、外商的要求和反映，以及有关的制约因素和条件等。

（9）拟建项目产品的竞争状况调查。包括同类生产企业的生产技术水平、经营特点和生产规模、主要技术经济指标、市场占有率和市场竞争的主要特征。

（10）拟建项目主要投入物的资源及供应情况调查。包括资源量、生产能力、产量、产地、供应价格、供应方式等。

2.市场预测的主要内容

市场预测是在市场调查取得一定资料的基础上，运用已有的知识、经验和科学方法，对市场未来的发展状态、行为、趋势进行分析并作出判断与推测。其中最为关键的是产品需求预测。可行性分析是用现实的数据资料推测未来的情况，市场预测的作用是在现实的市场与未来的市场之间架起一座桥梁。

市场预测的内容一般应该按照市场分析的具体目标来确定，即市场分析要对拟建项目涉及的具体产品的需求情况、价格水平和竞争形势等作出总体的预测和定性的评价，进而科学地估计项目的生产能力，以确定拟议中的投资项目能否在适当的时间以适当的价格，生产适销对路的产品。通常情况下，若拟议中的项目产品功能或劳务服务是全新的，则整个市场的总需求量就是拟建项目的需求量；若还有若干竞争对手，则还需对项目建成后可能占有的市场份额做出估计。另外，市场预测还要对目标市场的选择、市场渗透的方式和渠道、产品竞争能力等方面做出尽可能全面的分析与预测。

第二节　市场调查体系

由于市场调查的内容繁杂，故可依调查目的及相关关系按图 2-1 所示的"市场调查体系"进行，以便从整体上把握市场调查。

一、市场调查的过程

市场调查是以科学的方法搜集、研究、分析有关市场活动的资料，以便帮助企业领导和管理部门解决有关市场管理或决策问题的活动。它是针对企业生产、经营中所要解决的问题而进行的活动，所以调查活动必须具备很强的目的性，在目标确定以后按照一定的程序进行。从准备到方案的制订直至最后的实施和完成，每一阶段都有特定的工作内容，以保证调查工作有秩序地进行，减少盲目性。

市场调查体系

产品类别 → 工业品　　消费品

市场 → 国内市场　　国外市场

调查目的及内容 → 市场潜力及外部环境　　消费者行为　　市场营销策略

调查方法 → 文案调查　　实地调查

调查手段 → 叙述性调查　　探测性调查　　产品试销

资料来源 → 内部资料　　外部资料

分析方法 → 归纳法　　演绎法　　问卷调查　　实地观察　　试验法

统计方法 → 平均数　　时间序列　　抽样调查

调查者 → 自行调查　　委托调查

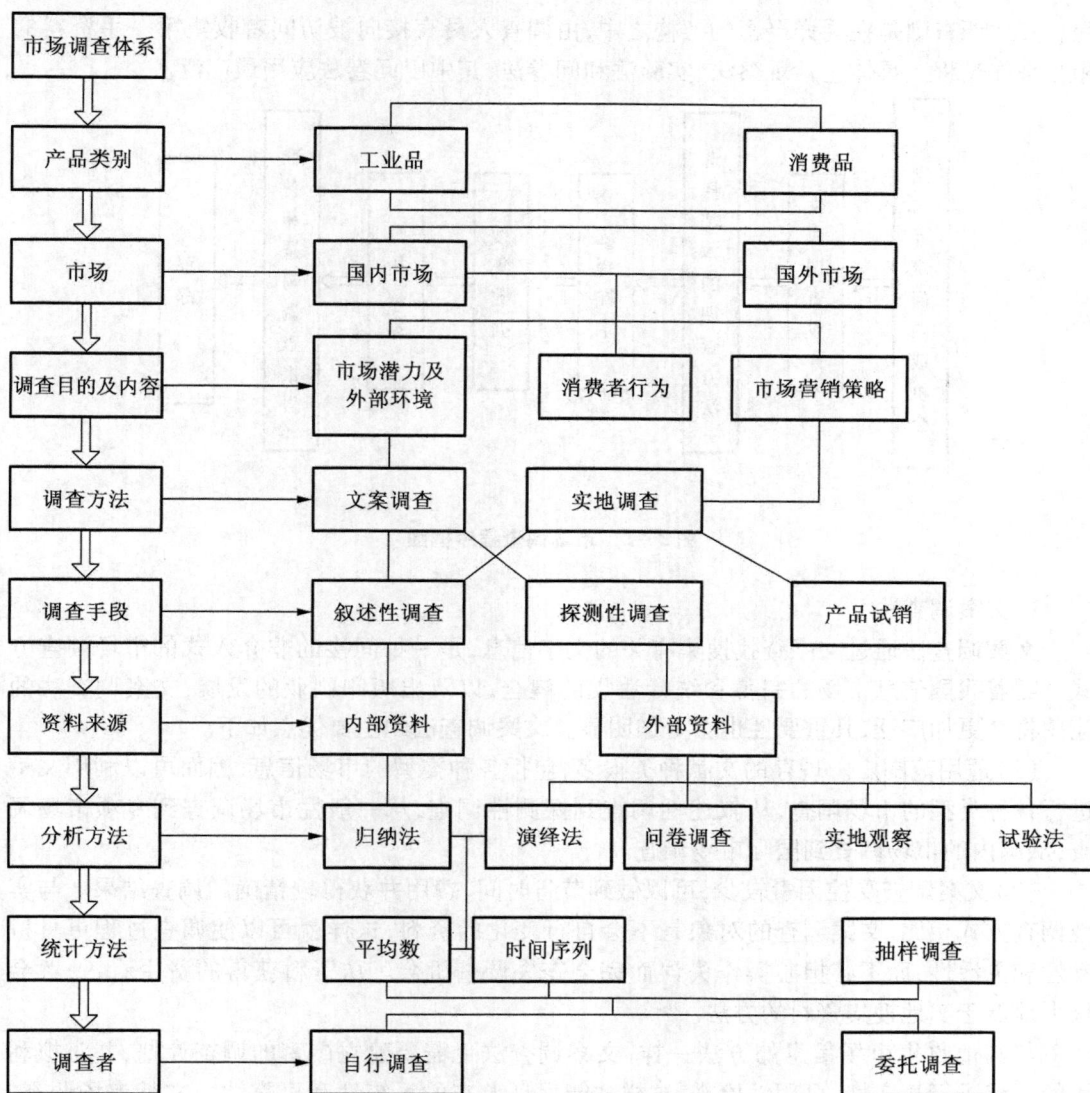

图 2－1　市场调查体系框图

　　市场调查过程大致分为如下八个阶段：识别与界定问题或机会、生成调查设计、选择基本的调查方法、选择样本、搜集数据、分析数据、准备和撰写报告以及跟踪，其调查程序如图 2－2 所示。每一阶段工作完成的好坏，关系到下一个过程的工作质量。如果调查主题确定准确，调查方法选择得当，就能够保证调查资料应有的重要价值。同时，收集完备、及时的调查资料也为准确分析创造了良好的条件。

二、市场调查方法

　　根据调查资料来源及资料搜集方法，可将市场调查方法分为文案调查（又称第二手资料调查）及实地调查（又称第一手资料调查）两大类。文案调查是由市场调查执行人员收集企业内部既有档案资料及企业外部各种相关文件、档案、研究报告或公开资料，加以整理、衔接、调整及融会，通过归纳或演绎等方法予以分析，从而提出相关市场调查报告的活动过程。实地调查则是在周详严密的架构之中,由调查人员直接向被访问者收集第一手资料的相互来往过程。具体包括观察法、实验法和问卷法,其中以问卷法应用最广泛。

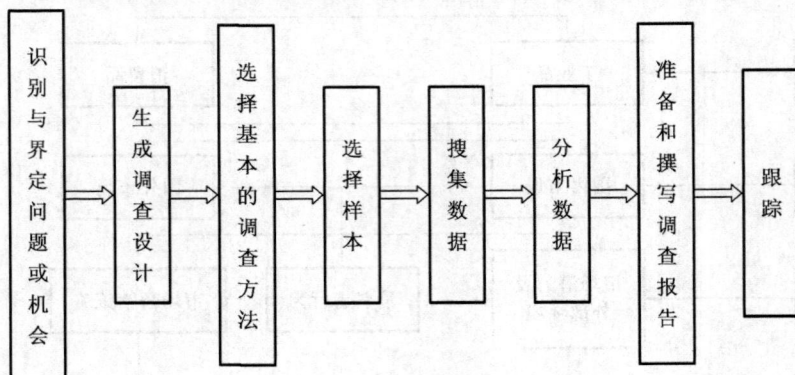

图2-2 市场调查程序框图

1. 文案调查法

文案调查法通过文献查找搜集有关的文字信息,是一种间接的非介入式的市场调查方式。随着我国信息市场的完善和统计法规的健全,以及出版印刷业的发展,文案调查法的应用将会更加广泛,其重要性也会更加明显。文案调查法的主要优点如下。

(1)适用范围广。现存的文献种类很多,包括各种类型的市场信息,因而可以利用文献进行各种类型的市场调查,从叙述性调查到探测性调查,从一般性市场调查到专项市场调查,从国内的市场调查到国际市场调查。

(2)文案调查受控因素较少,可以做到节省时间、费用并获得较精确的调查结果。与实地调查方式相比,文案调查的对象是不会自行变化的资料,这样就可以使调查过程更具机动性和灵活性,而不必担心操作失误而完全丧失调查机会。从资料获得的费用看,一般会极大地低于实地搜集资料的方法。

与其他收集市场信息的方法一样,文案调查法也需要建立严密的调查计划,并对拟利用的文献进行真实性、可用性检查,这样才能保证调查的系统性和可靠性。文献市场调查,可分为以下六大步骤:

(1)确定市场调查的基本目的及必要的调查内容。

(2)拟定周详的调查计划并安排相关人员的训练。

(3)查明可供利用的资料档案内容及其资料来源,积极主动地展开资料搜集。

(4)筛选资料,评估资料的适用性并完成必要的摘要。

(5)对资料进行调查、衔接与融会贯通。

(6)完成调查报告。

2. 实地调查法

实地调查与文案调查不同,必须在制订的调查方案和分析的基础上,由调查员直接向被访者收集第一手资料,再进行整理和分析,从而写出调查报告。实地调查的步骤与内容如图2-3所示。

确立调查目的	确立调查架构	实地进行调查	资料整理、分析及阐释	提出报告并跟踪
·确定文件及焦点 ·调查问题明确化 ·确定设想目的 ·设定调查假定	·决定调查方式 ·设计调查问卷 ·设计抽样计划 ·训练访问人员 ·调查	·排列日程 ·控制进度 ·保证调查质量	·资料整理及统计 ·资料统计分析 ·阐释资料间相互关系	·提供结论及建议 ·口头报告 ·提交报告实施状况 ·追踪及问题分析

图 2 - 3　实地调查步骤与具体内容框图

（1）问卷调查

问卷调查是实地调查的一种重要形式，以书面的形式系统地记载调查内容，了解调查对象的反应和看法，以此获得资料和信息。如果选择了最常用的问卷调查法，则需设计问卷。问卷的设计通常要经历如下十个步骤：①确定所要收集的资料；②决定问卷调查方式；③决定问题内容；④决定问题形式；⑤决定问题用语；⑥决定问题先后顺序；⑦决定检验可靠性的问题；⑧决定问卷版面布局；⑨试调查；⑩修改及定稿。

（2）抽样调查

抽样调查是实地调查中最重要的调查方法之一，其优点在于既科学又节约时间和精力，因此得到了广泛地应用。所谓抽样调查是从所要研究某特定对象的总体中，依随机原理抽取一部分作为样本，根据对样本的研究结果，在抽样规定的置信水平上，推断总体可能特性的调查方法。

抽样方法一般可分为随机抽样和非随机抽样两类。通常我们所说的抽样调查，如果未加限定，大多指随机抽样。随机抽样调查是按照随机原则抽取样本，即在总体中抽取单位时，完全排除了人的主观因素的影响，使每一个单位都有同等的可能性被抽中。非随机抽样则是从方便出发或根据主观选择来抽取样本。

抽样调查的步骤如下：①识别总体；②选择抽样方法；③决定样本数；④实施抽样；⑤分析样本特征，⑥推断总体特征。

在具体的市场调查活动中，调查人员可以根据调查的目的、时间和精力来选择适当的抽样方法，收集整理调查资料，为投资决策提供切实的依据。

三、统计资料整理

当市场调查完成之后，搜集的所有调查资料必须加以编辑、汇总及分类与制表，方能使调查资料变成可供分析、预测的信息。其过程如下：

1. 编辑

剔除不可靠、不准确及与调查目的无关的资料，使剩下的资料都具有可排列性、可靠性，有参考价值。

2. 汇总及分类

先将调查资料按大类汇总，再将大类资料根据调查目的的需要详细分类。

3. 制表

将分类后的资料分别进行统计及汇总，并将汇总结果以统计数字表示出来。

4.解释统计资料

如果属于叙述性调查,应将调查市场资料及资料间的相互关系解释清楚;如果属于假设检验调查,应明白指出假设是否成立。两者最后都要做出市场调查结果报告。

第三节　市场预测方法

一、市场预测概述

预测是指对事物未来或未来事物的发展趋势进行推测,是根据已知事件通过科学分析去推测未知事件。预测是决策的基础。可行性研究中方案选择所依据的数据,都需要进行预测。

预测过程可视为一个输入—处理—输出的动态反馈系统。通常,可将全过程分为图2-4所示的七个主要步骤和一个反馈过程。

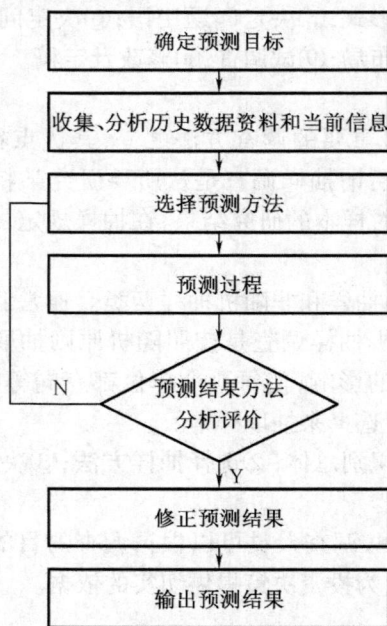

图2-4　预测程序框图

预测方法可划分为定量预测、定性预测和组合预测三大类。定性预测是指利用直观材料,分析判断能力,对事物未来发展进行的预测,也称直观预测。常用的定性预测方法有专家会议法、德尔菲法和历史类比法等。定量预测是指根据历史数据和资料,应用数理统计的方法预测未来,或利用事物发展的因果关系来预测未来的方法,前者又称时间序列分析,后者又称因果分析。

组合预测是指采用两种以上不同预测方法的预测。它既可以是几种定量方法的组合,也可以是几种定性的方法的组合,但实践中更多的则是利用定性方法与定量方法的组合。

表2-1给出了常用预测方法的特点及其运用范围、预测准确度,可行性研究人员可据此选择适用的预测方法。

表 2 - 1　常用预测方法

预测方法 因素与 条件	定性方法			定量方法					
				时间序列分析			因果分析		
	专家 会议法	德尔 菲法	历史 类比法	移动 平均法	指数 平滑法	趋势 外推法	回归 模型	经济计 量模型	弹性 系数法
方法内容 简介	组织有关 方面的专 家,通过会 议的形式 进行预测, 然后综合 专家的意 见,得出结 论	专家会议 进行发展, 对受聘专 家小组成 员进行匿 名调查,多 轮反馈综 合整理,对 结果进行 统计分析 处理	运用事物 发展的相 似性原理, 对相互类 似的一些 新产品的 出现和发 展过程进 行对比性 分析	为消除季 节性和不 规律性的 影响,取时 间序列中 连续几个 数值的平 均值(算 术平均值 或加权平 均值)	与移动平 均法相似, 考虑历史 数据远近 期的作用 不同,给予 递减的权 值,要求数 据量少,包 括有多重 指数的滑 动模型	运用一个 数学模型, 拟合一条 趋势线,然 后用这个 模型外推 未来事物 的发展	运用事物 发展内部 因素的因 果关系建 立回归分 析模型,包 括一元回 归、多元回 归和非线 性回归等	运用事物 内部因素 发展的复 杂关系(包 括因素间 自相关关 系)建立 模型,确定 参数,应用 方程进行 预测	运用两个 变量之间 的弹性系 数进行预 测
适用的 时间、 范围 及用途	长期预测, 新产品预 测	长期预测, 科技预测	长期预测, 科技预测, 新产品预 测	近期或短 期经济预 测	近期或短 期经济 预测	中、长期新 产品预测	短、中、长 期经济与 科技预测	短、中、长 期经济预 测	短、中、长 期经济预 测
需要的数 据资料	将专家的 意见综合、 分析与处 理	将专家的 意见综合、 分析与处 理	产品或科 学技术发 展的多年 历史资料	数据越多 越好,至少 3 年以上, 数据最低 要求 5 ~ 10 个	数据越多 越好,至少 3 年以上, 数据最低 要求 5 ~ 10 个	至少 5 年 的数据	定量分析 资料需要 几 年 的 数据	定量分析 资料需要 几年的数 据	定量分析 资料需要 几年的数 据
精确度	短期极好, 长期较好	较好	尚好	尚好	较好	短期很好, 中、长期较 好	很好	中、短期很 好,长期较 好	尚好
预测所 用时间	≥3 个月	≥2 个月	≥1 个月	短期(1 ~ 2 天)	短期(1 ~ 2 天)	短期(1 ~ 2 天)	取决于分 析能力	≥2 个月	短期

　　预测是一种系统活动,为更好地完成决策所需要的预测任务,可行性研究人员可建立图 2 - 5 所示的预测系统,其对预测人员和整个工作小组都是有益的。

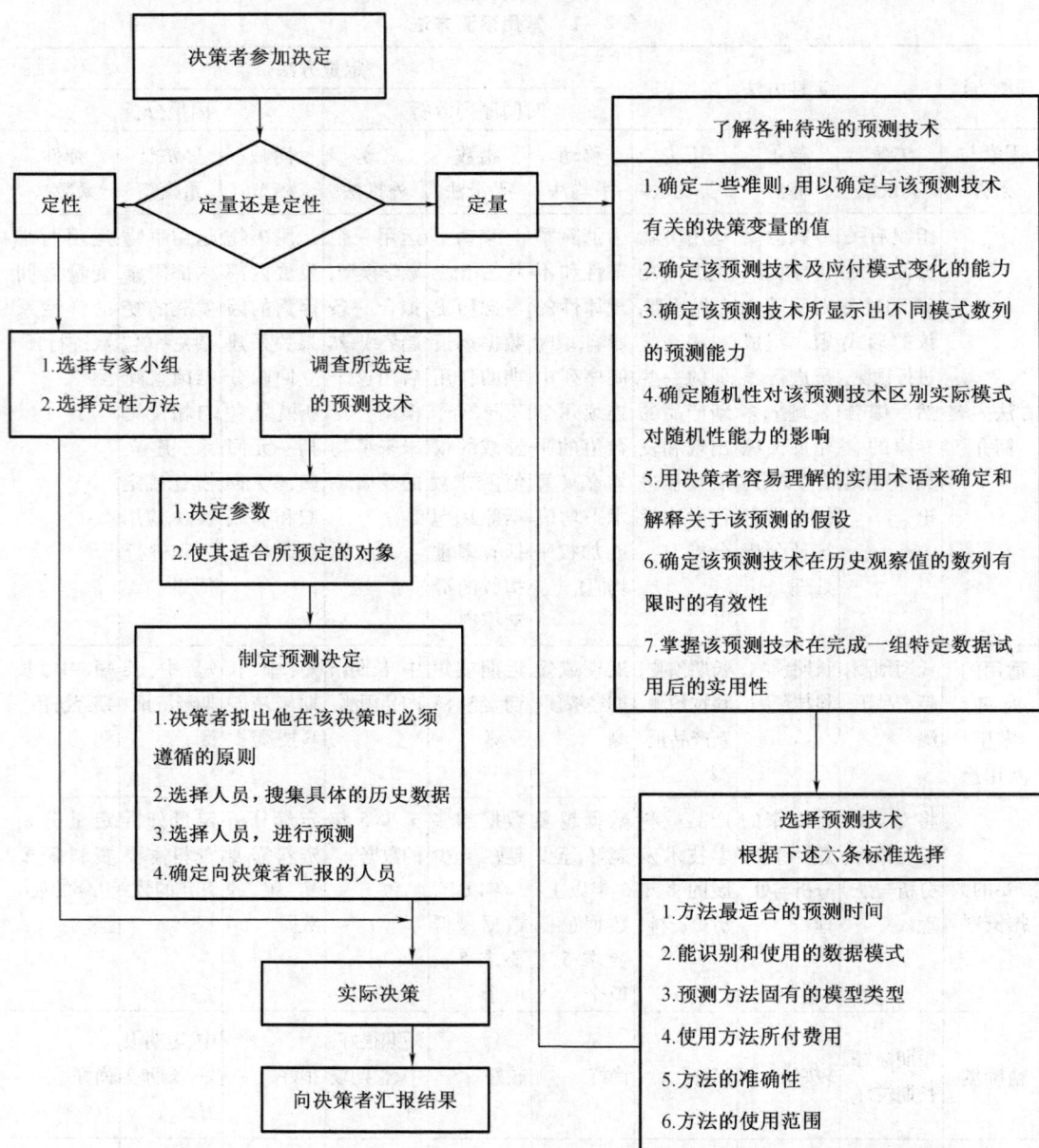

图2-5 建立预测系统的程序图

二、德尔菲预测法

德尔菲法实际上是一种函询调查法。它将所要预测的问题和有关背景材料,以通信形式征询专家的意见,然后把各种意见加以归纳、整理和综合,再反馈给专家进一步征询意见,如此反复数次直至得到满意的预测为止。

1. 德尔菲法的操作程序

德尔菲法操作程序如图2-6所示:左列是管理小组的工作,右列是应答小组(专家)的工作。

管理小组的工作 应答小组(专家)的工作

```
┌─────────────────────────┐
│ 确定研究课题,成立管理小组 │
└─────────────────────────┘
            │
┌─────────────────────────┐
│      预计预测程序         │
└─────────────────────────┘
            │
┌─────────────────────────┐          ┌──────────────────────────┐
│ 向专家寄出邀请信:         │─────────▶│ 考虑是否同意参加预测,若同意则答 │
│ 1.说明德尔菲程序          │          │ 复并提出建议               │
│ 2.说明预测的课题          │          └──────────────────────────┘
│ 3.邀请参加预测            │              同意
└─────────────────────────┘
            │
┌─────────────────────────┐          ┌──────────────────────────┐
│ 第一轮征询表:            │─────────▶│ 了解背景材料答复第一轮问题   │
│ 1.说明对应答者的要求       │          └──────────────────────────┘
│ 2.提供背景资料            │
│ 3.第一轮征询问题          │
└─────────────────────────┘
            │
┌─────────────────────────┐
│ 对上一轮答复做出的汇总整理  │
└─────────────────────────┘
            │
┌─────────────────────────┐    反馈    ┌──────────────────────────┐
│ 下一轮征询表:            │─────────▶│ 了解反馈信息和问题答复本     │
│ 1.上一轮答复的分布        │          │ 轮征询表                   │
│ 2.本轮征询问题            │          └──────────────────────────┘
│ 3.请求陈述问题的理由       │
└─────────────────────────┘
            │
┌─────────────────────────┐
│ 对本轮答复做出汇总整理,考   │◀─────────
│ 察答复的变化与收敛         │
└─────────────────────────┘
            │
┌─────────────────────────┐          ┌──────────────────────────┐
│ 整理预测结果,写出         │─────────▶│ 了解预测结果               │
│ 预测报告书               │          └──────────────────────────┘
└─────────────────────────┘
```

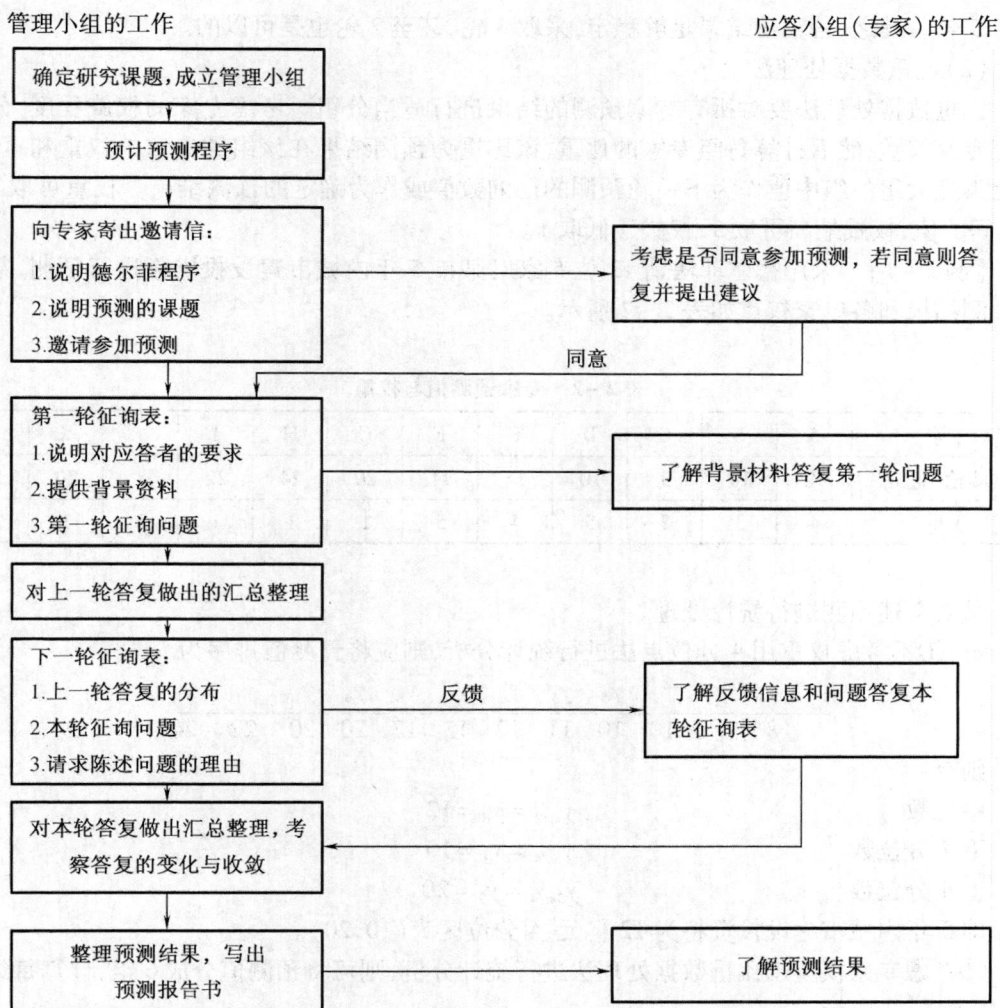

图 2-6　德尔菲法操作程序图

2. 预测结果的统计处理

通常用 4 分位点法和比重数据处理法处理预测结果。

(1)4 分位点法

假设共有 m 名应答专家,对于某一个具体的问题,每个专家都给出了一个量化的回答,设量化数据为 $y_i(i=1,2,\cdots,m)$,不妨取 $y_1 \leqslant y_2 \leqslant \cdots \leqslant y_n$,则 $y=m/4$ 为下 4 分位数,$y=3m/4$ 为上 4 分位数。在上下 4 分位数之间的区间称为 4 分位区间,它包含了 50% 应答专家的预测结果。4 分位区间越小,说明专家意见越趋一致;反之,则说明意见分散。

4 分位点法用中位数代表对专家们的预测协调后的结果,用下上 4 分位点代表专家们意见的分歧程度。在每次进行下轮征询时,将中位数和 4 分位区间的统计结果反馈给应答专家,请专家修改自己上一轮的预测结果。对那些作出远离 4 分位区间的预测结果的专家,请他们说明理由。如果 4 分位区间向中位数收缩,则说明预测过程收敛良好。

4 分位点法促使专家给出明确的量化答复,统计简便,反馈清晰,结果明确,便于了解预测过程的收敛性以及确定是否继续征询。德尔菲法通常采取 4 轮,但如果收敛不够,可能需进行 5 轮。反之,若输出结果足够稳定,采取 3 轮,甚至 2 轮也是可以的。

（2）比重数据处理法

比重数据处理法要对所有专家预测的结果进行适当分组。考虑专家的权威程度,分别确定专家权重;然后计算每组专家的比重,该比重为预测结果在该组的专家的权重和,可以取比重最大组的组中值作为下一轮预测的征询数值或作为确定的预测结果。权重可取 1 ~ 5 之间的值,权威最高可取 5,权威最低取 1。

[例 2 - 1]　采用德尔菲法请 12 位专家对某市 5 年内城市建设投资额进行预测,某轮的预测结果和各专家权重如表 2 - 2 所示。

表 2 - 2　专家预测值与权重

专家	A	B	C	D	E	F	G	H	I	J	K	L
预测值/亿元	12	10	9	10	15	11	20	24	22	8	20	17
权重	4	3	2	5	4	5	1	1	1	3	1	3

试对上述预测进行统计处理。

解:①不考虑权重用 4 分位点法进行统计分析,则应将预测值排序为

y_1	y_2	y_3	y_4	y_5	y_6	y_7	y_8	y_9	y_{10}	y_{11}	y_{12}
8	9	10	10	11	12	15	17	20	20	22	24

则有:

中位数　　　　　　　　　　$y_{m/2} = y_6 = 12$

下 4 分位数　　　　　　　　$y_{m/4} = y_3 = 10$

上 4 分位数　　　　　　　　$y_{3m/4} = y_9 = 20$

即 5 年内城市建设投资将为 12 亿元,4 分位区为(10,20)。

②考虑专家权重用比重数据处理法进行统计分析,则可将预测值分成 6 组,计算每组比重,如表 2 - 3 所示。

表 2 - 3　比重计算

预测值分组	组内专家	比重
8 ~ 10	J,C	3 + 2 = 5
10 ~ 13	B,D,F,A	3 + 5 + 5 + 4 = 17
13 ~ 16	E	4
16 ~ 19	L	3
19 ~ 21	G,K	1 + 1 = 2
21 ~ 24	I,L	1 + 1 = 2

由表 2 - 3 可知,比重最大的组是 10 ~ 13 组,比重的权重为 17,占全体比重的 52%。预测值(该组中值)为(10 + 13)/2 = 11.5 亿元。

3. 德尔菲法的关键工作

德尔菲法预测过程中的关键工作是选择专家和编制征询表。

选择专家是保证德尔菲法预测质量的关键性工作,在选择专家时要明确三个问题:①什么人是专家;②怎样选择专家;③选择什么样的专家。专家一般是指该专业领域内从事多年工作而颇有成就的专业人员或富有实践经验者。选择专家应考虑专家能对所预测的问题提供多少有价值的信息。所选择的专家应该是精通业务,在社会上有一定名望,同时要选择交叉科学、社会科学和经济学方面的不同专业的专家,这样可开阔思路,提高预测质量。此外,聘请时还要注意专家们是否乐于承担任务、能否坚持到底,否则征询表回收率太低,影响预测质量。专家人数以 10 ~ 50 名为宜。

征询表是德尔菲法的主要预测工具,所以征询表的编制也是该预测法的关键。编制征询表应以专家回答方便为原则,具体要求如下。

(1)征询表内要提出预测目标,确定出总目标、子目标和达到目标的各种手段或方案,对预测问题要进行归纳分类,要集中并有针对性。

(2)题意要明确,提出的问题力求简明扼要,用词要确切,尽量避免含糊不清、缺乏定量概念的词汇。

(3)征询表要清晰,应使专家将精力集中于对问题的思考上,而不是对表内问题含义的理解上。因此,征询表应对德尔菲法本身作出说明,交代预测的目标和任务、对专家的要求,并应附上有关问题的背景材料,表内要留有足够的空白,供专家阐明个人意见和理由。

(4)征询表应根据预测内容适当地提出问题,提问有三种类型:对本问题发展做定量的估计和描述,如某工程可能完成的时间、概率、成本等;对几个事件或目标作出选择和说明,如某地区建设投资的优先排序问题等;要求对时间进行论述、分析和说明,如某市至 2015 年的技术生长点及生长过程问题等。

4. 德尔菲法的适用范围

德尔菲法是一种得到广泛应用的定性预测方法,它尤其适用于下述范围。

(1)问题难以借助精确的分析和技术处理,但是建立在集体基础上的直观判断可以给出有用的结果。

(2)问题庞大而复杂,缺少或没有历史数据,甚至是首创性的,这时专家们的意见是仅有的预测来源。

(3)专家人数众多,面对面交流思想的方法效率很低;或者专家间分歧隔阂严重,或因其他原因不宜面对面交流思想。

(4)为多有创见,避免盲从权威或"从众"而欲保留应答专家们的多种意见进行分析时,特别是预测技术创新问题,这种方法较为有效。

三、时间序列预测法

时间序列分析法是运用按时间顺序排列起来的历史数据进行统计分析,进而预测事物未来的一类方法。常用的方法是简单平均法、移动平均法、指数平滑法、趋势预测法等。在可行性研究中,趋势预测法适用于长期预测,而移动平均法和指数平滑法仅适用于数据处理。

1. 简单平均法

简单平均法的预测公式为

$$x_{n+1} = \frac{1}{n}\sum_{j=1}^{n} x_j$$

式中　x_j——第 j 期的实际值（$j = 1,2,\cdots,n$）；

　　　　X_{n+1}——下一期的预测值；

　　　　n——期数。

2. 移动平均法

预测公式为

$$x_{t+1} = \frac{x_1 + x_{t-1} + x_{t-2} + \cdots + x_{t-n+1}}{n}$$

式中　x_t——第 t 期的实际值；

　　　　X_{t+1}——第 $t+1$ 期的预测值；

　　　　n——确定预测值所需移动期数。

[例 2 - 2]　某建筑工程公司金属构件厂 1—6 月份的构件销售量统计资料如表 2 - 4 所示,试预测 7 月份的销售量。

表 2 - 4　某企业销售统计数表

月（期数）t	1	2	3	4	5	6	7
实际销售量 x_t	500	560	620	950	1 100	1 250	?

解　如果对表 2 - 4 中的数据选用简单平均法预测 7 月份的销售量显然是不合适的,因为 1—3 月份和 4—6 月份数据间存在较大差异。在没有其他信息的条件下,选择移动平均法预测应比简单平均法更合理些。

若取 $n = 3$,则有

$$x_7 = \frac{(x_6 + x_5 + x_4)}{3} = \frac{(1\,250 + 1\,100 + 950)}{3} = 1\,100$$

3. 加权移动平均法

其预测模型为

$$x_{t+1} = \frac{p_t x_t + p_{t-1} x_{t-1} + \cdots + p_{t-n+1} x_{t-n-1}}{p_t + p_{t-1} + \cdots + p_{t-n-1}}$$

式中　p_j——第 j 期数据的权数；

　　　　$j = (t, t-1, \cdots, t-n+1)$。

[例 2 - 3]　已知历史数据见表 2 - 4,设 $n = 3$,$P_6 - 3$,$P_5 - 2$,$P_4 - 1$。试用加权移动的平均法求 7 月份销售量的预测值 x_7

$$x_7 = \frac{p_6 x_6 + p_5 x_5 + p_4 x_4}{(p_6 + p_5 + p_4)} = \frac{(3 \times 1\,250 + 2 \times 1\,100 + 1 \times 950)}{(3 + 2 + 1)} = 1\,150$$

四、因果分析预测法

1. 回归分析预测法

回归分析预测法是预测学的基本方法,它是在分析因变量与自变量之间的相互关系,建立变量间的近似函数关系,并进行参数估计和显著性检验以后,运用回归方程预测因变量数值变化的方法。其中,表达经济变量间的数学表达式称为回归方程。预测过程中,根据回归方程是否可以表述为线性,将回归分析分为线性回归和非线性回归;根据回归方程中自变量的个数可以将回归分析分为一元回归和多元回归。

(1)一元线性回归法

当两个变量之间存在线性关系,即一个变量的增加或减少相对于另一个变量的增、减成一定比例时,就可以建立一元线性数学模型,根据自变量去解释因变量的方法,称为一元线性回归法。此法的基本步骤如下:

①根据历史数据绘出散点图。若图中各数据点的分布呈线性趋势,即大体沿一条直线分布,说明可以用一元线性回归法进行预测。

②建立回归模型。一元线性回归方程模型为

$$y' = a + bx$$

式中　y——因变量,即预测区间的预测值;

　　　x——自变量,即可获得的历史数据;

　　　a,b——回归系数。

③参数估计。根据数理统计中的最小二乘法(OLS),可按下式分别求出回归系数 a,b 的数值:

$$\begin{cases} b = \dfrac{n\sum x_i y_i - \sum x_i \sum y_i}{n\sum x_i^2 - (\sum x_i)^2} = \dfrac{\sum x_i y_i - n\,\bar{x}\,\bar{y}}{\sum x_i^2 - n\,\bar{x}^2} \\[3mm] a = \dfrac{\sum y_i - b\sum x_i}{n} = \bar{y} - b\,\bar{x} \end{cases}$$

式中　x_i,y_i——分别为自变量、因变量实际数据值($i = 1,2,\cdots,n$);

　　　$\bar{x},\bar{y}$——分别为自变量、因变量实际数据值的平均值;

　　　n——自变量或因变量实际数据值个数。

④应用模型进行预测。

⑤误差估计。回归模型的精度以标准偏差 s 表示:

$$s = \sqrt{\frac{\sum (y_i - x_i)^2}{n-2}} = \sqrt{\frac{\sum y_i^2 - a\sum y_i - b\sum y_i x_i}{n-2}}$$

式中　y_i——按线性回归方程计算出的对应于 x_i 的因变量预测值。

[例2-4]　某工程公司 2005 年各月的成本资料如表 2-5 所示,2006 年 1—2 月的预算成本为 190 万元和 250 万元。试分别预测该公司 2006 年 1—2 月的成本。

表2-5　某工程公司 2005 年各月成本数据　　　　　　　　　　单位:万元

项目	1	2	3	4	5	6	7	8	9	10	11	12	合计
预算成本 x_i	180	172	200	248	253	265	257	243	270	284	291	320	2 983
实际成本 y_i	193	189	202	227	229	240	228	237	242	238	248	271	2 744

解　根据表 2-5 数据可知,各点分布呈线性趋势,故可利用一元线性回归法。建立模型:

$$y' = a + bx$$

参数估计的计算过程如下：

因为
$$\bar{x} = 2\,893/12 = 248.53$$
$$\bar{y} = 2\,744/12 = 228.67$$
$$\sum x_i y_i = 180 \times 193 + 172 \times 189 + \cdots + 320 \times 271 = 693\,488$$
$$\sum y_i^2 = 193^2 + 189^2 + \cdots + 248^2 + 271^2 = 633\,650$$
$$\sum x_i^2 = 180^2 + 172^2 + \cdots + 291^2 + 320^2 = 763\,457$$

所以
$$b = \frac{\sum x_i y_i - n\bar{x}\bar{y}}{\sum x_i^2 - n\bar{x}^2} = \frac{493\,488 - 12 \times 248.58 \times 228.67}{763\,457 - 12 \times 248.58^2} = 0.518$$
$$a = \bar{y} - b\bar{x} = 228.67 - 0.518 \times 248.53 = 99.906$$

故得一元线性回归方程
$$y' = 99.906 + 0.518x$$

应用模型进行预测

①将 2006 年 1 月预算成本 190 万元代入，可得该月预测成本预测值 y_1 为
$$y_1 = 99.906 + 0.518 \times 190 = 198.3 \text{ 万元}$$

②同理可预测 2 月预测成本 y_2 为
$$y_2 = 99.906 + 0.518 \times 250 = 229.4 \text{ 万元}$$

③最后进行误差估计
$$s = \sqrt{\frac{633\,650 - 99.906 \times 2744 - 0.518 \times 693\,488}{12 - 2}} = 5.3 \text{ 万元}$$

（2）一元非线性回归法

一元非线性回归就是根据已知数据散点图明显表现出的非线性变化趋势，建立两个变量间的非线性数学模型进行预测。这类问题的关键是确定自变量与因变量间的函数关系。为此，先将已有数据在图上绘制出来，观察数据点的分布趋势和形状，或者通过数据分析确定出变化规律，然后再拟合成近似的非线性函数并将其转化成线性函数来回归求解。

（3）多元线性回归法

多元线性回归法是基于 1 个因变量和多个自变量之间存在线性关系而进行预测的一种回归分析方法。

设变量 y 与 m 个因素 $x_1, x_2, \cdots, x_m$ 呈线性相关关系，则可建立多元线性回归模型：
$$y = a_0 + b_1 x_1 + b_2 x_2 + \cdots + b_m x_m \qquad\qquad (2-1)$$
式中　$a_1, b_1, b_2, \cdots, b_m$——待定参数。

2. 市场需求弹性系数预测法

除了以上几种预测方法以外，还可能利用一些其他的预测方法，例如经济计量模型法、投入产出分析法、马尔柯夫链预测法、灰色系统预测法和神经网络预测法等。这里仅介绍市场需求弹性系数预测法。市场需求弹性系数预测法，是应用微观经济学供求理论，对市场需求进行预测的一种方法。

根据微观经济理论，影响商品市场需求的主要因素是价格、收入水平、偏好、预期等，即需求量 Q_D 可表示为价格 P、收入 I、偏好 A、预期 E、广告 y、其他变量 a 的函数，即：

$$Q_D = f(P, I, A, E, y, a)$$

故价格弹性系数 ε_p 为

$$\varepsilon_p = \frac{\partial Q}{\partial P} \frac{P}{Q} = -\frac{\frac{\Delta Q}{Q}}{\frac{\Delta P}{P}}$$

而收入弹性系数 ε_I 为

$$\varepsilon_I = \frac{\partial Q}{\partial I} \frac{I}{Q} = -\frac{\frac{\Delta Q}{Q}}{\frac{\Delta I}{I}}$$

用弹性系数法进行预测的一般步骤是：

(1)根据历史数据,分析项目产品的收入弹性、价格弹性的变化规律；

(2)预测项目产品的弹性系数；

(3)利用预计的价格及收入变动的可能幅度及预测的弹性系数预测市场需求。

利用弹性系数进行预测,应注意预测的范围不能过宽,否则将影响准确性。

[例2-5]　根据调研资料可知,商品住房需求的收入弹性 $\varepsilon_I = 0.7 \sim 1.5$。估计今后 10 年内人均年收入增长率为 2% ~ 3%。试预测 10 年后,对商品住房的需求量将增加多少？

解　10 年后的收入变动情况是:如果人均年收入增长率为 2%,则 10 年后收入增长为 $(1 + 2\%)^{10} - 1 = 21.8\%$；如果人均年收入增长率为 3%,则 10 年后收入增长为 $(1 + 3\%)^{10} - 1 = 34.3\%$。

根据 ε_I 的定义,可知

$$需求量变动率 = \varepsilon_I \times 收入变动率$$

利用上式,可预测商品住房的需求量变动为

若 ΔI 为 21.8% 和 34.3%,且 $\varepsilon_I = 0.7$,则需求量分别增加 15.3%,24.0%；当 $\varepsilon_I = 1.5$ 时,需求量分别增加 32.7%,51.5%。也即 10 年后商品住房需求将增加 15.3% ~ 51.5%。

第四节　市场营销战略分析

一、市场营销战略分析的必要性

针对同一个市场,不同企业可能采取截然不同的营销战略,这取决于项目或企业的内在特点以及经营者的经营原则、经营风格、文化素质、认识水平。应该说明的是,不同风格的营销战略各有长处,只要策划良好都有成功的可能,可见市场分析与营销战略并非是一一对应的关系。另外,市场是客观的,营销战略能否成功在很大程度上要靠主观努力。由此可知,市场分析与营销战略的研究可以分开进行。事实上在投资研究的前期,许多公司仅要求咨询机构编制市场分析报告,而并不要求同时开展营销战略的研究,只有在可行性研究阶段,营销战略研究才是非做不可的。

过去许多项目的可行性研究不是把重点放在市场和营销战略研究上,而是只注重工艺、工程和财务研究,这种做法常常架空了财务分析,其弊端显而易见。事实证明营销战略分析是非常重要的。例如,某建设项目用先进的设备和高级原材料生产高档产品,项目经

营者认为质量好肯定能优质优价,而忽略了营销战略的研究。当基建完成并投入生产后发现,因广告、宣传费用不足,营销手段跟不上,项目产品很难打进原拟进入的市场,更不用说出口、进入国际市场了。若想立即加强促销力量,又很难在短期内招聘到优秀的人才。因此,很可能造成整个项目的失败。

如果说投资机会研究是以宏观和区域经济研究为起点,提出在某地区内生产或营销某种产品或服务的设想,那么市场分析就是根据这个设想中的产品和初步拟定的市场和消费者作进一步探索,并得到倾向于哪些市场的哪些人群作为营销对象,预测市场容量如何,本项目拟占有多少市场份额,产品应主要选择哪些规格、型号和质量档次等重要信息。狭义的营销战略规划研究则是在市场研究的基础上,以销售艺术和技术作为支撑,进一步明确销售目标,突出项目竞争优势的销售战略,辅之以合理的方法和精心策划,使整个项目的各方面研究,都能围绕着销售战略的中心,相辅相成。

二、市场营销过程

根据经营战略的要求,各个战略经营单位和市场营销部门一般依据以下顺序进行市场营销管理。

1. 分析机会

对面临的机会进行全面分析,找出其市场营销可能利用的有利条件,分析无法避免的有关威胁,提出设想。

2. 决定市场

在分析机会的基础上,进行以下工作:①市场细分。把机会所显示出来的市场,依据顾客需求的不同特性,区分为若干部分即细分市场,并对各个细分市场进行评价。②市场选择。在市场细分的基础上,决定目标市场。③市场定位。在拟定的目标市场上,为企业、产品或品牌树立一定的特色,塑造预定的形象,以突出和显示与竞争者之间的区别。

3. 市场进入决策

以什么方式进入和占领目标市场,主要有三种选择:①内部发展。依靠自身力量发展产品、进入市场。这要有相应的技术、资源、知识和声誉作保证,其可以壮大企业实力。②联合经营。通过与其他企业的合作、合资等,共同开发市场。这样可以分散一家单干的风险,合营各方在技术、资源、知识和声誉等方面取长补短、优势互补。③企业并购。通过掌握相关企业的控制权,比如兼并、控股等进入市场,它可以避免内部发展中的一些麻烦。如果有合适的并购对象,又必须尽快进入市场的话,这是一条捷径。

4. 发展市场营销战略

市场营销战略是企业及经营单位期望在目标市场实现其目标所遵循的主要原则。它包括两项基本决策:①市场营销组合。企业或经营单位准备依靠哪些市场营销手段,赢得目标市场的顾客。②市场营销预算。决定多少钱用于各个经营单位、各项业务以及产品的市场营销,如何在各种市场营销手段、各个市场营销环节之间进行分配。

5. 实施市场营销活动

在发展市场营销战略的基础上,为各个经营单位以及不同的产品分别制订市场营销计划,并通过市场营销执行系统和控制系统将计划变为行动。

因此,市场营销过程可以概括为以下过程:分析市场机会;研究与选择目标市场;设计营销战略;制订营销计划以及组织、实施和控制营销活动。其步骤如图2-7所示。

```
┌─────────────────────────┐     ┌─────────────────────────┐     ┌─────────────────────────┐
│      分析市场机会         │     │     研究与选择目标市场     │     │     设计市场营销战略       │
├─────────────────────────┤     ├─────────────────────────┤     ├─────────────────────────┤
│ 市场营销信息系统与市场调查  │ ──▶ │ 市场预测                 │ ──▶ │ 产品差别化与产品定位        │
│ 市场营销环境             │     │ 市场细分                 │     │ 市场营销竞争策略           │
│ 消费者购买行为分析        │     │ 目标市场选择             │     │ 国际市场营销策略           │
└─────────────────────────┘     └─────────────────────────┘     └─────────────────────────┘

    ┌─────────────────────────┐     ┌─────────────────────────┐
    │      市场执行和控制       │     │     制订市场营销计划        │
    ├─────────────────────────┤     ├─────────────────────────┤
    │ 市场营销组织和执行        │ ◀── │ 产品策略                 │
    │ 评估与控制市场营销工作     │     │ 定价策略                 │
    │                         │     │ 分销策略                 │
    │                         │     │ 促销策略                 │
    └─────────────────────────┘     └─────────────────────────┘
```

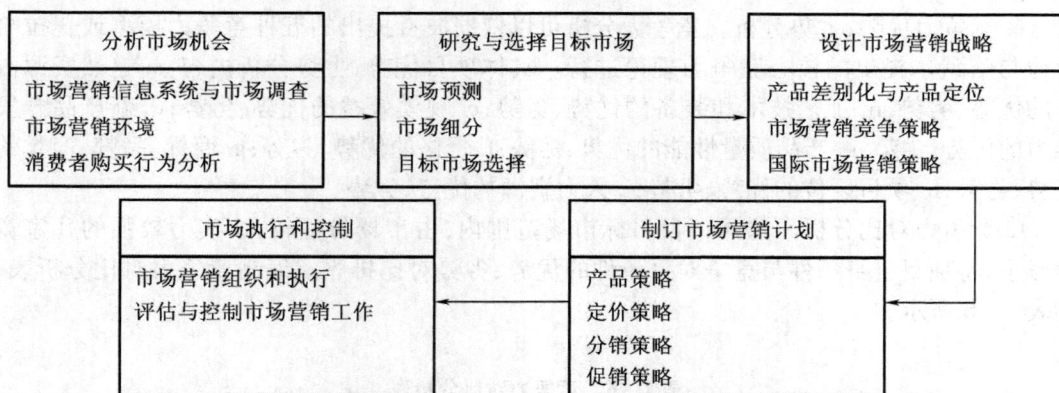

图 2 – 7 市场营销过程图

三、市场营销模式

企业进行销售,在同一市场中不可避免地要遇到竞争对手的挑战:争夺顾客、争夺市场份额、争夺资源。不仅有国内的竞争对手,而且还有国外的竞争对手,企业面临的竞争形势更加激烈化。在这种情况下,企业如何确定竞争战略,如何在竞争中取胜,是在可行性研究中必须重视而且是关系项目成功与否的大事。

1.产品生命周期

产品生命周期是企业研究和制定产品策略的重要组成部分。它可以帮助企业了解其产品的现状与未来发展趋势,适时更新、改造产品,以适应市场的变化和用户新的需求,从而提高企业竞争力和经济效益。市场对任何产品的需求并非固定不变,而是随着时间的推移不断变化的,任何产品都要经历适应市场到被市场淘汰的过程,这种变化就像生物生命历程一样,经历着诞生、成长、成熟、衰亡的过程。

所谓产品生命周期是指某产品从进入市场到被市场淘汰退出市场所经历的全部过程。产品经过研究开发、试销,然后进入市场,产品进入市场,标志着产品生命周期的开始;产品退出市场,标志着其生命周期的结束。典型的产品生命周期一般分为四个阶段,即产品引入阶段,市场成长阶段,市场成熟阶段和市场衰退阶段。产品引入期(也称介绍期)是指市场上刚推出新产品,顾客对产品还不太了解,产品销售呈缓慢增长状态的阶段。成长期是指该产品在市场上迅速为消费者所接受,成本开始大幅度下降,销售额迅速上升,利润较大幅度增长的阶段。成熟期是指大多数购买者已经接受该产品,市场销售额缓慢增长或下降的阶段。衰退期是指销售额下降趋势明显增强,而利润趋于零的阶段。

在产品生命周期的不同阶段,产品的品质、售价、销售额、企业赢利和市场状况等均具有不同的特征,这些变化特征正是企业制定市场营销策略的基点,必须切实掌握这些特征。

2.竞争力分析

(1)项目竞争力分析

项目竞争力分析是研究拟建项目在国内外市场竞争中获胜的可能性和获胜能力,也是确定营销策略的基础。进行竞争力分析,既要研究项目自身竞争力,也要研究竞争对手的竞争力,并进行对比,据此进一步优化项目的技术经济方案,扬长避短,发挥竞争优势。

①竞争力优势、劣势分析。竞争力分析可以依据波特提出的五种竞争力模型或普拉哈拉德与哈默尔提出的核心竞争力理论进行。具体项目优势、劣势分析内容：a. 自然资源占有的优势、劣势；b. 工艺技术和装备的优势、劣势；c. 规模效益的优势、劣势；d. 新产品开发能力的优势、劣势；e. 产品质量性能的优势、劣势；f. 价格的优势、劣势；g. 商标、品牌、商誉的优势、劣势；h. 项目区位的优势、劣势；i. 人力资源的优势、劣势。

②竞争力对比分析。选择项目目标市场范围内，占市场份额较大、实力较强的几家竞争对手，将项目自身条件与竞争对手条件的优势、劣势对比排序。编制竞争力对比分析表，如表2-6所示。

表2-6　竞争力对比分析表

序号	比较内容	本项目优势、劣势	竞争对手优势、劣势				本项目与竞争对手对比后的优势、劣势排序
			国内竞争对手		国际竞争对手		
			对手Ⅰ	对手Ⅱ	对手Ⅰ	对手Ⅱ	
1	自然资源占有						
2	工艺技术装备						
3	规模效益						
4	新产品开发能力						
5	产品质量性能						
6	价格						
7	商标品牌商誉						
8	项目区位						
9	人力资源						

项目竞争能力分析，除了从项目角度分析外，还应从企业角度进行更广泛的分析，包括销售网络，财物资源、相对成本地位、管理水平等因素，采用竞争趋势矩阵等分析工具进行评价。

（2）企业竞争力分析

竞争是商品经济条件下受市场机制作用所存在的客观现象，一个企业不能不经受竞争的考验，在竞争中求生存、谋发展。为此，企业必须千方百计地寻求和建立自身的竞争优势，在竞争中不断地提高和巩固本企业的竞争地位。一个企业、一种产品的竞争状态，是由潜在竞争力量、同行业现有竞争力量、供货者竞争力量、买方竞争力量和替代品竞争力量这五种竞争力量所决定的，如图2-8所示。

①潜在竞争力量。其主要受到竞争者进入壁垒的影响。进入壁垒高，限制了新进入者，从而降低了来自这方面的威胁。进入壁垒的主要因素有：规模经济、经营特色、投资、销售渠道和转换费用等。转换费用是用户从一个供货企业转向另一个供货者所需付出的代价，包括：所更换产品的调试费用、附加设施、培训人员、技术服务等方面的费用。

②同行业现有竞争力量。其主要是同行企业为了巩固与增强自己的竞争地位而采取的行动，包括价格、广告、更新产品、加强售后服务所采取的种种竞争手段。这方面的竞争强度受到同行竞争者的多少及其实力大小等因素的影响。

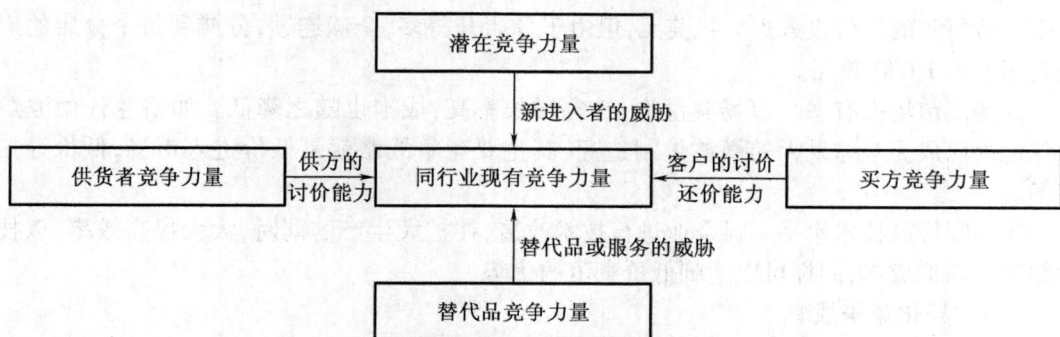

图 2-8　五种竞争力示意图

③供货者竞争力量。决定了它对供应条件讨价还价的能力,实力强者要求提价、减少供应量等条件时,这些往往影响到企业的经济效益以至于企业的生存。

④买方竞争力量。其主要表现为要求降价、提高质量和改善售后服务,顾客往往利用同行企业间的竞争来施加压力,它往往导致企业降低赢利水平。

⑤替代品竞争力量。在材料科学发展迅速的时代,替代品不仅数量增加而且花色品种增多,使替代品的威胁成为现代社会、经济中一种活跃的竞争力量。

企业必须不断分析这五种竞争力量的变化,以便识别企业在竞争中的地位,对竞争者的发现和辨别是企业制定竞争策略的前提。对企业最直接和威胁最大的竞争对手,从产品和市场两个角度结合在一起的分析是最客观的:既要考虑与本企业所提供产品(或服务)的相似性和替代性,更要考虑本企业所要满足的消费者的一致性。一般情况下,如果这两方面的程度都最高,便可以认定该企业为本企业的主要竞争对手。在很多情形下,企业面对的行业中的竞争企业不只是一个,它们广泛地存在于行业之中,有时表现最突出的行业中的竞争对手未必是本企业最大的威胁,从不显山露水的某个企业或许才是潜在的最大障碍。企业对此必须有清醒的认识。

在对产品的生命周期和市场上的竞争者全面分析的基础上,企业制定竞争战略时首先考虑的是市场竞争的基本战略,即对成本领先战略、差异化战略和集中化战略进行选择。再考虑市场竞争的具体战略,即对市场领导者战略、市场挑战者战略、市场追随者战略及市场补缺者战略进行选择。

3. 市场竞争基本战略

任何企业要在市场竞争中站稳脚跟,得以发展,必须针对企业的竞争对手,根据自身的市场地位和实力状况来制定竞争战略。市场竞争的基本战略有成本领先战略、差异化战略和集中化战略。

(1)成本领先战略

成本领先战略即不断降低产品生产和运营成本,使自己的总成本低于同行的竞争者,并以较低价格取得竞争优势,争取最大的市场份额。成本领先战略的实施,企业必须做到以下四点。

①管理水平较高。企业在采购成本、生产成本、资金占用、人力成本和营销成本等方面都能精打细算,厉行节约,从而达到低成本运作。

②规模经营。一般来说,单位产品成本与生产经营规模的大小成反比例下降的趋势。

如麦当劳每年的广告投入近 2 亿美元,但由于分店开得多,全球连锁,分摊到每个分店的广告费用不到 1 000 美元。

③提高市场占有率。市场容量大,销售增长率高,成本也随之降低。如格兰仕微波炉数年之内已成为全球最大的微波炉制造商,其主要竞争战略就是低价进入市场,低价开拓市场。

④不断提高技术水平。对企业进行技术改造,在扩大生产的同时,大大提高效率,以技术领先来降低成本,同样可以达到低价竞争的优势。

(2)差异化竞争战略

差异化竞争战略是指企业应发扬自身差别优势之长,创造出个性突出的产品或服务,比同行竞争者能更有效地满足目标顾客的需求。实行差异化战略必须具备以下几点:

①独特性。企业比竞争者拥有独特的、明显的有利条件。无论是产品特色、营销战略、服务水平、技术水平都是竞争者暂时不具备的,保持这种有利地位,从而使企业在竞争中能暂时独占鳌头。但当竞争者奋起直追,也拥有某方面的独特性后,差异化即会减弱。

②创新能力。企业在硬技术和软技术开发上具有很强的创新能力。硬技术的创新使企业产品不断推陈出新,以技术领先,保证企业的差异化。软技术的开发和运用,保证企业高效运营,也是竞争者难以模仿和比拟的,如麦德龙公司、沃尔玛公司的管理系统,就各具特色,同行是难以抗衡的。

③营销能力。企业的营销战略、策略和方法手段别具一格。与竞争者相比,有独到的倡议,对市场的适应能力和应变能力都很强,也是保持企业差异化的重要方面。

(3)集中化竞争战略

集中化战略是指企业将目标市场锁定在某一个或几个较小的细分市场,实行专业化经营,走小而精、小而专的道路。实行集中化战略,关键在于企业拥有的产品或技术是某一特定目标市场必备的需求,企业在这一特定的细分市场上有能力占领极大的市场份额,成为小行业中的巨人,在充分挖掘特定目标市场需求后,尚有拓展能力。但是,集中化竞争战略风险也较大,一旦市场发生变化,对企业的威胁也很大。

目标集中战略往往在下列情况下能够取得最好的效果:①定位于多细分市场的竞争厂商很难满足目标小市场的专业或特殊需求,或者如果满足这个市场的专业化需求的代价往往极其昂贵;②没有其他竞争厂商在相同的目标细分市场上进行专业化经营;③一家公司没有足够的资源和能力进入整个市场中更多的细分市场,整个行业中有很多的小市场和细分市场,从而 1 个集中型的厂商能够选择与自己的强势和能力相符的有吸引力的目标小市场。

实施集中化战略,可以把成本领先和差异化竞争战略组合在一起使用。例如中国造船业,基于其自身船的低成本来进行市场定位,在细分市场里提供了比竞争者更低的市场价格,从而获得更多的造船合同。

4.市场竞争具体战略

当某种产品的市场步入成熟以后,在这个市场里竞争的同业企业之间,便都能各自维持着一个稳定的市场占有份额。市场竞争战略是根据企业在市场竞争中的角色和地位来制定的相应的营销战略,根据在相关行业所占的市场份额,企业在市场竞争中充当的角色有四种:市场领导者、市场挑战者、市场追随者和市场补缺者。市场领导者是市场上实力最强的领头企业,其市场份额在 40% 以上;市场挑战者的实力次之,其市场份额在 20% ~40%

之间,这种类型的企业总想夺取更多的市场份额,具有进攻性;市场追随者的市场份额在10% ~20% 之间,它只想维持住已有的市场份额,它们往往是在一个特定的细分市场上提供特定用途的产品或从事专门的服务;市场补缺者的市场份额最小,一般是市场上为数众多的中小型企业。

不同的项目企业,处于不同的市场地位,它们期望项目产品达到的市场目标各不相同,因此它们的营销策略各不相同。下面逐一分析每一类型的市场占有者如何进行营销竞争。

(1)市场领导者的策略

市场领导者是指其产品在行业同类产品的市场上占有率最高的企业。一般而言,在绝大多数行业中都有一个被公认的市场领导者。如美国汽车市场的通用汽车公司、电子计算机软件市场的微软公司、摄影胶片市场的柯达公司、软性饮料市场的可口可乐公司、快餐市场的麦当劳,等等。

市场领导者在相关的产品市场中拥有最大的市场占有率,而且通常在新产品开发、价格调整、渠道创新及促销活动等方面领导着其他厂商。它是众多企业关注的焦点,因此必须时刻保持警惕,提防挑战者及其他企业的进攻,同时又要锐意进取,在营销活动的各方面起到行业领头羊的作用。基于其自身特点,市场领导者有三种营销战略可供选择。

①扩大市场总规模是市场领导者首先需要考虑的,因为在同行业市场上产品结构基本不变时,市场总规模的扩大,对市场领导者最为有利。扩大市场总规模的方式有三种:一是寻找新客户,将产品潜在的购买力转化为现实的购买力。二是企业可以通过发现和推广产品的新用途来扩大市场规模。例如,杜邦公司发明尼龙后,不断发现这种产品的新用途,从降落伞绳、女士丝袜、再到地毯等,产品用途增加,其市场规模也不断扩大。三是劝说顾客增加使用量,说服消费者在更多使用场合更多地使用该产品,从而在顾客规模不变的条件下增加产品销量。例如,高露洁运用高效广告促销手段,宣传护牙知识,要求每日用牙膏清洁口腔 2 ~3 次,该品牌产品在我国牙膏市场的销售量大幅度增长。

②行业中的领导者总会遇到挑战,为了保持自己的市场份额,领导者必须采取适当的防御策略。市场领导者必然是众多竞争对手攻击的主要目标,尤其是面临市场挑战者的威胁。如可口可乐公司要提防百事可乐公司,吉利公司十分警惕毕克公司,柯达公司要防备富士公司,通用汽车公司从不敢放松对福特公司各项战略的关注。"进攻是最好的防守",领导者保持市场份额的最佳办法就是不断创新。不仅要在降低现有产品的成本、调整价格、渠道创新与促销活动等方面充当开路先锋,而且要不断开拓新业务领域,在产品和业务的一体化与多样化方面有所发展。

③提高市场占有率是市场领导者增加收益的一条重要途径。市场占有率是与投资收益率相关的最重要的变量之一,市场占有率越高,投资收益率也越大。有关研究报告显示,市场占有率高于40%的企业,其平均投资收益率将达到30%,相当于市场占有率低于10%的企业3倍。因此,许多企业以提高其市场占有率、把拥有市场份额第一或第二位作为其战略目标,达不到第一、第二位的目标,宁可撤出此市场。例如,英国通用电气公司就因为其在计算机和空调机市场上,产品的市场占有率达不到市场领导者的程度,便决定放弃这两项业务,以集中主要力量在其他电器市场达到理想的份额。

总之,处于主导地位的市场领导者必须全面掌握各项战略。既要善于从扩大市场需求量入手,保卫自己的市场阵地,防御挑战者的进攻,又要善于在保证收益增加的前提下,通过提高市场占有率使企业长期地占据市场领导地位。

（2）市场挑战者的战略

市场挑战者作为市场份额仅次于市场领导者的企业，在制定策略时有自己特殊的地方。首先它必须确定自己的战略目标，其次必须确定自己的竞争对手，最后要选择一个明确的进攻策略。市场挑战者的基本战略是扩大市场占有率，从而增加赢利率。为此，它可选择市场领导者或其他竞争者作为攻击对象，通过侵蚀领导者的市场或吞并小公司来扩张自己的势力范围。其营销战略包括：

①攻击市场领导者的弱点。这是一个高风险与高报酬并存的战略，一旦成功，收益会极为可观。由于市场的多变性，领导者难免出现服务不到位或服务有缺陷的细分市场，这些细分市场便成为挑战者攻击的切入点。例如，施乐公司开发出更好的复印技术，用干式复印代替湿式复印，从 3M 公司手中夺取了复印机市场的领导地位。后来，佳能公司也采用了同一方法，通过开发更方便于使用者的台式复印机夺取了施乐公司所占据的数量可观的市场份额。

②攻击缺乏创新、财力不足且规模相仿的企业。规模相仿的企业可以说是挑战者最主要的对手，两者间相互争夺市场的斗争直接关系各自命运。挑战者要选择那些创新不足、财力拮据的同类企业，依靠产品或渠道创新及价格折扣等策略，迅速夺取其原有的市场份额。例如，美国钟表公司正是通过大众化的销售渠道，即在杂货店而非传统采用的珠宝店出售其廉价的天美时手表，从而在众多竞争者中脱颖而出。

③攻击地区性小企业。与上述两种战略相比，这是一条更为便捷的成功之路。例如，美国有几家主要的啤酒公司能发展到目前的规模，就是靠攻击一些小企业而达到的。我国现在的电冰箱生产厂，也是采用这一策略成长起来的，通过适时地突进这些市场上的"小鱼"或"小虾"，将小规模的同行驱逐出市场，提高自己的市场地位。

（3）市场追随者战略

市场追随者没有实力与市场领导者抗衡，也不愿与其他对手抗衡，他们只希望在整个市场发展的同时，可以从中获得利益。之所以称为市场追随者，是因为他们不开发新产品，只是一味地跟从市场走向的产品策略。尽管这样可以减少开发成本，对于小企业而言，确实节省了大笔费用，但仅仅跟随是远远不够的。企业要想在市场中占有一席之地，产品必须有自己的特色，小企业没有足够的资金去研发复杂的产品，但可以在紧跟市场潮流的基础上，对其产品稍作改良，比如在产品外形的小巧方面。很多时候顾客在购买产品时其购买原因很简单，比如一位顾客选择爱立信手机的原因可能仅仅是喜欢它的红色外壳，而对其他的因素如性能、价格等都可以忽略。因此，小企业可以从小处着眼，争取赢得更大的市场。

在钢铁、化肥、化工等资本密集、产品同质的行业中，产品形象差异不大，服务质量也相仿，但对价格的敏感程度较高。在这些行业中，企业之间不应热衷于互相抢夺顾客，以免造成两败俱伤。特别是中小企业的最佳战略是效仿市场领导者，为顾客提供相似的产品；同时，保持住现有顾客，并在新的顾客群中赢得满意的市场份额。追随领导者的方式有以下三种。

①紧密地追随。即追随者尽可能地在各细分市场及营销组合方面模仿领导者，这些追随者往往几乎以一个市场挑战者的面貌出现，但是不激进地妨碍领导者，避免发生直接冲突。

②保持距离地追随。即与领导者保持一定差异，而在主要市场的产品创新、价格调整、

配销道路上追随领导者，因为这样做对领导企业的市场计划执行无碍，所以受领导者的欢迎。

③选择性地追随。指追随者在有些方面紧跟领导者，而在有些方面按自己的方式行事，它们通常是极具创新的，故在未来极有可能发展为市场挑战者。

（4）市场补缺者战略

市场补缺就是避免与实力强的公司正面竞争，只是关注一个更小的细分市场，对那些大公司无法顾及的小市场进行补缺，从而成为这个小市场的领导者。作为补缺者，在竞争中最要紧的是找到一个或多个安全的和有利可图的补缺点，占领一个值得占领的补缺市场。市场补缺之所以能赢利，就在于市场补缺者能在一个较小的领域获得较大的市场份额。

市场补缺者成功的关键在于利用分工原理，专门生产和经营具有特色的、为市场需要的产品和服务，即选准自己擅长的少数细分市场和专门化领域，精心耕耘，成为各专门化领域的"专家"。企业可以选择既能发挥自己优势，又是大企业或别的中小企业不愿做或做不来的事业。一般说来，有以下几种战略。

①纵向专业化。即在产品纵向整合的某一环节上专业发展，指产品在原料、零组件、产成品、销售、品牌这条线上向前或向后拓展。作为补缺者的企业，可致力于在这条线上的某一环节成为"专家"。例如，美国有家公司专门生产飞机用的保安零组件中的螺丝钉，事业发展十分成功。台湾的台扬科技公司，当年成立时即是以小耳机作为其主攻产品，多年来专心研制，到今天，台扬的某些产品在全世界已有过半的市场占有率。

②为最终用户服务。专门为最终用户服务，如保安公司专门为各机构提供保安产品、保安人员。

③定制专业化。专门针对某一个或某一类顾客的需求提供产品或服务。如专门为胖人做服装的肥肥装，专门为糖尿病患者提供的不含糖食品……这些特色将使公司拥有其稳定的顾客群，在服务市场的同时，也实现了自身的价值。

④顾客规模专业化。专门为一特定规模的顾客提供服务，许多补缺者都倾向于为小客户、小公司或个体消费者提供服务或产品。

⑤服务专业化。专门提供其他公司无法提供的服务，如银行进行电话货物服务，又如股市中的电话委托系统。

⑥地理区域专业化。专门在营销范围集中的较小地理区域内提供产品和服务，特别是在那些相对偏僻、交通不便的区域，更适合市场补缺者。

⑦产品特色专业化。专门生产某一种具有特色的产品，或独具特色的服务，如专门生产豪华重型摩托车的哈雷公司就是采用了此种方法。

四、市场营销组合

在市场营销活动中，企业为了要满足顾客需求、促进市场交易、在市场上获得成功、达到预期的经营目标，仅仅运用一种营销手段而无其他营销手段相配合，在市场营销中是难以获得成功的。必须善于运用产品、价格、分销渠道、促销等可控制因素，将这些因素进行整体组合，使其互相配合，综合地发挥最佳作用，只有这样企业或者项目才有可能获得成功。

所谓市场营销组合就是企业为追求目标市场预期的营销水平，综合运用企业可以控制的各种市场营销因素,并对之进行最佳组合。在进行了市场分析,并根据本项目设想、本企业的特点进行综合研究以确定项目目标和战略以后,可行性研究就应进入指定具体措施的阶段,以促使项目按既定的目标和战略方向去发展。这些措施通常包括以下四个基本的方面,即一般所谓的 4P 方法。

1. 产品策略

产品是市场营销组合中最重要的因素。企业在制定营销组合时,首先需要回答的问题是开发什么样的产品来满足目标市场需求。产品策略的研究,将使这一问题得到全面、系统的回答。营销组合中的其他三个因素,也必须以产品为基础进行决策,因此,产品策略是整个营销组合策略的基石。产品策略包括产品生命周期策略、产品组合策略、商标策略、服务策略以及包装策略等。

产品策略的具体内容包括:是选择单一产品还是多种产品;各种产品选择单一型号、规格、质地、颜色、包装,还是选择多样的;是按国内标准还是国际标准来组织生产;除整体产品外,是否应把备品、备件也列为产品范围,以利于消费者考虑本项目的产品;是否应在考虑产品的同时,把如安装、维修、咨询等售后服务列入生产纲要。

2. 定价策略

一般来讲,当企业要将其新产品投入市场时,或者将某些产品通过新的途径投入市场或新的市场时,或者竞争投标时,都必须给其产品制定适当的价格。为了有效地开展市场营销活动,促进销售收入的增加和利润的提高,还需对已经制定的基本价格进行修改。

定价策略就是要选择适当的产品和服务价格水准,特别应针对消费者的支付能力和心理,决定采用低价政策还是高价政策,或者部分低价(例如整机低价)、部分高价(例如备品备件高价)的政策,或者不同时期采用不同的价格(出台时用低价以打开销路,然后逐步提价,或者相反)。

企业制定价格是一项很复杂的工作,必须全面考虑各个方面的因素,采取一系列步骤和措施。一般来说,要采取六个步骤:选择定价目标、测定需求的价格弹性、估算成本、分析竞争对手的产品与价格、选择适当的定价方法、选定最后价格。企业产品价格的高低要受市场需求、成本费用和竞争情况等因素的影响和制约,企业制定价格时理应全面考虑到这些因素。大体上,企业定价有三种导向,即成本导向、需求导向和竞争导向,这些定价方法是依据成本、需求和竞争等因素决定产品基础价格的方法。但在市场营销实践中,企业还需考虑或利用灵活多变的定价策略,修正或调整产品的基础价格,这些策略包括折扣定价策略、地区定价策略、心理定价策略、差别定价策略、新产品定价策略、产品组合定价策略,等等。

3. 分销策略

在现代市场经济条件下,生产者与消费者之间在时间、地点、数量、品种、信息、产品估价和所有权等多方面存在着差异和矛盾。企业生产出来的产品,只有通过一定的市场营销渠道,才能在适当的时间、地点,以适当的价格供应给广大消费者或用户,从而克服生产者与消费者之间的差异和矛盾,满足市场需要,实现企业的市场营销目标。

分销渠道是指某种产品和服务在从生产者向消费者转移过程中,取得这种产品和服务的所有权或帮助所有权转移的所有企业和个人。因此,分销渠道包括商人中间商(因为他们取得所有权)和代理中间商(因为他们帮助转移所有权),此外,还包括处于渠道起点和终点的生产者和最终消费者或用户,但是不包括供应商、辅助商。在可行性研究中,分销策略的制定主要是设计项目的销售渠道,是直销、分销,还是多渠道销售;落实各销售渠道上各个环节的人员、机构(或机会)在时间和空间上是否配套衔接。

4.促销策略

成功的市场营销活动,不仅需要制定适当的价格、选择合适的分销渠道、向市场提供令消费者满意的产品,而且需要采取适当的方式进行促销。促销是促进产品销售的简称,是企业市场营销的一个重要策略,企业主要通过人员、广告、营业推广等活动把有关产品的信息传递给消费者,激发消费者的需求,甚至创造消费者对产品的新需求。通过这样的策略,向企业外部传递信息,与中间商、消费者及各种不同的社会公众进行沟通,树立良好的产品形象和企业形象,使消费者最终认可企业的产品,实现企业的营销目标。促销策略主要是通过定制广告、利用公共关系、派出人员进行推销、展销和赠送样品、创造商标名牌等措施来促进产品销售,同时制定公共关系策略、营业推广策略。

这些具体措施在可行性研究中均应单独列出,按节编排论述,同时在拟定这些措施时必须注意到所处的社会、政治(政策)、经济等环境因素,并以其作为依据,才能有效地落实这些措施。例如,制定项目的价格政策(措施)时,不能不注意到分销商必须得到的利润与市场和最终消费者能够接受的价格水平,政府的价格政策是否有上下限的规定,货物交付方式及其相关的费用(例如外加包装、运费和寄费、预订金或保证金),以及贸易的支付条件(分期付款,一次付清,卖方信贷,租赁、易货、补偿贸易等)。这些因素都可能成为定价分析的依据,需要在报告中阐明。同时,促销措施要尽可能具体化,这对项目的将来非常重要,因为只有制订了详细的计划,才能估算出项目"创名牌"的目标究竟需付多少代价、只有列入财务计划,才能使目标得以实现。许多项目为了实现名牌商标,需要的资金不亚于建设投资,否则无法实现。落实销售渠道也不是几句话就能概括的,其间应包含着可行性研究阶段中最艰巨的工作内容之一,因运输、仓储、货物检验和交割、库存管理、货物保险与保护都是相当细致具体的,甚至是极为重要的项目内容,对这些环节稍不注意,就无法按时交货,项目的销售目标就要落空,甚至使企业遭受大笔罚款。所以,在可行性研究阶段就需要尽可能具体地摸清各销售渠道的各个环节的技术、经济、政策法规和环境等问题。有不少项目过去吃亏,不在于技术和工程方面,而在于事前对销售研究做得不够,所以,应引起足够的重视。

五、营业费用和营业收入

在明确了营销战略中的营销过程、营销模式与营销组合后,还应即刻进行营业费用和营业收入的估算。由于营销措施不是一成不变的,因此营业费用可能每年都会有调整和变化。销售价格与促销策略有关,也可能每年不同。因此,通常需按年列出营业费用估算表。

市场营销,是一门科学,又是一门艺术。处于现今这个时代,企业唯有采用合理的市场营销方法,才有可能在市场中占有一席之地,因此企业应该做的就是努力做好这项工作。在可行性研究中,企业营销策略的合理与否影响着分析的最终结果,即使项目产品并非特别具有竞争力,但若能辅以出色的营销策略,也可取得市场成功;即便项目产品极其优质,但若缺少营销扶助,可能最终导致项目的失败。

第三章 项目建设条件及生产条件分析

第一节 自然资源条件分析

一、自然资源概述

1. 资源的概念

资源的概念有广义和狭义之分。广义的资源是指客观存在,经过开发可以被人们所利用,能够构成生产要素进入社会再生产过程的因素。从另一角度看,为再生产提供环境条件和前提条件,为人们的生产、生活需要服务的因素,都可以看成是资源。广义的资源除自然资源外,还包括其他资源,如产品资源、再生资源、劳动力资源、资金资源、智力资源以及可以成为生产力现实要素和潜在要素的其他资源。狭义的资源通常是指自然界存在的天然物质财富,是一种客观存在的自然物质,如矿产资源、水利资源、森林资源、草场资源。本章所称资源是指自然资源。

2. 自然资源的分类

(1)按照资源能否再生分类,资源可分为不可再生资源和可再生资源。

不可再生资源,也称为耗竭性资源或存量资源,有些资源,如矿产资源是以有限的储量蕴藏在某些特定的地点,它们的形成是极其缓慢的,一般需要数万年甚至上亿年,可以认为是不能再生的。这种资源肯定是越开采储量越少,直到最后耗尽用光。

可再生资源,亦称非耗竭性资源或流量资源,如动植物资源、森林资源等。

(2)按照资源可被利用的情况分类,可分为潜在资源和现实资源。

所谓的潜在资源,是指客观上存在的,当前尚不能被利用,而未来可以被利用的资源。潜在资源有三种类型:一是已经探明查实,在短期内即可开采利用的自然资源;二是客观存在,但是由于某些条件的限制,近期内不能开采利用的资源,但一旦具备条件就可投入使用;三是估计相当长的时期内难以利用的资源,将随着生产力的发展和科学技术的进步,逐步创造条件,可望能够被利用。

现实资源是指已经勘探清楚,而且已经做好了开采的前期准备,即可投入生产以满足人们需要的资源。

(3)按照资源分布与地面的相对位置分类,可分为地上资源和地下资源,陆地资源和水中资源,以及空间资源。

地上资源与地下资源。地上资源主要是指土地资源、森林资源、生物资源等;地下资源主要是指矿产资源、地热资源、水资源等。

陆地资源和水中资源。陆地资源属于地上资源,是相对于水中资源而言的。水中资源主要是海洋资源,海洋是人类开发利用的一个新的资源领域,它蕴藏着丰富的生物资源、矿物资源和能源。

空间资源包括平面空间(附在地球表面的表层空间)资源、立体空间(以地球为托面的空间)资源和宇宙(地球大气层以外的空间)资源。

3. 自然资源的特点

(1)有限性

资源的有限性亦称稀缺性,是资源最重要的特征,它包括两个方面的含义。

任何资源在数量上总是有限的。除气候资源外,其他自然资源如土地资源、森林资源、矿产资源、海洋资源、草场资源等都是有限的,不是取之不尽、用之不竭的。而社会资源中的技术资源和经济资源,则是利用自然资源(如矿产资源、森林资源等)生产出来的。所以,由于自然资源是有限的,社会资源必然也是有限的。

可代替资源的品种是有限的。为了满足人们生产和生活的某种需要,必须投入一定品种和数量的资源。根据实际需要所投入的资源品种可以相互代替。如为了发电,可以利用煤、石油、天然气、水力、风力、潮汐、地热等资源,尽管可用于发电的资源有很多种,但是其种类总是有限的。

自然资源稀缺程度与自然资源的储量、人类技术条件、经济系统中的自然资源分配机制有关。衡量自然资源稀缺程度的指标有:实物指标,测量自然资源的自然(物理和生物)稀缺程度;货币指标,衡量自然资源及其产品的价值、使用费、生产成本等。

(2)整体性

各种资源特别是自然资源在生物圈中相互依存,相互制约,构成完整的资源生态系统。各要素之间的相互依存,相互作用,互为因果,关联交织构成一个统一的整体。其中任何一个要素的变化,必然会引起其他要素的相应变化。一种资源的数量或质量发生重大变化,或一种资源与另一种资源相互关系发生重大变化,都可能引起大范围的局部甚至整体的变化。例如,山区森林遭到破坏,会影响河流的变化,加重下游平原的旱涝灾害,影响对小气候的调节。又如开采地下资源造成的大面积采空区,在重力作用下可能导致地层断裂、弯曲、陷落和崩塌,产生一系列的槽形凹地,使其表面的土地资源和生态环境遭到破坏。如果灌区不善于用水,只灌不排,使地下水位上升,当超过临界水位时,就会造成次生盐渍化,危害作物生长,使水资源由水利变为水害。总之,各种资源之间的这种连锁反应,有时是积极的、有益的,能促进整个生态平衡;有时则是消极的、有害的,能破坏整个生态平衡。

资源的这种整体性,要求我们对自然资源应进行综合研究,综合开发,并尽可能综合利用,使有限的资源发挥最大的作用。

(3)地域性

主要是对自然资源而言。自然资源在地域上的分布是极不均衡的,不同区域有不同的自然资源优势。如我国山西省煤炭资源的探明储量占全国总储量的27%以上;长白山区的森林面积和木材蓄积量分别占全国的11%和13%。从世界范围看自然资源的分布也是极不均衡的,如波斯湾盆地面积只不过 10^6 km²,但已探明的石油蕴藏量约占世界总储量的58%;南非的黄金储量占世界总储量的50%。

在一定时期内,资金资源、物质资料、人力资源、信息资源等,在空间分布上也存在着明显的地域性。如发达国家拥有大量的资金、物资、科技人才和信息资源;而绝大多数发展中国家则缺少这些资源。对于一个国家也是一样,由于经济发展不平衡,造成资源分布的不平衡,如在我国沿海地区,特别是对外开放的大城市,人力资源、物力资源、财力资源和信息资源都比较丰富,而在西部边远地区,这些资源就相对匮乏。

资源的地域性要求在资源利用过程中,应充分发挥地区性资源优势,因地制宜,扬长避短,取得最大的效益。自然资源空间分布的不均匀性,造成不同区域资源组合和匹配都不一样。这就要求资源的开发、利用和布局必须因地制宜。

（4）多用性

资源一般都有多种功能和用途，可满足多方面的需要，同一种资源可以作为不同生产过程的投入者；不同的行业或部门对同一种资源存在着共同的需求；同一行业或同一部门的不同经济单位存在着对同一种资源的共同需求。资源的多用性，正适应了人们对物质需求的多样性，由于资源的多样性，就要求对资源进行合理配置，一方面应考虑使有限的资源能满足不同行业、不同部门、不同经济单位的实际需要；另一方面应考虑将有限的资源投入到效益最好的行业、部门和单位，使资源得到最有效的利用。

（5）经济性

从资源经济学的角度看，一切资源均有使用价值，没有使用价值就不能称其为资源。但资源不一定都有价值。具体来讲，有三种情况。

第一种情况是，有一部分自然资源目前看来是取之不尽、用之不竭的，如太阳能、风能等，它们都有使用价值，不需要投入人类劳动即可利用，而且是无偿使用，所以它没有价值。

第二种情况是，有一部分自然资源是客观存在的，有其特定的使用价值，如果不加入人类劳动，它虽然有使用价值但无价值，一旦投入人类劳动（包括活劳动和物化劳动），它就变得既有使用价值又具价值。如自然风光是一种旅游资源，它的使用价值是观赏价值，当完全对外开放时，旅客可自由进入；当将其开辟为风景区、旅游区或公园时，投入必要的劳动，使其具有了价值。

第三种情况是，有些资源特别是自然资源，不投入必要劳动就无法被人们所利用。它本身既有使用价值又有价值，如煤炭、原油、天然气等，只有经过开采、加工后才能满足生产和生活的需要，实现其使用价值。

在可行性研究阶段，应对资源开发利用的可能性、合理性和资源开发的可靠性进行研究和评价，为确定项目的开发方案和建设规模提供依据。

二、自然资源开发利用的原则

1. 影响自然资源开发决策的因素

进行自然资源的区域开发决策，必须立足于下列因素的分析和研究。

（1）区域经济发展的需要。包括区域内生产的扩大和人口的增加所产生的新的需求，区域市场扩大的需要，环境和生态保护的需要等。

（2）区域自然资源条件的影响。区域自然资源是开发的对象，其自身条件的状况包括质量好坏、数量多少、分布状况、资源组合的运用程度等，都会对资源开发战略决策产生重大影响。

（3）区域交通条件。自然资源条件所具有的仅仅是一种潜在的资源优势，交通条件是资源优势转化为经济优势的重要条件，因为交通运输是国民经济的命脉，是生产和流通的前提。

（4）区域资金条件。自然资源的开发必须有一定的资金保证，包括对区域内及区域外资金的吸收能力，这是资源开发的保证。

（5）政策的影响。区域政策或是鼓励资源的开发，或是制约其开发，其中包括投资政策、技术政策、牧区政策等。

2. 自然资源开发的基本要求

(1)符合资源总体开发规划要求。资源开发项目应在总体开发规划的指导下进行合理开发。例如,煤炭开采项目,应符合煤田区域开发规划;油气田开采项目,应符合油气田区域开发规划;水利水电项目,应符合流域综合开发规划和国土整治要求。

(2)符合资源综合利用的要求。多金属、多有用化学元素共生矿、油气混合矿等资源开发项目,应根据资源特征提出资源综合利用方案,做到物尽其用。

(3)符合节约资源和可持续发展的要求。在研究资源开发项目动用资源规模和开采强度时,应处理好远期与近期的关系,力求节约资源。

(4)森林资源开发应符合国家保护生态环境的规定。

(5)资源储量和品质的勘探深度应达到规定要求。资源储量和品质的勘探深度应确保资源开发项目设定的生产规模和开采年限。编制资源开发项目可行性研究报告时,矿产开采项目应附有国家矿产资源储量委员会批准的储量报告;水利资源开发项目应附有相关部门批准的水利资源流域开发规划;森林采伐项目应附有相关部门批准的采伐与迹地恢复规划。

三、自然资源评价

项目可行性研究中关于自然资源评价的具体包括如下内容。

1. 资源的可利用量

对于资源开发项目,资源可利用量的多少直接关系到项目的建设规模、运营年限及项目经济效益。因此,资源评价首先要评价拟开发资源的储量是否达到最低开采规模。如果储量太低,则资源开发就毫无意义。对于矿产资源开发项目,必须分析矿产的地质储量和工业储量以确定年开采量和服务年限,应根据国家矿产资源储量委员会批准的储量、品位、成分和开采价值的报告,在进一步勘探核查的基础上,提出项目的矿产可采储量;对于水利水能开发项目,应根据流域开发总体规划,分析研究拟建项目河段内的年径流量、水位落差,并提出水利水能资源合理开发利用量;对森林采伐项目,应根据森林蓄积量调查资料,以及有关部门批准的采伐复垦计划,研究提出项目的原木可采伐量。

2. 资源的自然品质

资源开发项目应根据项目特点分析研究资源品质,为制订项目技术方案提供依据。金属矿产资源的品位一般主要研究资源自然品质能否满足项目技术方案的要求。例如:金属矿和非金属矿开采项目,应分析研究矿石品位、物理性能和化学组分;煤炭开采项目,应分析研究其热值、灰分、硫分、瓦斯含量、结焦性能等;石油天然气开采项目,应分析研究其化学组分、物理性能(黏度、凝固点等);水利水能开发项目,应分析研究河床稳定性、泥沙含量、有机物含量、水体形态(水位、水温、流速)等。

3. 资源的储存条件

这方面主要研究分析资源地质构造和采选难易程度,以便确定开采方式。例如:对于矿产开采项目,应分析地质构造、矿体结构、矿层厚度、倾斜度、埋藏深度、岩体性质、灾害因素、涌水量等;对于石油天然气开采项目,应分析研究油气藏压力、含油气地质构造、孔隙率、渗透率等;对于水利水能开发项目,应分析拟建项目区段内地质构造的稳定性、地震活动规律以及水能梯级分布情况。

4. 资源的开发价值

这方面应分析研究资源是否值得开发利用,能否取得预期的经济效益。例如:对于矿产开采项目,应分析计算单位矿产品生产能力投资、单位矿产品的开采成本、露天矿的采剥比、地下矿井的采掘比等指标;对于森林采伐项目,应分析单位原木生产能力投资;对于水利水能开发项目,应分析单位供水能力投资、每千瓦电力装机容量投资以及防洪、灌溉、航运、养殖等的综合利用效益。一般情况下,提高资源的加工程度可以充分发挥和利用资源的优势和挖掘资源的使用价值,从而增加利用资源的经济效益。

5. 资源的可替代性

对于稀缺资源或供应紧张的资源,要注意开辟新资源的前景及有无替代资源,是否采取节能工艺和措施,其成本效益情况如何。对矿产资源还要考虑开采年限及接替矿问题;对农产品资源要考虑到季节性的特点,淡季造成资源紧缺时的替代问题。此外,还应提出节约资源的措施和建议。

6. 分析和评估资源供应的分散性和不稳定性

对于利用自然资源的项目必须分析影响该项目资源的分散性和不稳定性等因素,并寻求适当的解决方法和途径以保证资源供应具有可靠的来源。

第二节　原材料供应分析

项目的原材料供应条件是指项目运营过程中所需各种原材料、辅助材料、配套品的供应条件。不同项目所需的原材料品种和规格千差万别,而且每一个项目本身的原材料需求也是多种多样的,它们当中有任何一种出现供应问题就会直接影响到项目的可行性。每一个项目对所需的全部原材料的供应情况都必须进行分析评估。通常要根据项目的类型和性质对其所需原材料的来源、数量、价格、质量、运输条件甚至存储设施等方面都给出评估。

一、原材料供应条件分析

1. 分析和评估原材料品种和规格能否满足项目的需要

绝大多数项目的产品都是采用一定的技术和工艺对原材料进行加工而产生的。原材料的品种、规格与工艺设备的吻合程度直接影响着项目产品的质量和生产效率。因此,应根据项目拟用的工艺技术和设备性能,以及项目基本原料和各种材料的品质状况,对项目所需原材料的供应来源的可靠性和保证程度进行评估。

2. 分析和评估原材料的数量能否满足正常生产的需要

大规模的生产可以降低生产成本,实现规模经济。然而大规模的生产是以大规模的原料供应为保障的。如果项目所需重要原材料国内供应紧张,就必须研究可替代材料,或者从国外进口原材料。否则将导致项目因无米下锅而终止。

3. 分析和评估原材料的价格及其变动趋势

原材料的价格对于确认项目的可行性和合理性具有制约和决定作用。原材料的价格一方面取决于原材料的生产成本;另一方面,还与原料市场的供求状况有关。应根据原材料供求的发展变化情况预测其价格未来变化趋势,以确保项目的可行性。

4. 分析和评估原材料的运输方式、运输距离和运输费用

原材料的运输方式、运输距离和运输费用对项目的可行性和项目成本效益也有很大的影响。据有关资料统计,目前的商品成本中有 50% 左右为运输成本。因此,降低运输成本是增强项目产品市场竞争力的重要手段之一。运输方式的选择与所运原材料的性质有关,

而运输距离和运输费用则主要受项目的选址影响。

5. 分析和评估原材料的储存设施条件

原材料的合理储备量及其相应的存储设施条件也是项目可行性的保证,特别是在原材料来源和运输具有一定的不确定性时,大规模地储备原材料可以降低因原材料短缺而导致生产中断的风险,但是会增加储存成本;可是如果原材料储存数量较少,虽能降低储存成本,但会增加停产风险。因此,应根据项目产品的生产特性全面评估项目原材料的合理储备量。另外存储设施条件对原材料的安全会产生很大影响,简陋的存储设施可以降低存储成本,但是,可能会导致原材料丢失或原材料品质、性能发生变化,进而影响产品生产;先进的存储设施能够使原材料的安全性得到保证,但存储成本会大幅度提高。一般情况下,重要的、昂贵的原材料应选择先进的存储设施;而一般的、廉价的原材料存储设备就可以简陋些。

6. 分析和评估原材料的国内和国外来源情况

原材料的供应首先要立足国内,如果必须从国外进口时,则应对进口原材料的情况,对进口原材料供应来源的稳定性和安全性进行评估,并应有应急预案和应变措施。

二、主要原材料供应方案

主要原材料是项目建成后生产运营所需的主要投入物。在建设规模、产品方案、技术方案确定后,应对所需主要原材料的品种、规格、成分、质量、数量、价格、来源、供应方式和运输方式进行研究。技术改造项目应结合企业使用原材料的数量、品种、来源、供应方式和运输方式现状,进行统筹研究。

1. 研究确定品种、质量和数量

(1)根据项目产品方案详细研究并提出所需物料的品种、规格,根据项目建设规模和物料消耗定额计算各种物料的年消耗量。为了保证正常生产,根据生产周期、生产批量、采购运输条件等计算物料的经常储备量,同时还要考虑保险储备量和季节储备量。保险储备量是指为预防物料延滞到货风险增加的储备量;季节储备量是指为预防由于季节变化可能导致的物料供应量、供应价格变化增加的储备量。经常储备量、保险储备量和季节储备量三者之和为物料储备总量(即最高储备量),作为生产物流方案(包括运输、仓库等设施)研究的依据。

(2)根据产品方案和技术方案,研究确定所需原材料的质量性能(包括物理性能和化学成分)。为确保采购的原材料、辅助材料的质量符合生产工艺要求,应研究提出建立必要的检验、化验和试验设施。

2. 研究确定供应来源与方式

(1)供应企业和地区研究。对可以从市场采购的原材料和辅助材料,应确定采购的地区及来源;有特殊要求的原材料,应提出拟选择的供货企业及供货方案。

(2)供应方式。一般有市场采购、投资建立原料基地、投资供货企业扩大生产能力等方式。

(3)进口原材料的供应。应调查研究国际贸易情况,分析拟选择的制造企业和供应企业的资信情况,确保原材料供应的可靠性。

(4)大宗原材料的供应。应调查研究主要供应企业的生产经营情况,并在可行性研究阶段与拟选择的供应企业签订供货意向协议。

3. 研究确定运输方式

根据项目所需物料的形态(固态、液态、气态)、运输距离、包装方式、仓储要求、运输费用等因素研究确定物料运输方式。物料运输所需的设备和设施,应充分依靠社会运输解决。特殊物料运输,如易燃、易爆、易腐蚀、剧毒、有辐射性等物料,应按照政府部门发布的安全规范要求,提出相应的运输方案。大宗原材料的运输,一般应在可行性研究阶段与拟选择的运输企业签订运输意向协议。

4. 研究选取原材料价格

在市场预测的基础上,对主要原材料的出厂价、到厂价,以及进口物料的到岸价和有关税费等做进一步计算,并进行比选。

第三节 能源供应分析

一、能源概念及其分类

能源就是可以提供能量的物质或自然过程的总称。能源按照不同的分类标准可以有不同的分类。

1. 按取得方式分类

按照能源取得方式的不同,可以将能源分为一次能源和二次能源两大类。一次能源,是指自然界现成存在,并可直接取得而不改变其形态的能源,如煤炭、原油、天然气、油页岩、水能、风能、太阳能、地热能、潮汐能、核能、生物质能等。一次能源经过直接或间接加工可以转换成其他种类和形式的能源,如煤气、焦炭、汽油、煤油、柴油、电、人造石油、人造天然气、沼气、蒸汽、热水等,这种能源被称为二次能源。

2. 按是否可再生分类

依照能源是否能够有规律地不断再生和得到补充,一次能源可以分为可再生能源和不可再生能源。可再生能源,是指能够持续产生或经历一定时期再次产生的能源,也称为可更新能源或循环能源,如太阳能、水能、风能、海洋热能、潮汐能、生物质能等。这些能源,能量巨大,可以说是取之不尽、用之不竭的。但是,由于技术水平的限制和生产费用的昂贵,目前的利用率还不高。不可再生能源,是指经过开发使用之后不能重复再生的自然能源,又叫做不可更新能源或消耗性能源,如煤炭、石油、天然气、油页岩和核燃料铀、钍等。这些能源埋藏于地壳中,一旦被人类开发取用以后,其储量会逐渐减少,无法再生。

3. 按使用情况分类

按照使用情况,能源又可以分为燃料能源和非燃料能源。燃料能源包括矿物燃料(如煤炭、石油、天然气等)、生物燃料(如木材、沼气、碳化合物、蛋白质、脂肪、有机废物等)、化工燃料(如丙烷、甲醇、酒精、火药等)和核燃料(如铀、钍、氘等)。前三种燃料具有化学能或机械能,核燃料则为原子能。非燃料能源种类也很多,风能、水能、潮汐能、海流和波浪动能等具有机械能,地热能、海水热能等主要是热能,太阳能、激光等表现为光能,电则是电能。

4. 按利用进程和技术水平分类

按照人类社会开发利用能源的进程和技术状况,可以分为常规能源和新能源。在当前的利用条件和科技水平下,已被人们广泛应用,而且利用技术又比较成熟的能源,称为常规能源,如煤炭、石油、天然气、水能、生物能等。在当前虽然还没有被大规模开发利用,但已经开始或即将被人们加强利用的能源,叫做新能源,如海洋能、核能、沼气、氢能、激光等,只在近十几年来才有较多的研究和试验性的应用,而且在利用技术上还有待改进相完善。

5.按环境影响分类

根据能源对环境的影响和污染的程度,可以分为清洁能源和非清洁能源。凡是在使用过程中对环境没有污染或污染很小的能源,称为清洁能源,如太阳能、水能、风能、海洋能等。凡是在使用过程中对环境造成或可能造成严重污染的能源,叫做非清洁能源,如煤炭、石油等。

二、能源供应条件分析

1.分析项目所需能源的种类、数量、品种、规格

一个项目的建设和运营需要消耗许多种类的能源,而且有些能源之间可以相互替代。可行性研究阶段首先要明确项目需要哪些种类的能源,这些能源的供应状况如何,能否保证项目所需。一般情况下,水、电、燃料等主要能源需要专题分析。在能源选择过程中,尽量选择可再生能源、清洁能源,同时还要考虑能源的安全性。

2.分析项目所需能源的质量要求

能源是项目运行的主要动力,在项目的工艺流程及设备已经选定的情况下,对能源的品质要求一般已经限定。因此,可行性研究阶段要重点分析所选工艺及设备对能源有哪些特殊要求,目前项目区域内供应的能源品质能否满足项目所需,是否需要通过其他途径获得高品质的能源。

3.预测项目所需各类能源的价格变动趋势

在项目的运营成本中,能源成本也是重要成本之一。尤其是工业项目,能源消耗量大,能源价格高低直接影响着项目的经济效益。研究能源价格,首先,要确定能源获取方式,是直接在市场采购,还是与能源供应商合作,或者自建能源供应设施。其次,还要考虑国家的能源政策及能源市场供求变动趋势对能源价格的影响。

4.选择能源运输方式

在选择能源来源时,还要研究运输条件,包括运输距离、装卸方式和运输设备等。大宗燃料的来源和运输,应与拟选择的供应企业、运输企业签订燃料供应和运输意向协议。

三、主要原材料、燃料供应方案比选

主要原材料、燃料供应方案应进行多方案比选。比选的主要内容为:

1.满足生产要求的程度

满足生产要求的程度,即原材料、燃料在品种、质量、性能、数量上能否满足项目建设规模、生产工艺的要求。

2.采购来源的可靠程度

采购来源的可靠程度,包括原材料、燃料供应的稳定程度(包括数量、质量)和大宗原材料、燃料运输的保证程度。

3.价格和运输费用是否经济合理

价格比选一般采用定性比较,必要时可采用定量分析,如单位产品边际利润法、盈亏平衡法和原材料最低成本法。运输费用,主要比选运输方式和单位运量的费用[如运费元/(t·km)]。

经过比选提出推荐方案,并分别编制主要原材料年需要量表和主要燃料年需要量表,如表3-1和表3-2所示。

表3-1　主要原材料年需要量表

序号	原材料名称	技术条件	计量单位	年需要量	预测价格	供应来源

表3-2　主要燃料年需要量表

序号	燃料名称	技术条件	计量单位	年需要量	预测价格	供应来源

第四节　厂　址　选　择

项目可行性研究中基础设施分析的目的,在于选择一个比较理想的投资地区布局和理想的建厂厂址。选择厂址的决策程序是:首先选择建厂的合适地区(地区布局),在合适的地区范围内,再选出合适的厂址(厂址选址)。当然不一定机械地分两步走,在选择合理地区布局时,可能已有条件比较好的厂址,这样对有关技术经济资料进行比较时,更为方便。

一、建厂地区选择

1.项目基础设施分析

根据项目的生产性质和建设规模,提出与建厂地区布局有关键意义的特殊要求。例如:

(1)项目需要哪些数量比较大或者有特殊要求的原料、燃料与水资源等。

(2)项目提供产品的主要销售市场位置,对象是谁。

(3)项目生产中产生的"三废"对周围环境的污染程度与限制污染要求。

(4)政府、部门以及国外合资者对厂址地区选择的倾向性意见。

(5)其他对厂址选择的特殊要求。

2.建厂地区选择的原则

投资者或生产者在项目区位选择时应尽可能寻求利益最大化的地点。从区位角度看,项目对生产要素、市场和环境的区位指向类型主要有以下几种。

(1)原料指向型,是指项目选址趋向于接近原料产地。以资源为基础的项目建厂一般都在原材料的产地附近,如水泥厂建在石灰石矿附近,发电厂建在煤矿附近,钢铁冶炼厂建在矿山附近,炼油厂建在原油产地,木材加工企业建在林区附近等。大量依靠进口原料加工的项目,厂址选在港口或到货地点附近地区为宜,可以降低材料运费占其成本的比重。

(2)能源指向型,指项目选址靠近主要能源供应地。如消耗水资源大和消耗电力资源大的项目,应选择水资源和电力资源丰富的地区建厂,如发电厂、洗选厂、化工厂、造纸厂、印染厂等消耗水资源大的项目应建在靠近江河湖海水资源丰富地区;铁合金、电解铜、电解铝厂,宜在水电资源丰富地区建厂。

(3)市场指向型,是指项目选址比较靠近主要消费地。对于一些易于变质的产品,或农产品加工工业,应面向市场。还有一些市场需求变化很快的项目,需要及时捕捉市场信息调整生产项目,靠近市场可以更好地适应市场变化。

(4)劳动力指向型,劳动密集型项目选址在劳动力储备丰富的地区,可以密集使用廉价劳动力,降低项目运营成本,增强竞争力。如纺织、服装等项目。

(5)资金指向型,某些项目在建设和运营过程中资金需求量变动较大,靠近资本市场可以随时筹集到项目所需资金,或者将项目的闲置资金进行资本投资,这样可以提高项目收益,降低项目运营过程中资金不足的风险。

(6)技术指向型,主要是指随着新技术变革而产生的一系列新兴产业,如电子、信息、生物基因工程等。这些项目一方面需要大量高技术人才,另一方面需要及时了解本行业的技术发展新趋势。因此,有靠近教育和科技发达地区布点的倾向。

二、厂址选择的研究内容

不同行业项目,选择厂址需要研究的具体内容、方法和遵循的章程规范不同,其称谓也不同。例如,工业项目称厂址选择,水利水电项目称场址选择,铁路、公路、城市轨道交通项目称线路选择,输油气管道、输电和通信线路项目称路径选择。厂址选择应从以下几个方面进行研究。

1. 自然环境

自然环境包括自然条件和生态要求。

(1)自然条件

自然条件包括地形、地貌、气象条件、地震情况、工程地质、水文要求等。根据拟选厂址的地形、地貌、气象条件研究如标高、坡度、降水量、日照、风向等,能否满足项目建设规模和建设条件的要求,并计算挖填土石方工程量及所需工程费用。同时,还要考虑拟选厂址所在地区及其周围的地震活动情况,包括地震类型、地震活动频度、震级、烈度以及抗震设防要求。工程地质和水文条件对项目建设也有很大影响。工程地质主要研究拟选厂址的地质构造、地基承载能力、有无严重不良地质地段(如深洞、断层、软土、湿陷土等),以及是否处于滑坡区、泥石流区等。水文条件主要研究拟选厂址的水文地质构造、地下水的类型及特征,地下水水位、流向、流量和涌水量等。

(2)生态要求

研究拟选厂址的位置能否被当地环境容量所接受,是否符合国家环境保护法规的要求。例如,不得在水源保护区、风景名胜区、自然保护区内建设项目;产生严重粉尘、气体污染的项目,厂址应处于城镇的下风向;生产或使用易燃、易爆、辐射产品的项目,厂址应远离城镇和居民密集区等。

2. 社会环境

社会环境包括国家的法律政策及相关规划,以及项目社区环境。

(1)国家法律政策及相关规划

国家对经济社会发展的总体战略布局、少数民族地区和贫困地区经济发展问题、国防安全以及地方发展规划都对项目的选址有很大影响。选择厂址时首先要考虑项目与当地发展规划的吻合程度,项目建设能否得到当地政府的支持。同时还要了解建厂地区的各项政策,尽可能获得各种特许及政策优惠,以降低项目运营风险。

（2）项目社区环境

绝大多数项目的建设都不可避免地要对项目周边的社会产生影响。项目选址时,要研究拟选厂址是否涉及征地拆迁移民安置问题。如果涉及移民安置,则需考虑拆迁安置工作量和所需投资。同时,还要分析项目与周边村镇、工矿企业的关系是否协调,当地政府和群众对项目厂址能否接受,以及厂址能否满足项目建设和生产运营的要求。

3. 基础设施条件

（1）占地面积

根据项目建设规模,主要建筑物、构筑物组成,参照同类项目,计算拟建项目需要占用的土地面积,研究拟选厂址面积能否满足项目的要求。分期建设的项目,占地面积应考虑留有发展余地。

（2）交通运输条件

研究拟选厂址的交通运输条件,如港口、铁路、公路、机场、通信等能否满足项目的需要。厂址位置与铁路车站、码头、公路的距离是否适当;铁路、公路、水路的运输能力、装卸能力能否满足大宗物资的运输需要;铁路、公路的承载能力,桥梁隧道的宽度和净空高度能否满足项目运输的要求等。

（3）水、电等供应条件

根据拟选厂址所在地的水、电的供应（数量、质量、价格）现状及发展规划,研究其对项目的满足程度。拟选厂址的施工场地、施工用电、施工用水等条件能否满足工程施工的需要。项目厂址在缺水地区的,应对可供水量和供水可靠性进行充分论证。

（4）生活设施依托条件

研究拟选厂址所在地的生活福利设施（住宅、学校、医院、文化、娱乐、体育等）满足项目需要的程度。

三、项目选址的程序

项目选址工作的深度,要根据拟建项目的具体情况而定。对于规模较大、经济技术要求比较复杂、经验比较缺乏的项目,必须严格按照国家有关规定,认真、仔细地进行项目选址工作;对于规模较小、经济技术要求比较简单、经验比较成熟的项目,则可以从简;基于老厂技术改造项目,可以只说明现在厂址是否满足改造项目的要求。一般来说,工业建设项目选址应做得细一些,农业、畜牧业项目选址可以适当简化。

项目选址的工作程序,一般可分为准备工作、项目选址和编写选址报告三个阶段。

1. 项目选址的准备阶段

项目选址的准备工作包括组织选址工作组和拟定项目选址的技术经济指标两方面内容。

（1）组织选址工作组

厂址选择是一项复杂的综合性工作,要使选址工作顺利进行,应组织专门的选址工作组。选址工作组的组织,应由投资方主持,会同项目所在地有关单位,包括建设、设计（一般包括总图、给排水、供电、土建、技术经济等有关专业）、勘测（包括工程地质、水文地质,有时还包括测量专业）、城市规划、环境保护、交通运输等方面的专家组成。专业的配备,应根据项目选址的任务与要求、建设项目的性质与内容而有所侧重。选址涉及多个地区时,应吸收各地区的有关人员参加,以便协调理顺关系和全面听取意见,使调查更加全面准确。

(2)拟定项目选址的技术经济指标

项目选址工作组首先要明确任务和要求,然后了解拟选区域总体规划,并收集有关资料,如地质矿产资源、原料基地分布、地区工业发展规划、区域自然经济条件等资料。再次,研究拟建企业的特点和可能建厂地区的特点,以及选址工作中的主要问题。最后,根据项目的生产能力及可能的远景规模,确定项目选址的主要技术经济指标。一般包括以下内容:区域位置、自然条件、建设用地情况、土石方工程量、基础设施条件(包括水源、交通、动力、通讯等)、企业外协状况、拆迁工作量、施工条件、劳动力来源、生活条件、三废处理条件、投资费用、运营费用等。

2. 项目选址阶段

项目选址阶段的主要工作包括现场调查、收集资料、勘查设计、厂址方案的技术经济分析比较和综合评价、厂址方案的确定等内容。

项目选址工作组到达各现场后,首先要到地方有关单位收集和核实资料,并与地方领导机关、城市规划部门及有关单位共同研究项目选址问题,拟定若干可能的建厂地点。然后,进行实地勘测,调查建厂地点的场地面积、地形地势、坡度、工程地质、水质水位,了解现有房屋建筑物具体情况及占用农田、拆迁民房情况,调查运输线路接轨点、电源、水源、尾矿废渣堆场位置、工人生活区位置,调查生产及基建协作条件,调查原材料、燃料、建筑材料供应地,了解环境保护的要求等。在偏僻或缺少地震、洪水资料的地区,为取得这些资料,可查阅地方志或向当地群众了解,和各方面人员座谈调查。为了避免遗漏资料,在现场调查之前,应由参加项目选址的有关专业人员根据工厂的规模、特点,共同研究制订项目选址基础资料搜集提纲。

根据现场调查和勘测结果,以及搜集到的经过鉴定的资料,对各个厂址方案进行比较,通过综合分析和论证,提出推荐方案,说明推荐理由,并给出厂址规划示意图(标明厂区位置、备用地、生产区位置、水源地和污水排出位置、厂外交通运输线路和输电线路位置等)和工厂总平面布置示意图。

选址方案的技术经济论证,是项目选址工作的重要组成部分。常用的方案比较方法有优缺点列举法、加权评分法、最小运费法。

(1)优缺点列举法

列出几个可供选择的厂址方案,详细列出每个方案在技术上、经济上的优缺点;然后对优缺点做进一步的调查,用淘汰法逐步缩小考虑的范围;最后分别计算出剩下的各个方案的年折算费用,以费用最小的方案为最优方案。年折算费用计算公式如下:

$$ATC = C + \frac{I}{P_c} \qquad\qquad (3-1)$$

式中　ATC——年完全费用;

　　　C——年经营费用;

　　　I——初始投资费用;

　　　P_c——基准投资回收期。

[例 3-1] 　地质部门确认沿海某省有丰富的水泥生产原料,该省因此提出兴建一座年产 129 万 t 的水泥厂。有关部门经过详细的勘察,从资源条件、原料和产成品运输条件、生产条件、生活条件等多方面考虑,从若干厂址方案中,初步筛选出三个方案作进一步分析对

比(见表3-3)。

表3-3 各厂址建厂条件比较

	1号厂址	2号厂址	3号厂址
地形地势	平坦,大部分为水田,少部分为河滩地	平坦,全为水田	平坦,2/3为山地与河滩地,1/3为水田
占地面积	水田、河滩地各100 005 m^2	水田350 018 m^2	水田113 339 m^2,河滩地286 681 m^2
厂区工程地质	码头用地需填高,厂区地质条件较好,部分需打桩	厂区全部填高3 m,工程地质较差,全部需打桩	厂区大部分需填高,工程地质条件中等,需打桩
土方量	5.5×10^5 m^3	1.2×10^6 m^3,取土困难	8×10^5 m^3,取土容易
沙页岩矿山	工作较少,情况不明,需补做地质工作	沙页岩矿硅质波动大、硬度大,不能单独配料	硅率偏低、需搭配河沙,已做地质工作
水运条件	运行条件最差、整修量大、需截弯取直,目前只能通行60 t船	运行条件较差,河道截弯直整修,遗留问题较多	运行条件最好,可通过300 t船,但下游需整修河道
工厂位置	距公路18 km、工人新村3 km、市中心42 km	距公路8 km、市中心38 km、工人村未定	距公路9 km、工人村2 km、市中心33 km
石灰石运距	1.2 km	7 km	9 km

这三个方案的各厂址投资费用及项目投产后的经营费用见表3-4和表3-5。

表3-4 各厂址投资费用比较

费用内容	投资费用/万元		
	1号厂址	2号厂址	3号厂址
1.厂区占地面积			
水田	450	525	170
河滩地	75		215
2.厂区土石方	660	1 140	960
3.厂区拆迁建筑物	4	7	9
4.厂区拆迁高压线路	12	12	
5.航运工程			
码头	800	650	764
桥梁	600		
航道	955	530	240
6.工厂至城市公路工程	1556	580	787
7.工厂至矿山、工地公路	12	60	166
8.石灰石矿山增加费用			40

表 3 – 4(续)

费用内容	投资费用/万元		
	1 号厂址	2 号厂址	3 号厂址
9. 输电线路	76.6	45.5	44.5
10. 供电线路	240	1 440	1 800
11. 厂区土建基础处理	141	423	254
12. 其他(航道整修占地,皮带运输机跨桥)	55	115	
合计	5 636.6	5 827.5	5 449.5

表 3 – 5　各厂址年经营费用比较

费用内容	年经营费用/万元		
	1 号厂址	2 号厂址	3 号厂址
1. 原材料、燃料运输	10.8	3.6	
2. 材料、备件运输	5.2	5.2	
3. 水泥成品运输			
换汇部分	20.8	20.8	
内销部分	132.3	43.7	
4. 输电线路损失	214.5	82.5	49.5
5. 航道维护	75	15	
合计	458.6	170.8	49.5

在对三个厂址进行深入比较时,曾召集航运、地址、建设、银行等部门人员进行综合论证,并估算了各厂址的投资费用和经营费用(见表 3 – 4 和表 3 – 5),最后选定了 3 号厂址。从表 3 – 4 和表 3 – 5 中可以看到 3 号厂址不仅建厂条件较好,基础投资和经营费用均最少,即最经济。

注　对初选出的 2 ~ 3 个方案的投资费用和经营费用进行比较时,如果某个方案的投资费用和经营费用均最小,显然该方案最优。如果某个方案的投资费用大而经营费用小,另一方案的投资费用小而经营费用大,则需计算年折算费用,以确定最优方案。

(2)加权评分法

加权评分法一般包括以下五个步骤:

①列出影响厂址选择的各项因素。

②根据各因素的重要性确定其权重。

③确定各方案对各因素的满足程度评分。

④计算各方案的加权得分。

⑤计算各方案的价值系数,以价值系数最大的方案为最优方案。

这种方法是一种将定性问题定量化的比较实用的优选方法,其关键是确定各指标权重(w_j)和各方案的评价值(p_{ij}),应根据实际条件和经验统计方法求得。

[**例 3 – 2**]　某企业规划建设一个发动机厂,经初步勘查提出两个厂址方案:方案甲和

方案乙,这两个方案的具体情况如表 3 - 6 所示。

表 3 - 6 发动机厂址方案比较

序号	指标(判断因素)	方案甲	方案乙
1	厂址位置	某市半山工业区	某市重型汽车厂附近
2	占地面积	占地面积 14.8 万 m²	占地面积 36 万 m²
3	可利用固定资产原值	2 900 万元	7 600 万元
4	可利用原有生产设施	没有	生产性设施 14.7 万 m²,现有铸造车
5	交通运输条件	无铁路专用线	有铁路专用线
6	土方工程量	新建 3 万 m² 厂房和公用设施,填方 6 万 m²	无大的土方施工量
7	所需投资额	7 500 万元	5 000 万元
8	消化引进技术条件	易于掌握引进技术	消化引进需较长时间

决策部门利用加权评分法选择发动机厂厂址的过程如下:
①按因素重要性,定出评价每个因素的权重(见表 3 - 7)。
②将被评估厂址方案的每个因素按满足程度给出分值。计算各方案的加权得分值,见表 3 - 7。

表 3 - 7 方案评价分计算表

指标	权重	方案甲		方案乙	
		分数	加权得分	分数	加权得分
厂址位置	17%	80	13.6	90	15.3
占地面积	17%	70	11.9	90	15.3
可利用固定资产原值	12%	70	8.4	90	10.8
可利用原有生产设施	12%	60	7.2	90	10.8
交通运输条件	7%	60	4.2	90	6.3
土方工程量	12%	60	7.2	90	10.8
消化引进技术条件	23%	90	20.7	70	16.1
合计	100%	80	73.2	90	85.4

③分别计算各方案的价值系数如表 3 - 8 所示。

表 3 - 8 方案价值系数计算表

方案	得分	功能系数	投资/万元	成本系数	价值系数
甲	73.2	0.46	7 500	0.6	0.77
乙	85.4	0.54	5 000	0.4	1.35
合计	158.6	1.00	12 500	1.0	

通过以上计算可以看出,乙方案得分高于甲方案,而成本低于甲方案,乙方案价值系数

较高。所以厂址应选在乙方案处。

（3）最小运输费用法——线性规划法

此方法是假定工厂设置在若干不同地址来供应许多确定位置的客户，算出不同建厂地址的项目基建投资，为提供产品给客户的生产与运输费用，这样其中总费用最少的厂址为最佳厂址。

设：m 为客户数目；n 为可能设厂的厂址数目（事先确定）；k_j 为开设工厂 j 的基建投资；x_{ij} 为由工厂 j 满足客户 i 的需求的百分比；

$$\begin{cases} 0 & \text{如果工厂不设在 } j \\ 1 & \text{如果工厂设在 } j \end{cases}$$

C_{ij} 为由工厂 j 在整个生产期内满足消费者 i 全部需要所需的生产及运输费用。

如果工厂 j 满足消费者 i 的全部需求，生产运输费用等于 C_{ij} 如果只能部分满足，消费者 i 由工厂 j 所得产品的生产运输费用等于 $C_{ij}X_{ij}$ 对全部消费者来说，他们从各个工厂取得自己所需全部产品的全部生产运输费用为

$$\sum_{i=1}^{m} \sum_{j=1}^{m} c_{ij}x_{ij} \tag{3-2}$$

如果工厂设于 j_j，就产生基建投资 k_j；如果不设在 j，就不产生这种费用。如果工厂设于 j，由于 y_i 为 1，其所需基建投资就可以表达为 K_jY_j，反之则等于 0。

设置 n 个工厂所需的全部基建投资用下式表示为

$$\sum_{j=1}^{n} K_jY_j$$

全部费用（TC）等于全部生产运输费用和全部基建投资之和：

$$TC = \sum_{i=1}^{m} \sum_{j=1}^{m} c_{ij}x_{ij} + \sum_{j=1}^{n} K_jY_j \tag{3-3}$$

约束条件有三个：

①当工厂设在 j 时，则所有用户由设于 j 地的工厂取得的产品供应数量不应超过需求总量。可用方程式表示为

$$\sum_{i=1}^{m} X_{ij} \leqslant mY_i \quad j = 1,2,\cdots,n$$

②每个消费者的需要必须得到满足。可用方程式表示为

$$\sum_{j=1}^{n} X_{ij} = 1 \quad j = 1,2,\cdots,m$$

③所有 X_{ij} 必须为 0 或正数；同时，所有 y_i 必须为 0 或 1。可用方程式表示为

$$Y_j = (0,1) \quad j = 1,2,\cdots,n$$
$$X_{ij} \geqslant 0; \quad i = 1,2,\cdots,m$$

将这些方程式置于一个数学模型中，可得出：

目标函数为

$$\min TC = \sum_{i=1}^{m} \sum_{j=1}^{n} C_{ij}X_{ij} + \sum_{j=1}^{n} K_jY_j$$

约束条件为

$$\sum_{i=1}^{m} X_{ij} \leqslant mY_j \quad j = 1,2,\cdots,n$$

$$\sum_{j=1}^{n} X_{ij} = 1 \quad i = 1,2,\cdots,m$$

$$Y_j = (0,1) \quad \forall_j$$

$$Y_{ij} \geqslant 0 \quad \forall_{ij}$$

式中　　$\forall_j$——对于每一个 j；

　　　　$\forall_{ij}$——对于每一个 i 和 j。

解这个数学模型就可以求得应建工厂数以及它们的设厂位置。

[**例** 3 – 3]　某汽车公司,拟建 1 个或多个制造厂,其产品主要供应 W_1,W_2,W_3,W_4 等四个城市。公司初步选择了三个可能的厂址:F_1,F_2,F_3(图 3 – 1)。经调查测算在三个可能厂址设厂的费用资料如表 3 – 9 所示。求解应建立几个厂及其厂址。

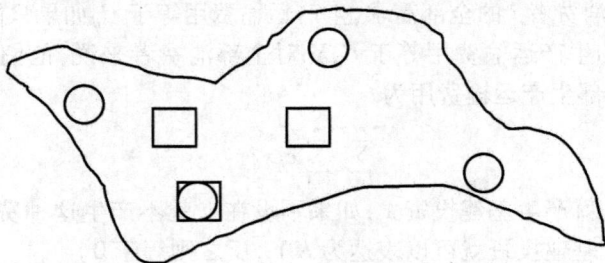

图 3 – 1　销售市场和拟设厂位置

表 3 – 9　三个可能厂址建厂的费用资料　　　　　　　　　　　　　　　　单位:千元

费用项目	由 至	可能的厂址		
		F_1	F_2	F_3
生产运输费用	W_1	85 000	75 000	100 000
	W_2	95 000	85 000	40 000
	W_3	200 000	185 000	185 000
	W_4	10 000	70 000	60 000
建厂投资	k_j	60 000	50 000	65 000

注:表中生产运输费用是从每个厂址供应每个城市全部需要量的费用,如由 F_1 至 W_1 的 85 000 千元是 W_j 的全部需要量都由 F_1 供应的生产运输费用,即 C_{ij}。按照上列数学模型,目标函数为

$$\min TC = \sum_{i=1}^{m} \sum_{j=1}^{n} C_{ij}X_{ij} + \sum_{j=1}^{n} K_jY_j$$

将 c_{ij} 的数值(单位为千元)代入,并将公式展开,则

$\min TC = 85\,000X_{11} + 75\,000X_{12} + 100\,000X_{13} + 95\,000X_{21} + 85\,000X_{22} + 40\,000X_{23} +$

　　　　　$200\,000X_{31} + 185\,000X_{32} + 185\,000X_{33} + 10\,000X_{41} + 70\,000X_{42} + 60\,000X_{43} +$

　　　　　$60\,000Y_1 + 50\,000Y_2 + 65\,000Y_3$

第一个约束条件为 $\sum_{i=1}^{m} X_{ij} \leqslant mY_j, j = 1,2,\cdots,n$,即

$$
\begin{cases}
X_{11} + X_{21} + X_{31} + X_{41} \le 4Y_1 \\
X_{12} + X_{22} + X_{32} + X_{42} \le 4Y_2 \\
X_{13} + X_{23} + X_{33} + X_{43} \le 4Y_3
\end{cases}
$$

第二个约束条件为 $\sum_{j=1}^{n} X_{ij} = 1, i = 1,2,\cdots,m$，即

$$
\begin{cases}
X_{11} + X_{12} + X_{13} = 1 \\
X_{21} + X_{22} + X_{23} = 1 \\
X_{31} + X_{32} + X_{33} = 1 \\
X_{41} + X_{42} + X_{43} = 1
\end{cases}
$$

第三个约束条件为 $Y_j = (0,1), j = 1,2,\cdots,n; X_{ij} \ge 0, i = 1,2,\cdots,m$，即

$$
\begin{cases}
Y_1 = 0,1 \quad Y_2 = 0,1 \quad Y_3 = 0,1 \\
X_{11} \ge 0 \quad X_{21} \ge 0 \quad X_{31} \ge 0 \quad X_{41} \ge 0 \\
X_{12} \ge 0 \quad X_{22} \ge 0 \quad X_{32} \ge 0 \quad X_{42} \ge 0 \\
X_{13} \ge 0 \quad X_{23} \ge 0 \quad X_{33} \ge 0 \quad X_{43} \ge 0
\end{cases}
$$

根据上列约束条件，分析求解目标函数的步骤如下：

从表 3－9 可以看出，X_{41} 费用最少，即 W_4 的需要全部由 F_1 供应费用最小，则取 $X_{41} = 1$，$Y_1 = 1$。其他两处不需要供应，故 $X_{42} = 0$，$X_{43} = 0$。这样，W_4 以后就不必再考虑了。

看表中其余各项，X_{23} 处费用最少。令 $X_{23} = 1$，$Y_3 = 1$，于是 $X_{21} = X_{22} = 0$。

再看余下各项，X_{12} 处费用最少。如取 $X_{12} = 1$，则必然 $Y_2 = 1$，即必须在 F_2 处设厂。但因 $75\,000 + 50\,000 > 85\,000$，即在 F_2 处设厂供应 X_{12}，所需费用大于 x_{ij}，不是最省的，故舍去 X_{12}，取 x_{ij}，即 W_1 由 F_1 供应。于是有 $X_{11} = 1$，$X_{12} = X_{13} = 0$。

最后剩下的 X_{31}，X_{32}，X_{33} 中，X_{33} 费用最小，故取 $X_{33} = 1$，$X_{31} = X_{32} = 0$，即 W_2 由 F_3 供应。

这样，解得目标函数的最小值为

$$
\begin{aligned}
\min TC &= 85\,000 \times 1 + 75\,000 \times 0 + 100\,000 \times 0 + 95\,000 \times 0 + 85\,000 \times 0 + 40\,000 \times 1 + \\
&\quad 200\,000 \times 0 + 185\,000 \times 0 + 185\,000 \times 1 + 10\,000 \times 1 + 70\,000 \times 0 + 60\,000 \times 0 + \\
&\quad 60\,000 \times 1 + 50\,000 \times 0 + 65\,000 \times 1 \\
&= 85\,000 + 40\,000 + 185\,000 + 10\,000 + 60\,000 + 65\,000 \\
&= 445\,000
\end{aligned}
$$

解得：应设厂 2 个，厂址为 F_1 和 F_3。F_1 供应 W_1 和 W_4，F_3 供应 W_2 和 W_3。

注意：用线性规划中的运输表解法也可以确定厂址。其方法是假定工厂设置在若干不同地址来供应许多既定位置的单位，算出全部费用，选择其中费用最少的厂址为最佳厂址。有关解算方法请参阅运筹学方面的著作。

3.编写选址报告

经过现场勘察、多方案比较和技术经济论证，提出项目选址方案，然后由项目主管部门会同设计单位编写项目选址报告。厂址方案报告一般包括如下内容。

（1）概述。概要叙述建厂依据及原材料供应情况、项目选址的工作过程、选址工作组成员、厂址选择原则、采用的工艺流程、可供选择的几个厂址方案，推荐方案请主管领导审批。

（2）选址主要技术经济指标。说明工厂性质、生产特点、工艺流程及"三废"性质，列出厂址选择的主要技术经济指标。

（3）建厂地区概况。拟建项目建厂地区的自然、地理、经济和社会概况，包括地区地理位置，所属行政区与周围城市的关系，附近厂矿、水库、桥梁、交通、机场等情况。附 1:5 000至1:10 000 地理位置图，叙述厂址区域及地形地貌，附 1:500 至 1:1 200 总平面规划示意图。说明占地拆迁情况，估算补偿费；说明工程地质、水文地质情况，地震烈度、洪水情况，气象资料，给水、排水及污水排放情况，交通运输情况，附近的社会环境情况，能源电力供应情况，城乡结合情况，环境卫生条件及生产、生活、协作条件等。

（4）几个厂址方案的比较和论证。通过建厂条件比较，基本建设和经营费用比较，各厂址方案的优点、缺点及方案的技术经济综合分析论证，推荐出最佳厂址方案，供领导决策参考。

（5）当地主管部门对厂址的意见。要将厂址选择的结论征求当地主管部门意见，可出具一定的指示文件或协议文件。

（6）存在的问题及解决办法。

第五节　合理生产规模的确定

生产规模是指经济实体所拥有或占用的一定质态的固定投入要素的集中程度。衡量生产规模的指标有职工人数、生产能力、固定资产价值等。工业项目的生产规模一般指项目在正常生产年份可能达到的最大生产能力。生产多种产品的项目一般是以主要产品的生产能力表示项目的建设规模。如果产品种类较多，不易分清主次，难以按产量衡量建设规模时，可以用项目总投资衡量生产规模。

在投资项目可行性研究中，生产规模即为建设规模，是指建设项目的设计任务书或设计文件中规定的全部设计生产能力。如果建设项目由若干单项工程组成，其建设规模则是各单项工程设计文件规定的设计生产能力之和。

一、影响生产规模的因素

在可行性研究中，合理确定项目的生产规模具有十分重要的意义：首先，合理生产规模的确定直接影响到项目技术方案、设备方案、工程方案、原材料供应方案及资金投入方案的选择；其次，项目合理生产规模的确定将会影响到项目的经济效益及其成功率。一些大型项目还会影响到项目所在地区、所属行业部门，甚至整个国民经济的综合平衡。生产规模的主要影响因素如图 3-2 所示。

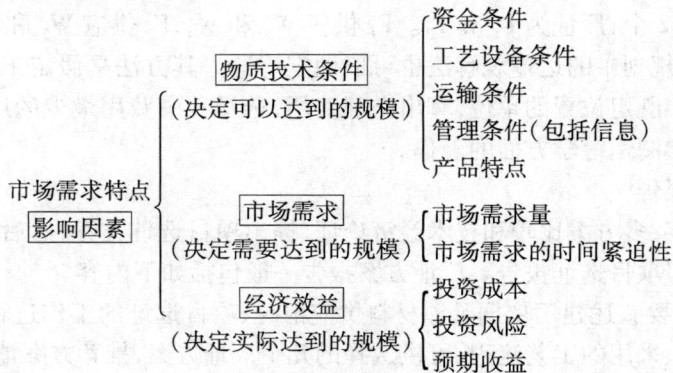

图 3-2　影响投资规模的因素

1. 物质技术条件——资源

任何工程项目的建设和运营都需要投入一定的设备、人力和资源，可以使用的设备、人力和资源(即物质技术条件)的多少直接制约着工程项目的建设规模。这些物质技术条件包括项目的基本投入物、资金、设备、外部协作条件、信息、环境等。

(1)项目的基本投入物——资源

项目的基本投入物是指用于项目经营的资源、主要原材料、中间产品和主要的燃料资源条件及动力等。资源是项目存在的物质基础，它们的储量、品位等决定了建设项目的规模。尤其是对自然资源依存度较高的产业，其规模受自然资源条件的影响很大。如采掘业、林业、水电业都要受自然资源条件的限制，超过自然资源供应量限制的规模显然是不能实现的。项目所需的基本投入物——资源可能受到以下三个方面的限制。

第一，资源的供给量满足不了项目的需要。项目所需的基本投入物种类比较多，有些或某种重要的基本投入物可能供给不足，在生产工艺、产品方案一定的条件下，这些基本投入物的供给就成了选择项目生产规模的一个重要因素。

第二，基本投入物质量满足不了项目的要求。有些基本投入物可能在数量上能满足供应，但质量上满足不了项目的要求。如果全部基本投入物或大部分基本投入物的质量都满足不了项目的要求，那该项目的技术、工艺和设备的选择就是错误的，项目不可行。这里讲的是在技术条件一定的条件下，可满足质量要求的基本投入物的数量是确定项目生产规模必须考虑的因素。

第三，基本投入物的使用成本问题。虽然，基本投入物的质和量都能满足项目的要求，但可能有些基本投入物因运距长、运输成本高而影响项目的生产规模。

在确定建设规模时，还要考虑项目对周围环境的影响，包括对地区的地质、水文、气象等可能产生的影响，对自然资源的影响，对周围大气、水、土壤的环境质量的影响，噪声、震动对周围生活区的影响。因此，要将建设规模设定在自然环境的承载能力范围内。

选择建设规模时，还需考虑项目规模能否合理开发和有效利用自然资源。尤其是矿产资源开采项目，规模过小会导致开采效率低下，但是规模过大，又会影响资源的可持续利用。

(2)资金

资金即建设项目的投资额，它是建设项目工作量的表现，能反映项目建设规模，同时也是影响项目投资效益、投资风险的关键因素。无论在什么时候，可用于投资的资金总是有限的，有时是非常短缺的。资金对建设规模的制约一般表现在三个方面：资金数量、资金成本和资金使用期限。

第一，资金供给量的大小与生产规模密切相关。即使是在工艺和设备的选择上进行了充分的比较和遴选，资金不足也会导致项目无法建设，需要根据可筹集资金的数量调整建设规模。如果项目所需的设备和投入物全部或部分需要从国外进口，还需考虑外汇供给的限制。因此，项目生产规模的确定，应根据可供资金数量来合理安排。

第二，资金成本也是制约建设规模的重要因素之一。从理论上说，只要资本市场完善，应该可以从资本市场上筹集到所需的资金。但是筹集资金是有成本的，筹资规模越大，资金成本越高。当资金成本高于建设项目的预期投资收益时，项目就不可行了。因此，资金成本制约着筹资规模，进而影响建设规模。

第三，建设规模的确定还需考虑不同筹集渠道资金来源的使用期限。一般情况下，规模大的项目资金需求多,建设周期长,发挥效益较慢,规模小的项目资金需求较少,建设期短,发挥效益较快。因此,当所筹资金可以使用的时间较短时,则应尽量选择较小的投资规模。

（3）工艺设备因素

生产技术和工艺设备的先进性,对项目生产规模的确定起着重要的作用,因为先进的生产技术决定着主导设备的技术经济参数。对于不同的生产部门,一般是按照其行业特定的生产能力,使生产技术和设备标准化、系列化和专业化。因此在确定生产规模时,必须考虑现代生产技术和工艺水平,否则就不能达到规定的劳动生产效率。

（4）运输条件

建设项目的生产运营需要投入一定的物资,同时生产的产品只有销售到市场上,才能获得预期的收益。无论是投入物投入生产,还是产出物销售到市场都离不开运输环节。因此,运输条件是影响项目建设规模的重要因素之一,运输条件对建设规模的影响一方面表现为运输能力能否满足项目需求,另一方面表现为运输成本的高低。

（5）专业化分工与协作条件因素

现代化的工业,分工越来越细,专业化水平越来越高,那些大而全（或小而全）的企业已不能适应形势发展的需要。这就是说,一个项目,往往不是独立的,需要有许多企业或单位协作配套,投产后才能正常发挥作用,有提供原辅材料的配套,有生产零部件的配套,还有动力供应、交通运输等方面的配套。所以,确定项目的拟建规模要充分考虑协作配套条件,即项目的规模要与协作配套的规模相符合。规模过小,浪费了资源,协作配套企业或单位的能力或效益不能充分发挥出来;规模过大,项目的生产能力利用率低,也同样浪费了资源。

（6）产品特点

产品特点主要是指产品的生产特点,各个行业都有其自身的生产规律,选择建设规模时要适应本行业的生产规律,才能很好地发挥项目的经济效益。

2. 市场需求

只有存在着对产品的市场需求,产品才可能得以交换,其价值才能得以实现,项目才能实现经济效益和社会效益。因此,市场决定项目的命运。市场需求的大小,是决定项目规模的基础。因此,在确定拟建项目的生产规模时,必须对市场分析的结果进行研究,分析项目产品的市场供求关系,确定项目产品的市场容量、需求特点及需求时间和范围,并将其作为制约和决定项目生产规模的重要因素。

市场容量是一定时期（一般为1年）内全社会或一定地区的社会购买力。有货币支付能力的社会购买力越强,市场容量就越大,反之则越小。在一般情况下,产品市场的供需缺口是建设项目规模的最高界限,即建设规模不应大于市场的供需缺口。在可行性研究中,一般用销售潜量来表示项目市场容量的大小。销售潜量是指拟建项目产品在未来市场上的销售量。销售潜量＝需求潜量×市场占有率。式中,需求潜量是指未来市场上有支付能力的需求总量。

在考察市场需求时,不仅要分析市场容量,还要分析市场需求量的范围和时间。根据拟建项目所在地区交通运输条件和项目产品的市场竞争能力,确定项目产品的市场辐射半径和范围。根据市场需求时间确定拟建设项目生产规模:当生产市场急需而持续时间短的产品时,其建设规模应小些;反之,则可适当扩大建设规模。

3. 经济效益因素

项目投资的最终目标是获得预期的投资效益。因此,经济效益是影响建设规模的决定因素。不同的建设规模所需的投资成本、承担的投资风险和预期的投资效益是不同的。项目投资应尽可能节约投资成本、降低投资风险、提高投资效益。但是这三个目标是相互矛盾的。小规模投资项目由于竞争比较激烈,投资效益一般较低。而为了获得较高的投资效益,一般需要大规模投资,而且要承担较高的投资风险。因此,确定建设规模需要在投资、风险、收益三者之间权衡,当然还需要考虑项目本身的生产特点。

二、确定生产规模的方法

确定项目最佳建设规模的方法多种多样,但都有其约束条件,根据目前国内外理论研究和应用情况,主要有以下几种方法。

1. 经验法

经验法是指根据国内外同类或类似企业的经验数据,考虑生产规模的制约和决定因素,确定拟建项目生产规模的一种方法。在实践中,此法应用最为普遍。

在确定拟建项目生产规模之前,首先应找出与该项目的性质相同或类似的企业,特别是要找出几个规模不同的企业,并计算出各不同规模企业的主要技术经济指标,如财务内部收益率、总投资收益率和投资回收期等。然后综合考虑制约和决定该项目拟建生产规模的各种因素,确定拟建项目的生产规模。

[例3-4] 拟建一个生产某产品的项目,同类企业的生产规模是年产40万台、60万台、100万台、200万台、300万台和400万台等,目前该项目能够筹措的资金总额为15 600万元;通过调查并计算,已知各种规模企业的投资和财务内部收益率数据如表3-10所示。试确定该项目的生产规模。

表3-10 某行业生产规模与财务内部收益率数据表

生产规模/(万台/年)	40	60	100	200	300	400
投资额/万元	10 000	13 000	16 000	22 000	27 000	31 000
财务内部收益率/%	9.3	10.55	15.45	21.6	27.8	27.2

通过上表分析可以看出,年产300万台的规模是最佳生产规模,但此时所需要的投资为27 000万元人民币。通过对各种制约与决定因素进行研究,除资金供给和市场需求因素以外,其他方面都是适应的。该拟建项目可能筹措到的资金只有15 600万元人民币,只适应于年产100万台的生产规模。另外,从市场需求情况看,该项目可能的市场份额在100万~150万台之间,也只有选择年产100万台的规模。当然,年产100万台的规模,内部收益率达到15.45%,收益水平也是比较高的,可以接受。

2. 成本函数-统计估计法

成本函数-统计估计法是一种利用已有的工厂规模与生产成本关系的资料进行归纳分析,整理得出长期平均成本函数,以求得项目最佳经济规模的方法。规模和成本之间的关系有多种函数形式,其中最典型的是三次式函数,即

$$LC(Q) = aQ + bQ^2 + cQ^3 \tag{3-4}$$

式中　Q——生产规模；

　　　LC——长期生产成本；

　　　a,b,c——定值系数。

单位产品长期平均成本(LAC)的计算公式为 $LAC = a + bQ + cQ^2$

长期边际成本(LMC)公式为 $LMC = a + 2bQ + 3Cq^2$。

假设项目产品所在行业为完全竞争行业,则令 $P = MR = LMC$,即可以求得最佳经济规模。

3.分步法

分步法也叫"逼近法",其特点是先确定起始生产规模作为所选规模的下限,确定最大生产规模作为所选规模的上限,然后在上、下限之间,拟定若干个有价值的方案,分别计算出不同生产规模方案的成本费用和效益,最后对成本费用和效益进行比较,选择成本费用最低、效益最好的方案为最终确定的拟建项目的生产规模。

4.专家咨询法

专家咨询法,即依靠专家们的经验和判断确定经济规模的方法。其做法与一般的咨询法相同。第一步,确定咨询内容;第二步,确定专家名单;第三步,发调查表,调查表中的问题要做到能使人准确理解,从而能作出准确回答;第四步,咨询反馈,对咨询结果加以整理、归纳,反馈给专家,要求澄清观点。如此反复几次使问题趋于明朗化、集中化。

这种方法的特点是简便灵活、省时省钱,而且可以预测未来一段时间的趋势,但是必须有足够多的了解这种产品生产经济规模的专家。这种方法既可用于确定产品基本生产系统的规模,也可用于确定工厂或企业经济规模。

三、项目生产规模的多方案比选

在可行性研究中,对可供选择的不同生产规模方案进行优选,不仅直接关系到项目的经济效益,影响项目投资的成败,而且还会对相关行业的发展产生影响。特别是大型的国家重点建设项目,它的生产规模选择合理与否,往往会影响到整个国民经济的综合平衡,关系相当重大。

生产规模优化比选的内容主要有:单位生产能力(或使用效益)的投资,规模效益,即投入产出比、劳动生产率等;技术先进可靠、工艺流程合理、设备安全效率高等;生产多种产品项目应比较资源综合利用的合理性;比较环境保护措施是否得当等。

生产规模的优化比选实质上就是目标相同的互斥方案的比选,但是由于涉及规模选择,因此需要以资金利用效率高的规模为最佳规模。生产规模比选的方法很多,常用的方法有两大类。

1.多因素评比法

首先,确定影响项目运营系统效率的主要因素,并根据各因素的重要程度确定其权重;其次,分析在各方案中,每一个因素对系统效率的贡献,根据贡献大小打分;最后,计算每一个方案的加权得分,并与各方案的投资相除得到各方案的价值系数,以价值系数大的方案为最优方案。该方法主要凭经验,属于定性分析方法。此外还可以采用决策树分析法、数学规划法等进行不同生产规模的多方案比选。

2. 成本效益比较法

(1)静态方法

在技术经济评价中,不考虑时间价值的方法就是静态方法。静态方法包括差额投资回收期法、差额投资收益率法、年折算费用法和综合总费用法。该类方法计算简便,含义清晰,但是由于没有考虑时间价值,评价不够科学,因此主要应用于机会研究和初步可行性研究阶段。

①差额投资回收期法

当相互比较的方案都能满足相同的需要,并满足可比性要求时,则只需比较它们的投资大小和年经营成本多少,来选择最优方案。差额投资回收期是指在不考虑时间价值的情况下,用投资大的方案比投资小的方案节约的经营成本来回收差额投资所需要的时间。其计算公式为

$$\Delta P_t = \frac{\Delta K}{\Delta C} = \frac{K_2 - K_1}{C_1 - C_2} \qquad (3-5)$$

式中　ΔP_t——差额投资回收期;

　　　C_1, C_2——分别为两个比选方案的年经营成本;

　　　K_1, K_2——分别为两个比选方案的投资额。

在实际工作中,往往是投资大的方案经营成本低,投资小的方案经营成本高。当差额投资回收期 ΔP_t 小于基准投资回收期 P_c 时,说明差额投资部分的经济效益是好的,因此高投资方案比较有利;否则低投资方案有利。因此,差额投资回收期的决策规则为

当 $\Delta P_t \leqslant P_c$ 时,选投资大的方案;

当 $\Delta P_t > P_c$ 时,选投资小的方案。

由于不同生产规模的建设方案比选时,各方案的年产量不同,考虑到可比性问题,需转化为单位产量的相关费用后,再计算差额投资回收期。计算公式如下:

$$\Delta P_t = \frac{\dfrac{K_2}{Q_2} - \dfrac{K_1}{Q_1}}{\dfrac{C_1}{Q_1} - \dfrac{C_2}{Q_2}} \qquad (3-6)$$

式中　C_1, C_2——分别为两个比选方案的年经营成本;

　　　K_1, K_2——分别为两个比选方案的投资额。

　　　Q_1, Q_2——分别为两个比选方案的年产量。

比选规则不变。应该指出差额投资回收期法应用于生产规模比选,包含一个假定条件,即投资与年经营成本均和产量成正比,显然这一假设过于严格,因此该种计算方法存在一定的误差,在详细可行性研究阶段不太适用。

[**例 3-5**]　已知某建设项目有两个建设规模方案可供选择:方案甲投资为 1 500 万元,年经营成本 400 万元,年产量 1 000 件;方案乙投资为 1 000 万元,年经营成本 360 万元,年产量 800 件;基准投资回收期 $P_c = 6$ 年。试选出最优方案。

解　首先计算各方案的单位产量相关费用:

$$\frac{K_甲}{Q_甲} = \frac{1\,500}{1\,000} = 1.5 \text{ 万元/件} \qquad \frac{C_甲}{Q_甲} = \frac{400}{1\,000} = 0.40 \text{ 万元/件}$$

$$\frac{K_乙}{Q_乙} = \frac{1\,000}{800} = 1.25 \text{ 万元/件} \qquad \frac{C_乙}{Q_乙} = \frac{360}{800} = 0.45 \text{ 万元/件}$$

其次计算差额投资回收期：

$$\Delta P_t = \frac{1.5 - 1.25}{0.45 - 0.40} = 5 \text{ 年}$$

由于 $\Delta P_t < P_C$，所以选择甲方案。

差额投资回收期法不仅适用于两个方案的比较，也适用于多方案比选。对于多方案选优时，首先按各方案投资额由小到大排序，然后依次计算相邻两个方案的差额投资回收期，进行方案比选，保留下来的方案再与下一个方案进行比较，直到最后留下来的方案就是最优方案。

②差额投资收益率法

差额投资回收期的倒数就是差额投资收益率 ΔR，其计算公式为

$$\Delta R = \frac{\Delta C}{\Delta K} = \frac{C_1 - C_2}{K_2 - K_1}$$

当 $\Delta R \geqslant R_C$ 时，选择投资大的方案，

当 $\Delta R < R_C$ 时，选择投资小的方案。

R_C 为基准差额投资收益率。

同样，不同生产规模的方案比选时，需要转化为单位产量的相关费用，之后再计算差额投资收益率，进行方案比选。其计算公式为

$$\Delta R = \frac{\dfrac{C_1}{Q_1} - \dfrac{C_2}{Q_2}}{\dfrac{K_2}{Q_2} - \dfrac{K_1}{Q_1}} \tag{3-7}$$

差额投资收益率法用于多方案比选的程序与差额投资回收期法的比选程序相同。

③计算费用法

多方案比较时，虽然可以采用差额投资回收期或差额投资收益率法将方案两两比较逐步淘汰，直至选出最优方案，但是计算比较繁琐。计算费用法就是采用一种合乎逻辑的方法将一次性的投资与经常性的经营成本统一成为一种性质相似的费用，称为"计算费用"。计算费用有两种形式，即总计算费用和年计算费用，其计算公式如下：

总计算费用的计算公式为

$$Z_{总} = K + P_C C \tag{3-8}$$

年计算费用的计算公式为

$$Z_{年} = C + R_C K \tag{3-9}$$

式中　$Z_{总}$——某方案的总计算费用；

　　　$Z_{年}$——某方案的年计算费用；

　　　K——总投资；

　　　C——年经营成本。

在应用计算费用法进行方案比选时，首先计算各方案的计算费用 $Z_{总}$ 或 $Z_{年}$，然后进行比较，其中计算费用最低的方案即为最优方案。

在不同建设规模方案的比选中，由于各方案的年产量不同，因此需要剔除产量差异而产生的不可比性，考虑单位产量的总计算费用或单位产量的年计算费用进行方案比选。

[例3-6]　某建设项目有三个不同规模的建设方案，方案甲投资 2 540 万元，年经营

成本 760 万元,年产量 1 000 件;方案乙投资 3 340 万元,年经营成本 780 万元,年产量 1 200 件;方案丙投资 4 360 万元,年经营成本 800 万元,年产量 1 500 件。该项目所在行业的基准投资收益率为 10%,试用年计算费用法选择最优方案。

解 首先计算各方案的年计算费用:

$$Z_{年甲} = C_甲 + R_C K_甲 = 760 + 2\ 540 \times 10\% = 1\ 014\ 万元$$

$$Z_{年乙} = C_乙 + R_C K_乙 = 780 + 3\ 340 \times 10\% = 1\ 114\ 万元$$

$$Z_{年丙} = C_丙 + R_C K_丙 = 800 + 4\ 360 \times 10\% = 1\ 236\ 万元$$

其次,计算各方案单位产量的年计算费用:

$$AZ_{年甲} = 1\ 014/1\ 000 = 1.014\ 万元/件$$

$$AZ_{年乙} = 1\ 114/1\ 200 = 0.928\ 万元/件$$

$$AZ_{年丙} = 1\ 236/1\ 500 = 0.824\ 万元/件$$

显然,丙方案的单位产量年计算费用最小,因此选择丙方案。

综上所述,静态评价方法优点是简便直观。其缺点是没有考虑各方案寿命的差异、寿命期末的残值问题以及时间价值因素,因此决策不够科学。

(2)动态方法

①差额投资内部收益率法

由于建设规模不同,所需的投资额也不同,对于这种情况就可以采用差额投资内部收益率法进行方案比选。差额投资内部收益率是指两个投资方案各年净现金流量差额的现值之和等于零时的折现率。其表达式为

$$\sum_{t=0}^{n} (A_2 - A_1)_t (1 + \Delta IRR)^{-t} = 0 \tag{3-10}$$

式中 A_2——投资大的方案的年净现金流量;

A_1——投资小的方案的年净现金流量;

ΔIRR——差额投资内部收益率;

n——计算期。

进行方案比选时,差额投资内部收益率与基准收益率进行对比 i_c,$\Delta IRR \geq i_c$ 时,投资大(规模大)的方案为优;反之,投资小(规模小)的方案为优。

②净现值最大法

净现值是指项目在计算其内各年净现金流量均按一个给定的基准折现率(i_c)折现到建设期初的现值之和。其表达式为

$$NPV = \sum_{t=0}^{n} A_t (1 + i_c)^{-t} \tag{3-11}$$

式中 NPV——净现值;

A_t——项目在第 t 年的净现金流量;

i_c——基准折现率;

n——项目计算期。

净现值反映了项目超过基准收益所获得的额外收益。这种超额收益越大越好,因此,在不同规模的建设方案进行比选时,可以选择净现值为正且最大的方案为最优方案。

第六节 技术方案选择

一、技术及其分类

技术,主要指生产方法、工艺流程(工艺过程)等。从资源的占用或节约、科技信息含量的角度,可以把技术分为以下几种。

1.资金密集型技术

一般占用的初始投资较多,技术装备的先进程度较高,例如机械制造、石油、冶金等部门的技术大多属于这一类型。

2.劳动密集型技术

这类技术占用与消耗劳动力较多,一般每单位劳动所占用的资金较少,技术装备的先进程度也相对较低,如轻工、纺织、饮食等部门的技术多属于这一类型。

3.知识密集型技术

这类技术高度凝结先进的现代科技成果,如电子计算机、航天技术、原子能技术等。

一般来说,获得技术的方式主要有以下几种。

(1)技术开发:即企业为了满足自身的生产经营需要而自主研发新产品,采用新工艺和新设备。

(2)技术许可贸易:是指拥有技术的一方作为许可方向被许可方授予某种权利,允许被许可方取得他所拥有的专利、商标和专有技术的使用权、产品制造权和销售权。

(3)技术咨询与服务:技术需求方可以委托技术供给方进行某方面的专题研究,来协助解决委托方存在的技术或管理问题。常见的技术咨询与服务形式有技术人员培训、提供技术资料、工程服务、管理咨询服务等。

(4)工艺技术的购买:企业将某项专利或专有技术的所有权一次性买断,用于企业自身的生产经营或再进行技术许可贸易。

(5)许可证持有者入股经营:即许可证所有人以技术折价入股作为企业的一个股东,共同分担企业的经营风险,按入股比例分配企业的经营收益。

二、技术方案选择的基本要求

1.先进性

项目的技术水平直接影响着项目的收益,因此项目应尽可能采用先进技术和高新技术,以规避技术落后所带来的风险。衡量技术先进性的指标主要有产品质量性能、产品使用寿命、单位产品物耗能耗、劳动生产率、自动化水平、装备现代化水平等。应尽可能接近国际先进水平或国内领先水平。但并不是越先进的技术越好,技术选择时要考虑先进技术与其他生产条件的适用性。

2.适用性

项目所采用的技术应与国内的资源条件、经济发展水平和企业管理水平相适应。技术的适用性体现在以下几个方面。

(1)所采用的技术与可能得到的原材料、燃料、主要辅助材料或半成品相适应。不同的工艺路线对原材料的品质有不同的要求,在选择技术时,必须弄清它所适用的原材料成分,以及获取该原材料的成本和原料的供应量是否充足。如果提供的设计样品成分缺乏代表性，按此设计出的装备和选择的技术往往会造成很大的失误。

（2）采用的技术与可能得到的设备相适应。包括国内和国外设备、主机和辅机。如果与采用的技术相配套的设备国内不能生产，而且由于种种原因无法从国外进口或者进口成本非常高，则该项技术是不能采用的。

（3）采用的技术与当地劳动力素质和管理水平相适应。劳动力素质的高低，对于能否很快地掌握先进技术十分重要，有些国外进口的设备自动化程度较高，需用计算机监控和辅助管理，要求软件研制和软件维护水平较高。如果当地缺乏必要数量的专业技术人员和操作工人，或者技术培训与技术援助措施跟不上，则会直接影响到先进技术装置的安装及使用。

（4）采用的技术与环境保护要求相适应，尽可能采用环保型生产技术。有些技术虽然资源消耗量少，能够节省投资成本，但如果对环境造成较大的危害，也不能够采用。

3. 可靠性

项目所采用的技术和设备质量应当可靠，且经过生产实践检验证明是成熟的。不能把科研实验、没有把握的技术问题或者遗留的技术难题，放到项目投资中去解决。在引进国外先进技术时，要特别注意技术的可靠性、成熟性以及相关配套的条件。

4. 安全性

项目所采用的技术，在正常使用过程中应能保证项目生产运行的安全性。对于核电站、炸药库、产生有毒有害气体的项目、地下矿产开采、水库大坝等，尤其应注重技术的安全性研究。对于生产过程中产生的有害的废水、废气、废渣要有处理措施，达到安全排放标准和环境保护要求。确保自然环境、生态平衡和人类的健康与安全，做到事先防范和采取积极措施避免不利影响。

5. 经济合理性

在注重所采用的技术设备先进适用，安全可靠的同时，应着重分析所采用的技术是否经济合理，是否有利于降低项目投资和产品成本，提高综合经济效益。技术的采用不应为追求先进而先进，要综合考虑技术系统的整体效益，对于影响产品性能质量的关键部分，技术指标和工艺过程必须严格要求。关键工艺部分，如果专业设备和控制系统目前国内不能生产或不能保证产品应有的质量，那么成套引进先进技术和关键设备就是必要的。所选择的技术成本要能够通过项目的收益来补偿。

三、技术方案选择内容

1. 生产方法选择

生产同一品种的产品可采用不同的初始原料，经过不同的生产方法。即使是同一种原料也可以采用不同的生产方法，这就造成了工艺方案的多样性。选择生产方法时一般先将问题进行分解，突出重点，对于关键的生产环节一定要保证生产工艺的先进可靠。选择生产方法通常需要考虑以下内容。

（1）研究项目产品国内外各种生产方法的先进程度及发展趋势，积极采用先进适用的生产方法。

（2）研究所采用的生产方法是否符合所采用的原料路线。同一种产品、不同的工艺路线往往要求不同的原料路线。选择生产方法时，要考虑工艺对原料的规格、型号、成分等要求,原料供应是否稳定可靠。

(3)研究生产方法的可获得性。若采用的是引进技术和专利,必须对引进技术的软硬件进行充分的调查、研究、分析。避免引进世界上已趋淘汰的、不适用的技术,同时对多家外商进行技术交流和谈判,分析对比所引进技术的先进性、可靠性和购买技术专利所需费用的经济合理性。

(4)研究所采用生产方法是否符合清洁生产要求。通过综合利用的方法,做到物耗低、能耗少、废弃物少、资源综合利用率高。

2. 工艺流程方案选择

工艺流程由原材料到产成品的生产过程中,物料和能量的流向、变化以及所经历的设备、仪器和工艺过程。它是工艺技术设计的核心,与设备选型、工艺计算、设备布置等工作有直接的关系。工艺流程方案选择的内容如下:

(1)研究工艺流程方案对产品质量的保证程度。该方案必须能够保证用指定的原材料按时生产出符合数量和质量要求的产品。

(2)研究工艺流程各工序之间的合理衔接,做到工艺流程通畅、简捷。生产方法和原料路线确定后,即开始工艺流程的选择,同一种生产方法、同一个原料路线,其工艺流程也不尽相同。要多个流程进行比较,选出物料之间、工序之间走向合理顺畅、管线短、操作方便的工艺流程。

(3)研究选择先进合理的物料消耗定额,提高收益率。物料消耗定额是指生产单位(每吨或每小时等)的产品对物料(原材料、辅助材料及动力等)的需求量,一般来讲消耗定额低、成本低,经济效益就好;但也不尽然,如果为了降低消耗定额,而增加了很多设备,提高了操作难度,降低产品生产效率,其投资增加,收益率降低,也是一条不可取的路径。所以选择先进适用的物料消耗定额,是选择工艺流程必不可少的条件。

(4)研究选择主要工艺参数。工艺参数是指生产产品过程中所必须控制的物理、化学过程的数据。不同的产品、不同的工艺过程所控制的主要参数也不同;参数控制得不合理(过高、过低)会影响到产品质量、性能和成本,甚至出现废品。参数的确定直接影响工艺流程方案的选择。

(5)研究工艺流程的合理安排。合理的工艺流程应既能保证主要工序生产的稳定性,又能根据市场需要的变化,使生产的产品在品种规格上保持一定的灵活性。

四、技术方案选择的一般程序

技术方案选择是一项专业性强、难度大的工作。其一般程序如下:

1. 收集相关资料

项目技术选择成功与否,在很大程度上取决于资料的收集工作。如工艺和设备方案及基本技术资料等。对收集到的资料,要分类整理,并应注意分析其可靠性和精确度。对认为不可靠的资料,最多只能作为参考,而绝不可作为评估的依据。

2. 分析技术发展趋势

在技术选择过程中,分析技术发展趋势也是一个非常重要的问题,因为项目的技术评估是对技术方案在整个寿命期可行性的预测。当前,新技术、新材料、新设备不断涌现,高技术产业也正在蓬勃兴起和日益发展。项目的技术评估首先应重视分析技术发展的趋势。按照生命周期理论,处于投入期和衰退期的技术不能采用,应采用处于发展期和成熟期的技术。

3. 划分技术问题的层次

一般来说,拟建项目所涉及的技术问题十分繁杂,评估时不可能、也没有必要对每一个技术问题都进行一番详细的分析论证。应对重点问题进行研究,以节省时间,提高评估质量。通常情况下对工业建设项目,其工艺技术、工艺流程、生产设备、关键性的零配件等问题是技术评估的主要对象。

4. 技术经济分析

技术经济分析是指在遵循"先进、适用、可靠、经济合理、安全"原则的基础上,通过多方案的比较、分析论证,选择最佳的技术方案。在多方案比选时,应注意各种技术方案的可比性,特别要注意各方案技术目标的一致性、技术经济指标的一致性和技术实施时间的一致性。

五、技术方案的比选方法

技术方案比选的方法很多,下面详细介绍两种。

1. 评分法

评分法是预先规定技术方案的评价标准,然后对各评价标准进行打分,再把各项标准的评分值进行汇总,即为该备选方案的评价总分。计算出各个方案的评价总分后,再对不同的方案按总分由大到小依次排列,选择分值最高的技术方案。也可以预先规定一界限分数。则在备选方案得分高于界限分数时,该备选方案是可取;否则该备选方案可以舍弃。对各项评价标准的分值汇总有四种方法。

(1)加法评分法

$$M_{加} = \sum_i m_i \qquad (3-12)$$

式中 m_i——第 i 项评价标准的评分值;

$M_{加}$——该备选方案的评价总分。

(2)加权平均法

采用这种方法是因为每项标准的重要程度是不同的,有的标准十分重要,有的标准不太重要。因此引入重要性系数,根据每个标准的重要程度分别给予不同的重要系数:重要系数大意味该标准的重要程度高,重要系数小意味着该标准重要程度相对较低。

与加法评分法相比,加权平均法在计算上更加复杂,但该种方法的评价结果准确度高。该方法的公式为

$$M = \sum W_i m_i \qquad (3-13)$$

式中 M——备选方案的总评分值;

m_i——第 i 项评价标准的评分值;

W_i——第 i 项评价标准的重要性系数。

(3)乘法评分法

乘法评分法是计算出各项评价标准的评分值相乘后的乘积大小,以此来确定技术方案优越程度的一种评分法。为避免相乘后的数字太大或太小,需要将该乘积数开方,评价标准的数目为开方的次数,以开方后所得的分数为每个备选技术方案的几何平均数。平均分数越高的备选方案,其优越性越大。其公式为

$$M_{乘} = \sqrt[N]{\prod_{i=1}^{N} m_i} \qquad (3-14)$$

一般情况下,如果各个标准得分之间的差距不大,而重要程度差异很大,以采用"加法"比较合适;如果各项评价标准得分差距较大,而重要程度差异不大,以采用"乘法"比较合适;如果得分差异和重要程度的差异都很小,采用"加法"和"乘法"都合适;如果得分差距和重要程度差异都很大,那么"加法"和"乘法"都不适用,应采用加乘混合评分法。

(4)加乘混合评分法

由于"加法"和"乘法"各有优缺点,加乘混合法就是将其各自的优缺点综合而提出的一种方法。它同时采用"加法"和"乘法",把这两种方法计算出来的平均分相加求得总分,以这个总分多少评定技术方案的好坏。这种方法无论对于什么情况都适用。其公式为

$$M = M_{加} + M_{乘} \qquad (3-15)$$

2. 投资效益评价法

各备选方案在技术指标都合格的前提下,也可采用投资效益分析法,即计算出各备选方案的投资效益,取投资效益大的方案为最优。投资效益有下述两种形式:

经济效果指数(1) = 效益/耗费;

经济效果指数(2) = 效益 - 耗费。

前者是相对指标,后者为绝对指标。当指数(1)大于1或指数(2)大于零时,方案可取,并取数值最大者为优;反之,则不可取。

第七节　主要设备方案选择

一、设备及其种类

设备是指符合固定资产条件的,直接对劳动对象加以处理,使之转化为预期产品的机器和设施以及维持这些机器和设施正常运行的附属装置。

按照不同的标准,可以对设备进行如下分类。

1. 按设备在生产中所起的作用划分

(1)生产设备。具有改变原材料属性、形态或功能的各种工作机器和设施。如金属切削机床、锻压机床;锻造设备、木工机械、电焊机、电解槽等;在生产过程中用以运输原材料、产品的各种起重装置,如桥式起重机、皮带运输机等,也应该作为生产设备。

(2)动力设备。指用以生产电力、热力、风力或其他动力的电动机、水泵、变压器、空气压缩机等。

(3)传导设备。用以传送电力、热力、风力、气体、其他动力和液体的各种设备。如上下水道、蒸汽管道、输电线路、通信网路等。

(4)运输设备。如汽车、铁路机车等。

(5)工具、仪器及生产用具、管理用具。如切削工具、测量仪、打字机等。

2. 按工艺属性划分

根据设备在生产过程中承担任务的工艺性质,一般可分为如下五类。

(1)通用设备。包括锅炉、蒸汽机、内燃机、发电设备及电厂设施、铸造设备、分离机械、电力设备及电气机械、工业炉窑等。

（2）专用设备。包括矿业用钻机、凿岩机、挖掘机，煤炭专用设备，有色金属专用设备，黑色金属专用设备，石油开采专用设备，化工专用设备，建筑材料专用设备，电子工业专用设备，非金属矿采选及制品专用设备，以及各种轻工专用设备，如制药、食品工业、造纸专用设备等。

（3）交通运输工具。包括汽车、机车车辆，船舶等。

（4）建筑工程机械。包括混凝土搅拌机、推土机等。

（5）主要仪器、仪表、衡器。

3. 按照企业的生产业务特点划分

（1）施工企业设备。包括施工机械、运输设备、加工及维修设备等。

（2）加工企业设备。包括金属切削设备、金属处理设备、木工铸造设备、试验设备、工程机械、杂项设备等。

（3）炼油厂设备。分为炉、塔、换热设备，选矿设备，机械设备，动力设备，电气设备，计算仪表，输送设备，石油化工机械等。

（4）机械制造企业设备。机械设备、动力设备、专用设备、仪器仪表、其他设备。

二、主要设备方案选择的基本要求

设备方案选择是在技术方案研究确定的基础上，对所需主要设备的规格、型号、数量、来源、价格等进行研究。在对主要设备方案进行选择时，应该满足以下基本要求。

（1）主要设备方案应与拟选的建设规模和生产工艺相适应，以满足投产后生产（或使用）的要求。

（2）主要设备之间、主要设备与辅助设备之间的能力相互配套。

（3）设备质量、性能成熟，以保证生产的稳定和产品质量。

（4）设备选择应在保证性能质量的前提下，力求经济合理。

（5）选用设备时，应符合国家和有关部门的相关技术标准要求。

三、主要设备选择时应该考虑的因素

选择主要设备的基本原则是技术上先进、经济上合理。一般应考虑以下几个主要因素。

1. 生产率

考虑设备生产率这一指标时，应与企业的经营方针、工厂规划、生产计划、运输能力、技术力量、劳动力、动力和原材料供应等相适应，不能盲目追求生产率越高越好。

一般来说，生产率高的设备，往往自动化程度高、投资多、能耗大、维护复杂。如果选择设备的生产率和企业的生产经营环境不适应，设备的生产效率无法发挥，就会导致生产规模减少，生产成本提高。

2. 工艺性

工艺性是指满足生产工艺要求的能力，它是选择设备最基本的一条。如加热设备要满足产品工艺的最高最低温度、温度均匀性和温度控制精度等的要求。此外，设备操作控制程度也十分重要。一般要求操作轻便、控制灵活，对产量大的设备，要求自动化程度高；进行有毒作业的设备则要求能自动控制或远距离监督控制等。

3. 可靠性

可靠性是指系统、设备、零件、部件在规定的时间和条件下完成规定功能的能力。可靠性只能在工作条件和时间相同的情况下才能进行比较。定量测量可靠性的标准是可靠度。人们希望设备的可靠度高些,但可靠度达到一定程度后,再想继续提高就越来越困难,可靠度相对微小的提高,会造成设备成本费用的指数增长,所以可靠性能达到的程度是有限制的。

4. 维修性(适修性)

维修性是指系统、设备、零件、部件等在进行修理时,能以最小的资源消耗(人力、设备、工具、仪器、材料、技术资料、备件等),在正常条件下顺利完成维修的可能性。测定维修性的标准是维修度,即指能修理的系统、设备、零件、部件等按规定的条件进行维修时,在规定时间内完成维修的概率。

影响维修性的因素有易接近性,易检查性,坚固性,易拆装性,零件、部件标准化和互换性,零件的材料和工艺方法,维修人员的安全,特殊工具和仪器、备件供应,生产厂家的服务质量等。维修性越低的设备,维修费用越高,不利于降低设备的全寿命周期成本。

5. 经济性

选择设备经济性的要求是:投资少、生产效率高、耐久性长、维修和管理费用少、具有节能性等。耐久性是指零部件使用过程中物质磨损允许的自然寿命。很多零部件组成的设备,则以整台设备的主要零件允许达到的极限时间考核耐久性。一般地讲,设备寿命越长,生产成本越低。但是,技术进步较快的行业不易选择耐久性过长的设备。所谓设备的节能性,是指消耗相同的能源生产出更多的产品。单位能耗低的设备能有效节约能源,降低成本。

6. 安全性

设备安全性是指设备必须具有必要的安全防护设施。如设备机体单薄,运转起来不稳定;设备振幅过大,危及厂房的安全;设备泄漏有害气体,容易引起工人中毒;设备噪声太大,影响工人身心健康等。凡有上述情况之一的设备一般不宜选择。

7. 成套性

要考虑主要生产设备、辅助生产设备、动力设备和工艺加工设备的成套性。一个生产流程往往由多台生产设备构成,如果生产能力不配套,就会导致有些设备不能充分利用,浪费资金,而另一些设备可能会成为生产线的瓶颈,影响生产能力。保证设备的成套性,应该根据主要生产设备的工艺参数和生产能力要求,选择其他设备,尽量减少生产能力的闲置,以节约设备投资。

8. 适应性和灵活性

科学技术的发展使产品的更新换代日趋加快。为此,在配备设备中,要注意提高设备工艺加工的适应性和灵活性。生产率高的流水线往往只适合同一规格、品种的大批量生产,专业性较强。有些专用设备是为某一特定工艺技术而设计制造的,一旦工艺改变或产品更新,其寿命也就告终。为了提高设备的适应性,往往需要增加很多投资。是否要采用灵活性较大的设备,要经过分析比较才能决定。如果某一生产线在适当增加一两个环节后,不仅可生产一种产品,还可以生产两种或几种产品,对于建成投产后需考虑第二、第三产品的企业,考虑这种方案是经济合理的。在考虑设备的灵活性时,还需考虑所生产产品的市场需求变化情况,市场需求变化较快的行业,其设备选择灵活性就很重要;而市场需求较为稳定的行业,设备灵活性就可以作为一个辅助指标来考虑。

9. 使用寿命

在比选主要设备时,若其他条件相同,使用寿命愈长的设备,其经济效益愈好。对设备使用寿命的研究要考虑以下三个方面的因素:①设备的物质寿命,即设备在使用过程中由于物理和化学的作用,导致设备报废而退出生产领域的时间;②设备的技术寿命,即由于出现了更先进的设备,使得原有设备所生产的产品已达不到质量要求,不得不退出生产领域的时间;③设备的经济寿命,随着设备使用年限的延长,经营维护成本不断上升,使得继续使用该设备从经济上已显得不合理,而不得不进行设备更新的时间。在分析设备寿命时,一定要考虑项目所在行业的技术发展趋势,还要求在性能上和经济效益上相互协调,并随着产品结构的改变,品种、数量和技术要求的变化,以及新工艺、新材料的推广应用,各类设备的配备比例也在随之调整,使其适应生产变化。

四、主要设备选择内容

(1)根据建设规模、产品方案和技术方案,研究提出所需主要设备的规格、型号和数量。

(2)通过对国内外有关制造厂商的调查和初步询价,研究提出项目所需主要设备的来源与价格。从国外引进设备的项目,应提出设备供应方式,如合作设计合作制造、合作设计国内制造、引进单机或成套引进(国内总承包或外商总承包)。

(3)超大、超重、超高设备的选择,应提出相应的运输和安装的技术措施。

(4)技术改造项目,利用和改造原有设备的,应提出对原有设备的改造方案,并分析改造的效果。

五、主要设备方案比选

在调查研究国内外设备生产、供应、运行状况的基础上,对拟选的主要设备做多方案比选(技术改造项目还应与原有设备进行比较),提出推荐方案。

1. 比选内容

主要比选各设备方案对建设规模的满足程度,对产品质量和生产工艺要求的保证程度,设备使用寿命,物料消耗指标,操作要求以及所需设备投资等。

2. 比选方法

主要采用定性分析,辅之以定量分析方法。定性分析是将上述比选内容进行描述。定量分析一般是计算投资回收期,包括差额投资回收期、总投资收益率、运营成本、寿命周期费用等指标。

(1)投资回收期法。设备的投资费用主要包括设备的价格、运输、安装等费用。在新设备投入使用之后,会由于提高劳动生产率,改进产品质量,降低能源消耗而带来成本节约。把投资费与年成本节约额相比,即可求得投资回收期,公式为

$$投资回收期(T) = 投资额(I)/年节约额(C) \qquad (3-16)$$

投资回收期越短,投资效果越好。在其他条件相同的情况下,投资回收期最短的设备,可作为选购对象。在方案比较时,一般也可以采用差额投资回收期法。当差额投资回收期小于预期投资回收期时,投资大的方案为优。

(2)投资收益率法。设备的投资收益率反映了单位设备投资获取收益的能力,这种能力当然越大越好。其计算公式为

$$投资收益率(R) = 投资年收益(C)/设备投资额(I) \qquad (3-17)$$

式中,投资年收益可以是设备使用过程中的年净现金流量,也可以是设备使用过程中的年利润总额。在其他条件相同的情况下,设备投资收益率最高的设备是最优设备,应优先选用。

(3)运营成本法。计算项目的原材料和能源消耗、运转维修费等运营成本,再进行比较。在功能相同的条件下,设备运营成本低的方案为优。

(4)寿命周期费用法。该方法包括年费用比较和综合总费用比较。年费用比较是将一次投入的设备费用,按基准投资回收期换算成每年的费用支出,加上年运营费用进行比较,年费用少者为优。综合总费用比较是将基准投资回收期内的年运营费用汇总后加上设备投资进行比较,综合总费用少者为优。设备方案经比选后,编制推荐方案的主要设备表,如表 3 – 11 所示。

表 3 – 11 主要设备表

序号	设备名称	型号	主要参数	计量单位	数量	设备来源			
						利用原有	国内制造	进口	合作制造

非主要设备在可行性研究阶段可不作具体选择。为了估算设备总投资,可参考已建成的同类项目比例或采用行业通用比例,按单项工程估算出非主要设备的台数或吨位。

第八节 总图运输与公用辅助工程设计

总图运输与公用辅助工程是在已选定的厂址范围内,研究生产系统、公用工程、辅助工程及运输设施的平面布置、竖向布置和工程建设方案。

一、总图布置方案

项目总图布置就是根据拟建项目的生产工艺流程或使用功能的需要及其相互关系,结合场地自然条件及其外部环境条件、运输条件、安全、卫生、环保、施工、管理等因素,经多方案比较后,对项目各个组成部分的位置进行统一布局,合理规划和安排建设场地内各功能区之间、各建(构)筑物之间和各种通道之间的平面位置关系,以便使整个项目形成布置紧凑、流程顺畅、经济合理、使用方便的格局。

1. 基本要求

满足生产使用功能要求是总图布置的主要目的,但是总图布置能否满足对生产功能的适用性、合理性、经济性等要求,与其是否正确结合场(厂)地条件息息相关。外界客观条件对总平面位置有很大的影响和制约。综合研究生产使用功能要求与工业场(厂)地内外各种条件之间的关系,进行周密的规划和布置,以求全面满足政策上、功能上、技术上、经济上乃至群体建筑艺术等方面对总图布置的要求,这就是总图布置应该完成的任务。具体而言,总图布置应满足以下基本要求。

(1)功能分区,系统分明,布置整齐,力求总平面布置合理紧凑,节约用地。在适用、经济的前提下注意美观。

(2)生产系统、辅助生产系统和运输系统的布置科学合理,充分利用地形,因地制宜地布置厂内交通运输系统,组织好人流与物流,力求路径短捷,方便作业,尽量避免物流与人流相互交叉、往复、迂回。合理布置地上、地下各种工程技术管线。

(3)土地利用系数和建筑系数应科学合理,根据设计规范确定各建筑物、构筑物间的距离,保证生产运营和消防安全。在满足生产的前提下,做到土石方工程量最少且能平衡,尽量减少场地开拓费用。

(4)研究环境设计,合理布置污染源并采取有效防护措施,综合利用三废,搞好环境保护。与此同时还要搞好工厂绿化与美化,以改善和创造人工空间环境。

技术改选项目的总图布置方案应与企业现有的总图布置统一协调,合理利用原有的建筑物和工程设施,减少改、扩建对原有生产的影响,力求改善原有不合理的布局和不良的生产条件。

2.分析内容

(1)研究确定项目的范围和组成及其场(厂)地占用面积。说明可供利用的土地面积和设计需要的面积,各个单项工程建、构筑物的平面尺寸与占地面积。

(2)研究功能区(包括生产系统、辅助生产系统和非生产系统)的合理划分。技术改造项目还要研究与现有场地功能分区的协调。

(3)研究各功能区和各单项工程的竖向布置。在进行竖向设计时应根据工厂的生产工艺要求、运输要求、场地排水要求以及厂区地形、工程地质、水文地质等条件,确定设计标高,合理组织场地排水,确定土石方填挖量。填、挖土石方量和处理方法应充分利用和合理改造地形,尽可能使场地的设计标高与自然地形相适应,使场地的土石方量最小,并最大限度地节约用地。在满足生产、安全、运输、排水、卫生等要求的同时,竖向设计应切实注意全厂环境的立体空间美观和建、构筑物的群体艺术处理。要使其空间造型效果和谐均衡、舒展完整,在环境上优美舒适。

(4)管线综合布置。一个工厂的工程技术管线的种类和数量是由工厂的生产规模和性质决定的。管线综合布置的任务就是使厂区管线之间,以及管线与建(构)筑物、铁路、道路及绿化设施之间在平面和竖向布置上相互协调,既满足施工、检修、安全等要求,又要贯彻节约用地原则,同时尽可能减少管线工程施工量。

(5)合理布置场(厂)内外运输和消防道路、专用线走向、码头和堆场的位置。工厂运输设计首先要根据企业的生产规模,确定厂内外货物周转量,制定运输方案,选择适当的运输方式,统计出各种运输方式的运量,确定运输设备的需要量,同时相应确定为运输服务的保养修理设施,指定运输组织调度系统和运输线路的平面布置和规划。道路方案设计的内容包括道路形式、路面宽度及纵坡的确定以及路面选择。

(6)合理确定项目的土地利用系数、建筑系数和绿化系数。

$$建筑系数 = \frac{建(构)筑物占地面积}{厂区占地面积} \times 100\% \qquad (3-18)$$

$$土地利用系数 = 建筑系数 +$$

$$\frac{道路、广场及人行道占地面积 + 铁路占地面积 + 工程管线占地面积}{厂区占地面积} \times 100\%$$

$$绿化系数 = \frac{绿化面积}{厂区占地面积} \times 100\%$$

3. 方案比选

（1）比选内容

总图布置方案比选是对总图布置方案从技术经济指标和功能两方面进行比选，择优推荐方案。

①技术经济指标比选。主要有场（厂）区占地面积、建（构）筑物占地面积、道路和铁路占地面积、绿化面积、建筑系数、绿化系数、土地利用系数、土石方挖填工程量、地上地下管线工程量、防洪措施工程量、不良地质处理工程量以及总图布置费用（土石方费用、地基处理费用、地下管线费用、防洪抗震设施费用）等。

②功能比选。主要比选生产流程的短捷、流畅、连续程度，项目内部运输的便捷程度，以及安全生产满足程度。

（2）比选方法

总图布置方案的选择不仅涉及技术经济方面的指标，还涉及功能的比选，定性因素较多，因此方案比选时常用的方法有多指标对比法、多指标综合评分法等。

总图布置各种方案经比选论证后，绘制总平面图，标明总平面边界、建（构）筑物平面布置、比例、主要技术经济指标和场（厂）内外道路（铁路）的衔接等。技术改造项目总图布置图，应注明新建和原有建构筑物以及拆除的建筑物的平面位置。

二、场（厂）内外运输

项目的交通运输分场（厂）内运输和场（厂）外运输两类。交通运输是沟通场（厂）内外联系的桥梁和纽带，是解决物资供应和产品销售的生命线。因此，交通运输布置是总图设计的重要内容，也是实现生产工艺过程的重要环节。运输方式选择是确定建厂用地、厂区建筑物和构筑物位置、距离、外形等的重要因素之一，并直接与工厂经营管理水平、占地面积多少、基本建设投资等密切相关，是一项技术性、经济性很强的工作。

1. 运输方案选择要求

（1）统筹规划场（厂）内外运输。尽量把工厂内部从原料输入、产品外运以及车间与车间、车间与仓库、车间内部各工序之间的物料流动作为整体，进行物流系统设计，使全厂物料运输形成有机整体。

（2）根据项目产品的性质特点，如运量大小、运距长短、产品类型及性质，同时考虑外部具备的运输条件，对采取的运输方式进行多方案的比较，分别选择铁路、公路、水路、航空和管道等运输方式。同时，具体分析所选择的运输设备与运费之间的相关关系，寻求快捷、经济的运输方式。

（3）项目的外部运输，应尽量依托社会运输系统。确需自建专用铁路、公路、码头的，应有足够的运量，避免运力浪费。

（4）主要产出品以采用单一的运输方式为宜，应避免多次倒运。减少中转次数和损耗，以降低运输成本，提高运输效率。大宗原材料和燃料，宜从厂外直接运至车间或仓库，减少中转损耗。做到物料流向合理,内外部运输、装卸、储存各个环节之间形成完整的、连续和便于组织管理的运输系统。

(5)对有特殊要求的物料运输,如超大、超高、超重、易燃、易爆、易腐蚀、剧毒、有放射性等的物资,应根据国家有关部门的安全规范要求,提出相应的运输方案。

(6)对大宗原材料的供应,应附有运输部门承担运输的意向协议。

(7)各种运输线路设计,应符合《工业企业厂内运输安全规程》和各种运输方式设计规范的规定。

2.运输方案分析内容

运输方案分析主要是计算运输量,选择运输方式,合理布置运输线路,选择运输设备和建设运输设施。

(1)运输量的计算

货物运输量是进行工厂运输设计的基本经济资料,也是确定和选择运输方式的重要依据。对于工厂大件越限货物,更应在运输方式选择中加以重点考虑,甚至采用特种运输方式加以解决。运量的计算首先计算各种物料进出的年运量,并注明其物态和包装形式;其次计算场内各个环节的物料、中间产品的运输量,并注明物料形态。

(2)运输方式选择

运输方式及其运输设备的选择通常是根据工厂规模、生产性质、产品类型与数量、地区自然条件、经营管理要求等来决定的,一般应遵循以下原则。

①铁路运输具有运量大、速度快、不受气候条件限制,能够运输体积大的非超限物体,运费比汽车运输低(比水运高)等特点。但铁路运输与道路运输相比,却有投资费用大、修建技术条件要求较高、占地面积较多、施工期限较长、管理与使用都不如道路那样灵活方便等缺点。只有当工厂年货运量单方向大于 6 万 t 或双向大于 10 万 t,且运距较远的情况下可以采用铁路运输。当然,如果修建铁路会造成技术上的困难和经济上的不合理时,则不一定采用铁路运输。

②道路运输是现代工业生产的重要运输方式之一,它具有灵活性大、占地少、造价低、适应性强、运输设备形式多样、其道路运输网可以贯穿整个工厂内外运输点等特点,它是厂区运输的重要组成部分,应用很广泛。此外,道路运输布置比较灵活,对地形条件要求较低,道路修筑工程易于就地取材,是一种较为理想的运输方式。但是道路运输也存在着运量小、运距短、运输成本高等问题。一般情况下,在工厂运量不大、运距较短的情况下,宜选择道路运输。

③水运具有运量大、运营费用低、可不占用土地、基建费用较少、运送货物灵活性较大等特点;但是水运具有运速慢、作业时间受季节影响较大等缺点。因此,水运适用于慢速大宗货物运输,而且一般只用于厂外运输,厂内运输仍需其他方式转运。

④带式运输是一种连续高效的运输方式,它特别适用于散粒和小块料货物,可适应场地、地形变化和高低货位的组织,是冶金、矿山、电力等企业必不可少的运输方式。

(3)运输设备选择

运输设备的配置形式,可以采用自备、租赁、委托等形式。应优先分析依托社会运输系统的可能性和经济性,尽量减少自备。需要自备运输设备的,应提出所需运输设备清单。

3.运输方案分析程序

(1)估算出运到拟建项目场(厂)址的各种投入物总量和运出工厂产出物的总量,制成一张运量平衡表,同时列出通过各种不同的运输方式,包括铁路、公路、水路、航空、管道,运进运出的物料数量。

(2)分析这些运输方式,按现有运输设施的条件和能力,能否保证及时运输以及可能存在的问题。

(3)估算出项目所需要的运输费用,包括日常运输费用和增加运输能力所需要的投资。

(4)结合运输费用及项目所在地的实际情况,选出经济合理的运输方式。

三、公用辅助工程方案

公用工程与辅助工程是为项目主体工程正常运转服务的配套工程。公用工程主要有给水排水、供电、通讯、供热、通风等工程。辅助工程包括维修、化验、检测、仓储等工程。在可行性研究阶段,公用工程和辅助工程应与主体工程同时进行研究,这样既避免漏项,又不搞"大而全、小而全"。公用工程与辅助工程的设置,应尽可能发挥市场配置资源的基础性作用,依托社会进行广泛的专业化协作。技术改造项目应充分利用企业现有公用辅助设施。

1. 给排水设施

(1)水源选择

水源是供水系统的重要组成部分,水源的安全可靠,直接关系到工厂的生产与发展。水源的选择应根据工厂对水量、水质、水压、水温及安全可靠性要求,结合当地工程地质、文地质、施工技术和水源卫生防护、综合利用等实际情况,经过全面的技术经济比较确定。

(2)给水系统

给水系统由相互联系的一系列构筑物组成。它的任务是从天然水源取水,按照用户对水质的要求进行处理,然后将水输送到给水区,并向用户配水。项目可行性研究中研究的给水主要是确定用水量和水质,研究水源、输水、净水、场(厂)内给水方案等。在计算用水负荷时,应充分注意水的回收利用和重复利用。同时,确定水的重复利用率,编制项目的日用水量表。

(3)排水系统

排水系统主要是确定排水量,研究排水方案,计算生产、生活污水和自然降水的年平均和日最大排水量,分析水质、污染物成分。根据排水量和污染的程度提出排水的去向。对污染严重的应考虑污水处理方案,列出排水的主要设施和设备。

最后,画出水平衡图,列出给水、排水及污水处理厂的主要设备一览表,包括名称、规格、材质、数量、消耗定额。

2. 供电、通信设施

(1)供电设施

项目可行性研究阶段供电工作的主要内容为:

①了解并收集建设项目附近供电电源的详细资料。

②收集和了解建设项目附近电网变电站的电源电压等级的相关资料,以确定可作为项目供电电源的电压等级。

③建设项目距最近的电网变电站的距离,周围的地形及障碍物状况和接线条件等。

④收集当地电价、增容及电贴费等资料。

⑤若建设项目具有一级用电负荷时,需确定电网变电站有无两个独立供电电源及其供电的可靠性。

⑥根据项目的用电装备及其装机容量,计算出项目最大计算负荷和年用电量,提交给项目建设单位供与电力部门签订供电协议,并作为项目成本分析的依据。

⑦根据本项目的供电电源条件、负荷特点及总图布置,确定本项目的内部供电方案作出全厂供电系统图、全厂计算用电负荷表、主要设备选型。

技术改造项目,应根据企业现有电源、规模、用电负荷,提出增加供电方案。项目供电方案经比选确定后,应绘制供电系统图,编制主要供电设施和设备表。

(2)通信设施

依据拟建项目的生产工艺或使用功能的需要,研究项目生产经营所需的各种通信设施,设置全厂通信用户数及通信系统组网、中继方式和中继线以及消防系统自动报警等弱电设施。对通信(弱电)设置方案进行比选。列出主要设备一览表,包括设备名称、型号、规格、数量及来源。对有线通信、无线通信、光缆通信、卫星通信等设施,要做到尽量依托社会,减少不必要的重复建设。

3. 供热设施

项目可行性研究中的供热研究应根据主要工艺过程确定蒸汽压力等级,分项列出生产装置、辅助设施及服务设施的蒸汽用量、压力等级;根据项目的热负荷,选择热源和供热方案。热源的选择,应尽量依托社会供热和项目余热并举。

确需自建供热设施的,应研究热源的建设方案。供热方案的比较与选择,包括上煤设施、软水设施、锅炉房规模、设备选型及台数等;还需比较燃料来源、规格、消耗量及运输、储存方式以及灰渣数量、存放和综合利用措施。

供热方案经比选确定后,应该制全厂蒸汽平衡图,编制主要供热设备表,定员,计算建筑面积、占地面积及公用工程用量。

4. 通风、空调与除尘工程

通风、空调与除尘工程的主要任务是为满足生产工艺需要、保证产品质量、改善劳动条件、提高劳动生产率、节约能源、安全生产和保护环境提供必要条件。该项工程设计方案应根据生产工艺的特点和使用要求、室外气象条件及能源状况等,同有关专业相配合,通过技术经济比较确定,同时应符合国家现行有关标准的规定。

5. 维修设施

维修设施主要指机械设备、电气设备、仪器仪表、工业炉窑、运输设施等的维护和修理。企业设备的修理,一般划分为日常维护、小修、中修、大修。研究项目维修设施的任务(维修所担负的工作量)体制、设置原则及工作制度(说明协作关系、协作单位的能力),检修材料及备品备件供应原则,检修制度,各项维修设施组成规模及主要设备的设置。

对拟建项目的维修设施,应首先立足于依托社会,实行广泛的专业化协作。一般项目只配备日常维护和小修能力,确需自建维修设施的,应提出建设方案。编制主要设备一览表,定员、计算建筑物面积、占地面积及公用工程用量。对技改扩建项目,尽可能地依托原有设施,略有变动。

6. 仓储设施

仓储设施为工厂生产服务,负责储存、保管、验收、分发生产部门和辅助部门的原材料、辅助材料、备品备件、半成品、成品等。在设计中要按照保证生产、加快周转、合理储备、防止损失的原则合理确定仓库面积。仓储面积一般包括室内和露天堆场面积、占地面积。研究仓储设施方案时,尽可能依托社会设施解决。

第四章 人力资源规划及项目实施计划

第一节 劳动安全卫生与消防

劳动安全卫生与消防研究是在已确定的技术方案和工程方案的基础上,分析论证生产过程中存在的对财产和劳动者身心健康可能产生火灾隐患和职业病等的不安全因素,提出相应的防范措施,并对项目(企业)职业安全健康管理体系的建立提出相应建议。

劳动部于1998年以第48号文颁发《关于生产性建设工程项目职业安全卫生监督的暂行规定》,规定中要求贯彻"安全第一,预防为主"方针,有关职业安全与卫生的技术措施与设施,应与主体工程"三同时"(同时设计、同时施工、同时投入生产和使用),以确保生产性建设工程项目投产后符合职业安全卫生的法规和标准,保障劳动者在生产劳动中的安全与健康。

一、劳动安全卫生与消防方案设计的要求

要以相关法规为依据,做好劳动安全卫生与消防方案设计和审查。为了加强安全生产监督管理,防止和减少生产安全事故,保障人民的生命和财产安全,促进经济发展,国家相继出台了一系列相关法规,主要有:中华人民共和国主席令发布的《中华人民共和国安全生产法》、国务院发布的《化学品安全管理条例》、中华人民共和国劳动部发布的《建设项目(工程)劳动安全卫生监察规定》,以及针对消防安全、道路交通安全、铁路交通安全、水上交通安全和民用航空安全的专项法律法规,还有国家经贸委组织制定的《职业安全健康管理体系指导意见》和《职业安全健康管理体系审核规范》。这些法规为项目劳动安全卫生与消防方案设计提供了政策依据。

(1)相关法规要求:"生产经营单位新建、改建、扩建工程项目的安全设施,必须与主体工程同时设计、同时施工、同时投入生产和使用。"安全设施投资应当纳入建设项目核算,因此,在项目的建设方案设计中自然应包括劳动安全卫生与消防方案。

(2)相关法规要求:"矿山建设项目和用于生产、储存危险物品的建设项目,应当分别按照国家有关规定进行安全条件论证和安全评价";"建设项目安全设施的设计人、设计单位应对安全设施设计负责";"矿山建设项目和用于生产、储存危险物品的建设项目的安全设施设应当按照国家有关规定报经有关部门审查,审查部门及其负责审查的人员对审查结果负责";"矿山建设项目和用于生产、储存危险物品的建设项目的施工单位必须按照批准的安全设施施工,并对安全设施的工程质量负责";"矿山建设项目和用于生产、储存危险物品的建设项目竣工投入生产或使用前,必须依照有关法律、行政法规的规定对安全设施进行验收;验收合格后,方可投入生产和使用。验收部门对验收结果负责。"按照有关规定,劳动保障部门还要对劳动安全卫生单独进行审查。因此,项目的劳动安全卫生与消防方案设计和审查应尽职尽责,并符合程序要求。

(3)国家经贸委组织制定了《职业安全健康管理体系指导意见》和《职业安全健康管理体系审核规范》,旨在鼓励企业建立职业安全健康管理体系。这是健全企业自我约束机制,

标本兼治,综合治理,把安全生产工作纳入法制化、规范化轨道的重要措施,也是建立现代企业制度,贯彻"安全第一、预防为主"方针,提高企业竞争力的重要内容。在项目劳动安全卫生与消防方案设计和审查中应深刻领会精神,对项目(企业)职业安全健康管理体系的建立提出合理可行的措施和建议。

二、劳动安全卫生与消防方案设计的内容

1. 明确劳动安全卫生与消防方案设计的依据和执行的相关标准

劳动安全卫生与消防方案的设计首先应明确设计依据和执行的相关标准。设计依据主要是上述有关法规。执行的相关标准可随行业不同而有所不同,例如,《石油化工企业职业安全卫生设计规范》《石油化工企业设计防火规范》《生产设备安全卫生设计总则》等。

2. 分析危险因素及其危害程度

分析在生产或者作业过程中可能对劳动者身体健康和生产安全产生危害的物品、部位及场所以及危害范围和程度。

(1)有毒、有害物品的危害。分析生产和使用带有危害性的原料、材料和产品,包括易燃、易爆、有毒气体类,易燃液体类,易燃固体类,氧化剂和过氧化物类,毒害品类,辐射物质类,以及工业粉尘类等。分析有毒、有害物品的物理化学性质,引起火灾、爆炸危险的条件,对人体健康的危害程度以及造成职业性疾病的可能性。

(2)危险性作业的危害。分析高空、高温、高压作业,井下作业,辐射、振动、噪声等危害性作业场所可能造成对人身的危害。

(3)生产过程中危害因素较大的设备种类、型号、数量、分布点及危害程度分析。

(4)可能受到职业危害的人数及危害程度分析,要求危害分析到人,并且要量化,以评价可接受程度。

3. 安全卫生措施

针对不同的危害和危险性因素的场所、范围以及危害程度,研究提出相应的安全措施,主要有以下几条。

(1)在工艺技术方案选择时,尽可能选用安全生产和无危害的生产工艺和设备。

(2)对危险部位和危险作业应提出防护措施,以及安全检测设施。

(3)对危险场所,按规范要求提出合理的布置方案和设置安全间距。

(4)对易产生职业病的场所应提出防护和卫生保健措施。

(5)生产过程中设置自动报警、紧急事故处理等安全设施。

(6)对高温、噪声、震动等工作环境,采用保护性防护措施。

(7)生产过程中尽量采用自动化作业,减少体力劳动,保护职工健康。

4. 设置劳动安全卫生机构

为确保企业的劳动安全与职业卫生,必须设置专门职能部门及专人负责。

(1)职能部门的设置及人员配备。

(2)保健制度。

(3)日常监督检查制度。

5. 消防设施研究

消防设施研究,主要是分析项目在生产运营过程中可能存在的火灾隐患和重点消防部位,根据消防安全规范确定消防等级,并结合当地公安消防设施的情况,提出相应的消防监

控报警系统和消防设置方案。

（1）火灾隐患分析

分析拟建项目生产过程中所使用的原料、中间产品、成品的火灾危险性，包括储存物品的火灾危险性；生产过程中易燃、易爆产生的部位及火灾危险性；运输过程中的火灾危险性等。

（2）调查项目场（厂）址周围消防设施状况

调查场（厂）址周边公安消防机构的规模、装备，所在地公安消防队与场（厂）址的距离等，确定项目对公安消防机构的依托程度。一般拟建项目的场（厂）址距公安消防机构不宜超过 1.5 km。

（3）消防措施和设施

根据项目生产运营过程中存在的火灾隐患的部位、火灾危险性类别、影响范围，确定应采用的消防等级，结合项目场（厂）址周围消防设施现状，提出消防监控报警系统、消防设施配置和消防设计方案。

①火灾报警系统

对拟建项目设置火灾报警系统，当发现火灾异常现象时自动报警系统启动，警告人们火源的位置。使用火灾监测仪能实现火灾的早期发现，早报警、早灭火，减少火灾损失。根据拟建项目的建筑物、构筑物的特点及监控范围大小合理布置监测点，便于及时监测险情。

②灭火系统

一切灭火措施，都是为了破坏已产生的燃烧条件，根据物质燃烧原理，灭火的基本方法有四种：隔离灭火法、窒息灭火法、冷却灭火法、抑制灭火法（化学灭火法）。

拟建项目应该根据火灾隐患的性质，提出相应的灭火措施，并在项目建设过程中将灭火系统落到实处。

③消防水源的建立

对拟建项目的给水系统设计时，要考虑到消防用水量及水压，根据装置大小、高度及灭火能力，选择合适的消防水池，保证 30 min 用水量。

第二节　项目组织机构设置

高效、精简的项目运作组织和合理的人员配备，特别是关键岗位人员的素质是保证项目成功实施和运作的重要条件。可行性研究人员要根据生产技术特点、设备管理、生产组织和产品市场销售规划，设计出合理的组织机构，并建立相关的管理制度。组织机构设置主要取决于项目规模、类型以及发展策略、政策，以及项目建设期和经营期的需要和条件。此外，还应考虑以下因素：项目和企业的组织机构应以最佳协调和控制全部项目的投入物为目的，保证项目的顺利运作；组织机构的设置构成项目投资和生产成本的一部分，应明确相关费用和成本；组织机构应该是动态的，根据项目的发展而能够不断调整。

项目组织机构的总体规划设计应在可行性研究阶段进行，并针对项目周期内不同阶段，如项目执行阶段、生产运营阶段，分别设计项目的组织机构，以便对项目所需的所有资源统一规划、协调，从而实现对项目实施过程的控制；同时，有效地组织设计，将成本与部门挂钩，实现成本控制，优化投资活动。

一、组织机构的设计

1. 组织的含义

组织是人类社会最常见、最普遍的现象,如企业、学校、医院、各级政府部门、各个党派、团体等。组织是管理的一项重要职能,是为了达到某些特定目标经由分工与合作及不同层次的权利和责任制度而构成的人的集合,其包括以下三层含义。

(1)组织必须具有目标。因为任何组织都是为了目标而存在的,目标是组织存在的前提。

(2)没有分工与合作也就不能称为组织。分工与合作的关系是由组织目标限定的。

(3)组织要有不同层次的权利与责任制度。权责关系的统一,使组织内部形成反映组织自身内部有机联系的不同管理层次。这种联系是在分工协作基础上形成的,是实现合理分工协作的保障,也是实现企业目标的保障。

2. 组织机构的建立

组织机构是组织正常运营和提高经济效益的支撑和主体。建立合理高效的组织机构是十分必要的。组织机构的建立包括以下几部分。

(1)任务目标及工作描述。组织中的每个成员均有明确的任务目标及相应的责任。

(2)报告系统。包括组织内部各种正式的报告联系制度、所需管理层级数、各层的管理控制跨度等。

(3)任务活动的划分。包括根据各工作单位所从事的任务活动,进行从基本单位到整个组织所需人员的划分。

(4)各类信息的沟通交流和参与式决策系统的建立。这是保障组织内部信息传递畅通、增强职工的参与意识、使全体人员齐心协力为组织目标奋斗的关键。

(5)控制系统。建立恰当的授权机制,尽量使一些有关的活动在上级监督的基础上由下级完成。

(6)奖励机制。定期对员工的工作表现进行评价,并实施奖励惩罚措施,保证激励制度的公正性,以激励员工的工作热情。

以上的六个部分,任何一项设计出现问题,都将对组织的整体产生严重影响,如员工的工作热情及精神面貌受到压制,各类决策的速度及质量受到影响,可能导致各部门之间的工作缺乏协调,产生冲突,或者缺乏对组织工作内容的创新和外部环境的应变能力等。

3. 影响组织机构设计的因素

(1)经营的规模。经营规模的大小是影响组织机构中管理跨度和层次结构的重要因素。规模越大,其内部工作的专业化程度就应越高,标准化操作程序就越容易建立,这样管理者用于处理日常事务的时间就越少,因而管理跨度就可以大一些。但是,规模大的企业,经营范围宽,业务量大,有些管理职能就可能需要独立出来,这就会增加机构,增加层次。而且规模太大,受管理者能力的限制,分权的程度就会高,有可能要建立分权式的组织机构。

(2)组织的战略。在组织机构与战略的关系上,一方面战略的制定必须考虑组织机构的实现;另一方面,一旦战略形成,组织机构应做出相应的调整。适应战略要求的组织机构能够为战略的实施和组织目标的实现提供必要的保障。

(3)技术复杂程度。技术复杂程度是影响组织内部协调关系的重要因素。一般来说,技术越复杂,部门或个人之间的交往越多,信息传输量越大,传输频次增大,因而相互之间的协调关系变得复杂。为了有效地协调,可以增加协调机构或者调整组织机构。

4.组织机构设计的步骤

在明确组织设计的原则和组织机构设计的影响因素之后,组织机构的设计通过以下六个步骤来实现。

(1)对组织的目标进行分解。组织目标的分解就是将组织所确定的目标分解到各工作部门,确定各部门工作任务。当整个组织目标分解后,各部门的目标、职能、责任也随之确定。各部门的目标要与整个组织的目标紧密相关,以便建立恰当的组织机构形式。

(2)明确各职能部门从事工作任务的性质。组织是由不同的部门组成的,每个部门有各自的工作任务、业务活动。一般来讲,所有部门按其工作活动的性质分成两种类型:任务型和支持型。任务型活动是指与实际生产直接相关的基本活动。其特点是最终的活动是特定的,可以用明确的产品形式来表述,包括研制开发、制造、市场开拓营销、融资等活动。支持型活动是指非直接从事与生产有关的,但对直接生产起到支持作用的活动,包括人事管理、计划制订、各种管理服务、质量控制、维修等。这两种活动对组织目标的实现通过不同的方式起作用,应严格区分,职能的混淆会导致组织设计中关系的不顺。

(3)建立部门之间的必要联系。在一个组织中,必须将不同的工作划分到具体部门,并建立部门之间的工作关系。应遵循的原则是,按照工作的相关性,本着有利于信息交流畅通、包括人员在内的一切资源的经济利用、控制简便的原则,建立一种逻辑关系,以达到最大程度的信息沟通、共享,避免无效的重复活动。工作的划分可按职能、产品、项目的地点或矩阵组合的方式进行。

(4)框架设计。框架设计是指如何设计管理的层级和各级的管理跨度。一般采用组织结构图的方式来表述各项工作的划分、活动的组织、管理层次的设置、部门之间的相互联系等。

(5)分析工作岗位,进行工作具体描述。组织结构图设计完成后,结合所需设置的部门,对关键岗位应赋予权利、责任和义务,并以书面的形式确定到人。岗位的描述要反映所处管理层次的特点,做到对不同部门的不同岗位的责、权、利设计合理。工作人员的安排应考虑基本技术技能、人际关系和宏观决策能力等素质要求。一般而言,较低管理层次岗位要求的人员须具备较强的基本技术技能;中层管理岗位要求人员的人际关系要强;高层管理人员要求具备较高的协调能力,对组织发展具有战略观点。

(6)制订职员招聘、员工培训计划。组织机构设计的同时,应着手设计对员工招聘、培训的计划,其目的主要是为设计的岗位选择合适的人选。招聘计划应根据所聘岗位的工作描述,对人才的来源、所需人才的具体要求(如学历、经验、需掌握的技能等)进行分析后,提出足够的候选人员名单。工作描述包括必须技能和必要技能,并据此进行对候选人的筛选、面试。

二、常见的组织机构类型

现实中的组织是多种多样的,每一个具体的组织都与其他组织不同,没有一种统一的、适用于任何条件的组织形式。但是,通过对各种各样的组织形式进行研究,可以发现实际上存在着几种基本的组织机构类型,它们是直线型组织机构、职能型组织机构、直线职能型组织机构、事业部型组织机构和矩阵型组织机构。

1. 直线型组织机构

直线型组织结构是最早、最简单的一种组织结构形式,它的特点是:组织中各种职务按垂直系统直线排列,各级主管人员对所属下级拥有直接的职权,组织中每一个人只能向一个直接上级报告,即"一个人,一个头儿"。这种组织形式的优点是结构比较简单,权力集中,责任分明,命令统一,联系简捷。其缺点是管理职能过于集中,在组织规模较大的情况下,往往由于个人的知识及能力有限而感到难以应付、顾此失彼。此外,每个部门基本关心的是本部门的工作,因而部门间的协调性比较差。一般来说,这种组织机构只适用于那些没有必要按职能实行专业化管理的小型组织或者现场的作业管理组织。直线型组织机构形式如图4-1所示。

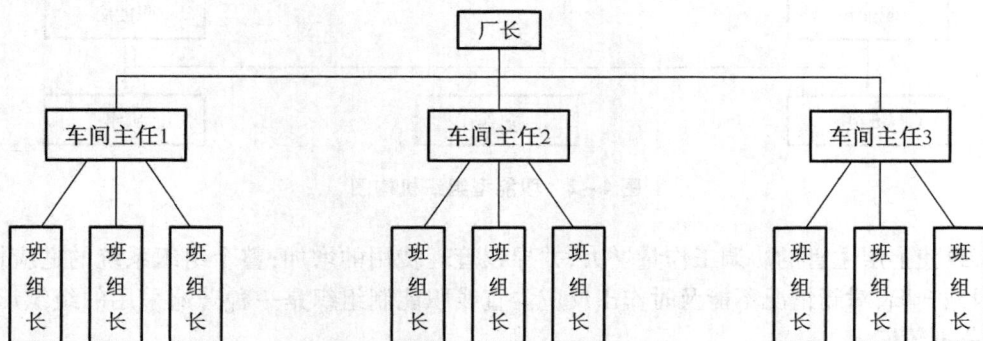

图4-1 直线型组织机构图

2. 职能型组织机构

职能型组织机构是通过对管理职能进行分类,根据不同的管理职能来设立一些相应的部门,共同承担管理工作的组织结构形式。职能型组织机构的优点是能够适应现代组织技术比较复杂和管理分工较细的特点。能够发挥职能机构的专业管理作用,减轻上层主管人员的负担。但其缺点也比较明显,即这种结构形式妨碍了组织必要的集中领导和统一指挥,形成了多头领导;各部门容易过分强调本部门的重要性而忽视与其他部门的配合、忽视组织的整体目标;不利于明确划分执行人员和职能科室的职责权限,容易造成管理的混乱;加大了对最高主管监督协调整个组织的要求。这种结构形式比较适用于任务较复杂的社会管理组织和生产技术复杂、各项管理需要具有专门知识的企业管理组织。职能型组织结构形式如图4-2所示。

3. 直线职能型组织机构

直线职能型组织机构是对职能型结构的改进,是以直线型组织为基础,在各级直线主管之下,设置相应的职能部门,即设置了两套系统:一套是按命令统一原则组织的指挥系统;另一套是按专业化原则组织的管理职能系统。其特点是:直线部门和人员在自己的职责范围内有决策权,对其所属下级的工作进行指挥和命令并负全部责任。职能部门的人员仅是直线主管的参谋,只对下级机构提供建议和业务指导,没有指挥和命令的权力。直线职能型组织结构综合了直线型和职能型组织机构的优点,既保证了集中统一指挥,又能发挥各种专家业务管理的作用。其权力高度集中、职责清楚、秩序井然、工作效率较高,整个组织有较高的稳定性。缺点是:下级部门的主动性和积极性的发挥受到限制;部门之间互通情报少,不能集思广益地作出决策,当职能部门和直线部门之间目标不一致时,容易产生

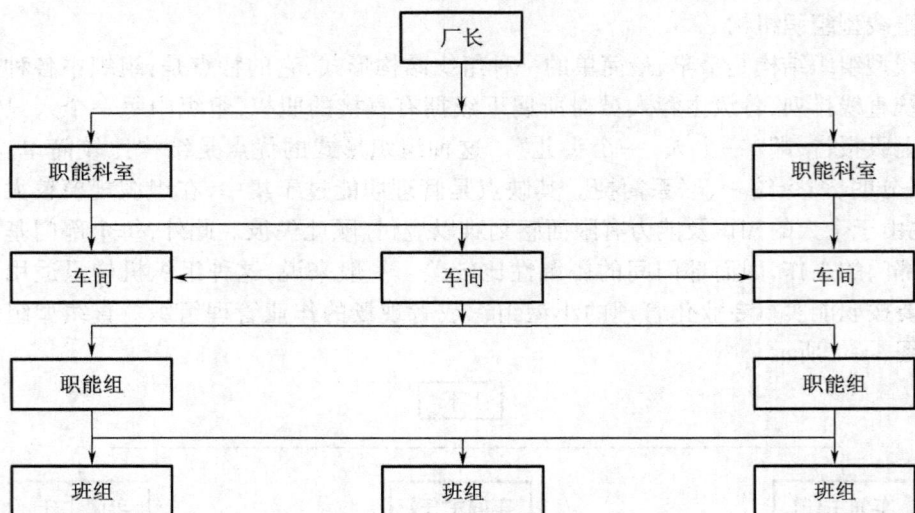

图 4-2 职能型组织机构图

矛盾,致使上层主管的协调工作量增大,并导致管理费用的增加;整个组织系统的适应性较差,因循守旧,对新情况不能及时作出反应。直线职能制组织是一种普遍采用的组织形式,适用范围较广。

4. 事业部型组织机构

这种类型结构的特点是,组织按地区或所经营的各种产品和事业来划分部门,各事业部独立核算,自负盈亏,适应性和稳定性强,有利于组织的最高管理者摆脱日常事务而专心致力于组织的战略决策和长期规划,有利于调动各事业部的积极性和主动性,并且有利于公司对各事业部的绩效进行考评。这种组织结构形式的主要缺陷是,资源重复配置,管理费用较高,且事业部之间协作较差。这种组织形式主要适用于产品多样化和从事多元化经营的组织,也适用于面临市场环境复杂多变或所处地理位置分散的大型企业和巨型企业。

5. 矩阵型组织机构

矩阵型组织结构是一种较新的组织结构形式,它既保留了职能型组织结构的形式,又成立了按项目划分的横向领导系统。把按职能划分的部门和按项目划分的部门结合起来,组成一个矩阵。矩阵型组织结构的优点是:使企业的横向与纵向关系相结合,有利于协作生产;针对特定的任务进行人员配置有利于发挥个体优势,提高项目完成的质量,提高劳动生产率;各部门人员的不定期的组合有利于信息交流,形成良好的互相学习的机会,提高专业管理水平。矩阵型组织结构的缺点是:由于项目组是临时性的组织,容易使人员产生短期行为;小组成员的双重领导问题会造成工作中的矛盾。矩阵型组织结构的特点决定了这种形式适用于临时性任务和一些需要集中各方面专业人员参加项目的企业。

第三节　人力资源配置分析

在组织机构设置方案确定之后,应研究确定项目各类人员,包括生产人员、管理人员和其他人员的数量和配置方案,以满足项目建设和生产运营的需要,并为计算职工工资及福利费、劳动生产率等提供依据。

项目的人力资源配置是确保项目成功实施的重要因素之一。可行性研究阶段要提出项目对各种技术、管理人员的需求,包括不同层次的管理监督人员、工程技术人员、熟练和非熟练工人等。在配置人员时,必须充分考虑拟建项目所在国和所在地的劳动立法、劳动条件、定额、薪金、保险、职业安全、卫生保健和社会安全等方面的要求,可行性研究应对项目不同阶段的人员配置编制定员表,对人力资源的来源进行分析,制订招聘计划和外聘专家人数,并确定人员培训计划,进行人力成本估算。

一、人力资源配置的依据和内容

1. 人力资源配置的依据

(1)国家、部门、地方有关的劳动政策、法律和规章制度。

(2)项目的建设规模与设备配备数量。

(3)项目生产工艺及运营的复杂程度与自动化水平。

(4)人员素质与劳动生产率要求。

(5)组织机构设置与生产管理制度。

(6)国内外同类项目的情况。

2. 人力资源配置的内容

(1)研究制定合理的工作制度与运转班次,根据行业类型和生产过程特点,提出工作时间、工作制度和工作班次方案。

(2)研究员工配置数量,根据精简、高效的原则和劳动定额,提出配备各职能部门、各工作岗位所需人员的数量。技术改造项目,应根据改造后技术水平和自动化水平提高的情况优化人员配置,所需人员首先由企业内部调剂解决。

(3)研究确定各类人员应具备的劳动技能和文化素质。

(4)研究测算劳动生产率。

(5)研究测算职工工资和福利费用。

(6)研究提出员工选聘方案,特别是高层次管理人员和技术人员的来源和选聘方案。

二、人力资源的配置方法

不同行业、不同岗位,人力资源的配置方法不同,主要有以下方法。

1. 劳动效率定编法

劳动效率定编法是指根据生产任务和员工的劳动效率以及出勤等因素来计算岗位人数的方法,实际上就是根据工作量和劳动定额来计算员工数量的方法。因此,凡是实行劳动定额的岗位,特别是以手工操作为主的岗位,都适用这种方法。其计算公式如下:

$$定编人数 = 计划期生产任务总量/(员工劳动定额 \times 出勤率) \quad (4-1)$$

[例4-1] 某企业每人每年需生产某零件4 651 200 只,每个车工每天的产量定额为16 只,年平均出勤率为95%,求车工定编人数,计算如下:

$$定编人数 = 4\ 651\ 200/[16 \times (365 - 2 \times 52 - 10) \times 0.95)] = 1\ 219 人$$

由于劳动定额的基本形式有产量定额和时间定额两种。上例是产量定额,如果采用时间定额,其计算公式如下:

$$定编人数 = 生产任务 \times 时间定额/(工作时间 \times 出勤率)$$

[例4-2] 续上例,如单位产品的时间定额为0.5 h,每天工作8 h,则可计算如下:

定编人数 $=4\,651\,200\times0.5/[\,(365-2\times52-10)\times8\times0.95\,]=1\,219$ 人

2. 业务数据分析法

业务数据包括销售收入、利润、市场占有率、人力成本等。根据企业的历史数据(业务数据/人)及企业发展目标,确定企业短期、中期、长期的员工编制;或者根据企业的历史数据,将员工数与业务数据进行回归分析,得到回归分析方程,结合企业短期、中期、长期业务发展目标数据,确定人员编制。

3. 行业比例法

行业比例法是指按照企业职工总数或某一类人员总数的比例来确定岗位人数的方法。在本行业中,由于专业化分工和协作的要求,某一类人员与另一类人员之间总是存在一定的比例关系,并且随着后者的变化而变化。该方法比较适合各种辅助和支持性岗位定员,如人力资源管理类人员与业务人员之间的比例在服务业一般为1:100。其计算公式为

$$M = TR \tag{4-2}$$

式中　M——某类人员总数;

　　　T——服务对象人员总数;

　　　R——定员比例。

4. 按组织机构、职责范围和业务分工定编的方法

这种方法一般是先确定组织机构和各职能科室,明确各项业务分工及职责范围以后,根据业务工作量的大小和复杂程度,结合管理人员和工程技术人员的工作能力和技术水平确定岗位人数的方法。事实上,不同企业对于管理人员的定编,都没有一个定数,都是根据自己企业当时的实际情况确定出来的。

5. 预算控制法

预算控制法是西方企业流行的定编方法,如图4-3所示。它通过人工成本预算控制在岗人数,而不是对某一部门内的某一岗位的具体人数作硬性的规定。部门负责人对本部门的业务目标和岗位设置和员工人数负责。在获得批准的预算范围内,自行决定各岗位的具体人数。由于企业的资源总是有限的,并且是与产出密切相关的,因此预算控制对企业各部门人数的扩展有着严格的约束。

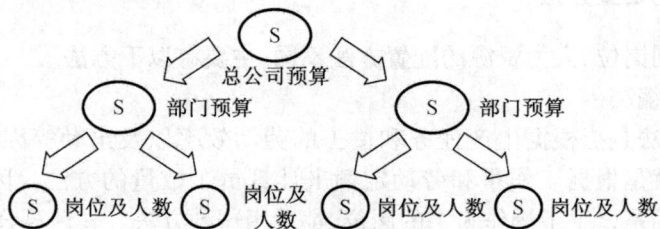

图4-3　预算控制法图示

6. 业务流程分析法

(1)根据岗位工作量,确定各个岗位单个员工单位时间工作量,如单位时间产量、单位时间处理业务量等。

(2)根据业务流程衔接,结合上一步骤的分析结果,确定各岗位编制人员比例。

(3)根据企业总的业务目标,确定单位时间工作流量的大小,从而确定各岗位人员编制。例如,每5个客户主管必须配备1个客户经理进行指导、监督、协调和管理。

在各种方法中,按效率定编定员是基本的办法。在实践工作中,通常是将各种办法结合起来,参照行业最佳案例来制定本企业的岗位人数。

由于各企业的情况差别和情况的不断变化,很难会有一个所谓"绝对正确、完全适用和一成不变"的编制,它主要还是服从于企业的总体目标要求,在不断的变化中调整,是个动态的过程。

人力资源配置的硬约束是成本投入,因为企业的投入在一定时期内总是有限的。在投入有限的情况下,岗位和人数的有限性是不言而喻的。人力资源配置要做的是,在一定时期内,如何运用有限的资本投入获得最佳的岗位和人数的组合。

三、员工培训计划

可行性研究阶段应研究提出项目的员工培训计划,包括培训岗位、人数,培训内容、目标、方法、地点(厂内外,国内外)和培训费用等。为保证项目建成后顺利投入生产运营,应重点培训生产线关键岗位的操作运行人员和管理人员。

对人员的培训时间,应与项目建设各阶段(建筑施工、设备安装、试车投产以及生产运营等)的工作进度相衔接,以保证项目顺利投产。如设备操作人员,应在设备安装调试前完成培训工作,以便这些人员能够参加设备安装调试过程,熟悉他们将操作的设备的性能,掌握处理设备事故的技能等。

在传统培训中,培训的方式以教师讲授为主,受训人在大部分时间里被动地接受知识。这种培训方式有其优点,如受众面广等,但缺点也是显而易见的。由于培训的对象大多是成年人,他们的记忆力、听课的自觉性都与学生有很大的不同。

第四节 建设工期及进度安排

项目工程建设方案确定后,应研究提出项目实施所需的工期,安排建设过程中各阶段的工作进度,以便合理分配使用资金,尽快形成生产能力,发挥投资效益。

一、建设工期

1. 研究确定项目进度计划的起点和终点

可行性研究的项目进度计划应包括前期准备阶段和实施阶段,以当时所处的前期阶段为起点,以建成投产为终点。例如,某项目处于项目建议书阶段,就以项目建议书的批准为起点,将可行性研究报告的编制一直到建成投产都纳入项目进度计划中。

2. 研究确定项目建设工期

建设工期是项目进度计划中的主要部分,包括拟建项目永久性工程开工之日到项目全面建成投产或交付使用所需的全部时间。建设工期所指的范围是工程进度,主要包括现场准备和土建施工、设备采购与安装、生产准备、设备调试、联合试车运转、竣工验收、交付使用等阶段。

项目建设工期可参考有关部门或专门机构制定的建设项目工期定额和单位工程工期定额(例如一般土建工程定额、设备安装工期定额、井巷掘进工程工期定额、隧道开凿工程工期定额等),结合项目建设内容、工程量大小、建设难易程度,以及施工条件等具体情况综合研究确定。

对于分期建设、分期投产的项目应专门予以说明。

3. 编制项目进度计划表

项目建设工期确定后,应根据项目前期和工程实施各阶段工作量和所需时间,对时序做出大体的安排,使各阶段工作相互衔接。因此应编制项目进度计划表,其内容可随项目改变,格式见表 4-1 所示。

表 4-1　项目进度计划表

序号	工作阶段	第1年				第2年				第3年			
		1	2	3	4	1	2	3	4	1	2	3	4
1	项目建议书批准	◆											
2	可行性研究报告编制												
3	专利技术选择与谈判												
4	设计和采购(含招标)												
5	现场准备与土建施工												
6	设备安装												
7	设备调试												
8	联合试车运转												
9	交付使用												◆

注:表中 1,2,3,4 表示季度,必要时也可按月份编制。

对于大型建设项,应根据项目总工期要求,制订主体工程和主要辅助工程的建设起止时间及时序表。

二、网络技术与项目进度计划的编制

1. 施工进度计划的概念

施工进度计划是施工组织设计的核心,表示各项工程的施工顺序和开竣工时间以及相互衔接关系,以便均衡地按照规定期限好、快、省、安全地完成施工任务的计划。它带动和联系着施工中的其他工作,使其他工作都围绕着它的要求加以安排,从而把整个施工组织起来,成为一个整体。如果进度计划设计得不好,就必然导致人力和物力的运用不均衡,甚至会影响工程质量和生产安全,或者延误工期、增加非生产性的开支。

施工进度计划的种类是与施工组织设计相适应的。在相应的施工组织设计中分别包含着施工总进度计划、单位工程施工进度计划,以及重要分部分项工程的施工进度计划。在大型的建设工程中,常常还单独编制准备工程的施工进度计划。

施工进度计划应在施工方案的基础上按阶段进行编制。一般总是先编制整个工程的控制性总进度计划,然后再编制单位工程的进度计划。编制单位工程进度计划时,应以总进度计划为依据,不得超过原定竣工期限;但在编制施工总进度计划时,必须考虑到各单位工程在规定工期内完成任务的实际可能性。分部分项工程的施工进度计划则只要能保证整个单位工程按期竣工,其开竣工时间与工期是可以与原单位工程规定的工期有出入的。

对进度计划的基本要求是:①保证工程在合同规定的期限内完成;②迅速发挥投资效

果;③施工的均衡性与连续性;④节约施工费用,降低生产成本。

2.利用网络计划技术编制施工进度计划

施工进度计划过去都是采用横道计划法编制的,但自网络计划技术出现以后,由于它能为施工管理和改进计划本身提供各种有用的信息,显示出了它的优越性。所以,从 20 世纪 60 年代开始,世界各国都在推广和应用这种方法。在我们承包的国外或外资工程中也要求承包建筑单位编制网络计划。运用网络计划编制施工进度计划,不仅大有好处,而且势在必行。

采用网络计划技术编制施工进度计划,涉及编制的程序、各种技巧以及调整与优化的方法等问题。

编制程序包括:划分工序,确定工序的作业时间,绘制网络图和编成计划初始方案,计算网络计划时间并确定关键线路,工期的审查与调整,编制可行的网络计划并计算技术经济指标和计划的优化。编制程序可以用框图简明地表示出来(见图 4 - 4)。

目前重要工程的施工进度计划已在应用网络计划技术进行编制。双代号时标网络计划是比较通用的计划表达形式,时间上直观,而且可以按给定的时间单位将各工序所用的相同资源(人力、设备、材料等)一一累加后,得到每单位时间内各种资源的需要量,并可绘制出资源动态曲线。

网络计划技术的使用有利于实现资源优化,可以采取适当的优化方法使资源消耗尽可能均衡,又不延长原计划的工期。网络计划技术的使用又有利于实现时间成本的优化,找到工程的最低成本及与之相适应的最佳工期。如果在项目前期阶段的可行性研究中得以开发运用网络计划技术来编制项目进度计划表,将会大大有利于项目前期阶段与实施阶段的控制和管理。

3.利用网络计划法编制进度计划的组织方法

组织编制网络进度计划的方法,一般不外乎三种:协商编制法、专家编制法和结合编制法。

(1)协商编制法

协商编制法是在编制时邀集有关单位和部门共同协商确定。对于总进度计划,任何时候都应该与建设单位、设计单位共同编制。作为施工单位,必须掌握物资供应、设备到货、图纸交付的情况,需要了解建设和设计方面的要求,施工方面情况和困难也应使其他方面有所了解。只有从实际的条件出发,共同研究协商,才有可能使制订出来的计划比较切合实际。一般单位工程的进度计划需有有关的分包专业施工单位共同协商,较重大的工程也应有建设和设计单位参加,协调各方面的行动,彼此提供条件,才能使施工得以顺利进行。如果总包不能照顾分包的需要,不能协同,施工计划很少有可能实现的。除了与外单位的协调配合外,本单位内部职能部门同样也必须协调配合,互创条件,从各方面保证计划的需要,这样计划才能是现实的、可行的。所以在制订计划时,必须与外面的有关单位协商,也必须在内部的有关职能部门(生产、计划、技术、供应、劳资、财务等)之间取得一致的意见。在方式上可以采取会议的形式,交流情况提出要求,共同解决某些重要的涉及相互关系的问题,然后由专业人员在这个基础上制订出具体的计划。这种组织方式的好处是能集思广益,照顾到各个方面的情况,但易出现流于形式或议而不决的情况。

准备

初编

编制

调整

优化

```
                    ┌─────────────┐
                    ┊  施工方案   ┊
                    └──────┬──────┘
                           ↓
                    ┌─────────────┐
                    │  划分工序   │
                    └──────┬──────┘
                           ↓
                    ┌─────────────┐
                    │ 确定作业时间 │
                    └──────┬──────┘
                           ↓
              ┌──────────────────────────┐
              │ 绘制网络图、编制计划初始方案 │
              └─────────────┬────────────┘
                            ↓
                  ┌───────────────────┐
                  │  计算网络计划时间   │
                  └─────────┬─────────┘
                            ↓
        否   ◇────────────────────────────◇
       ┌─────    工期是否符合要求?        
       │     ◇────────────────────────────◇
       ↓                    │是
  ┌─────────┐               ↓
  │ 工期调整 │     ◇────────────────────────◇     否
  └─────────┘     资源是否符合要求?          ────────┐
                  ◇────────────────────────◇         │
                           │是                        ↓
                           │←──────────────┌──────────────┐
                           ↓               │  资源的调整   │
              ┌──────────────────────────┐ └──────────────┘
              │ 编制可行的施工进度网络计划,│
              │    计算技术经济指标        │
              └─────────────┬────────────┘
                            ↓
                    ┌─────────────┐
                    │  计划的优化  │
                    └─────────────┘
```

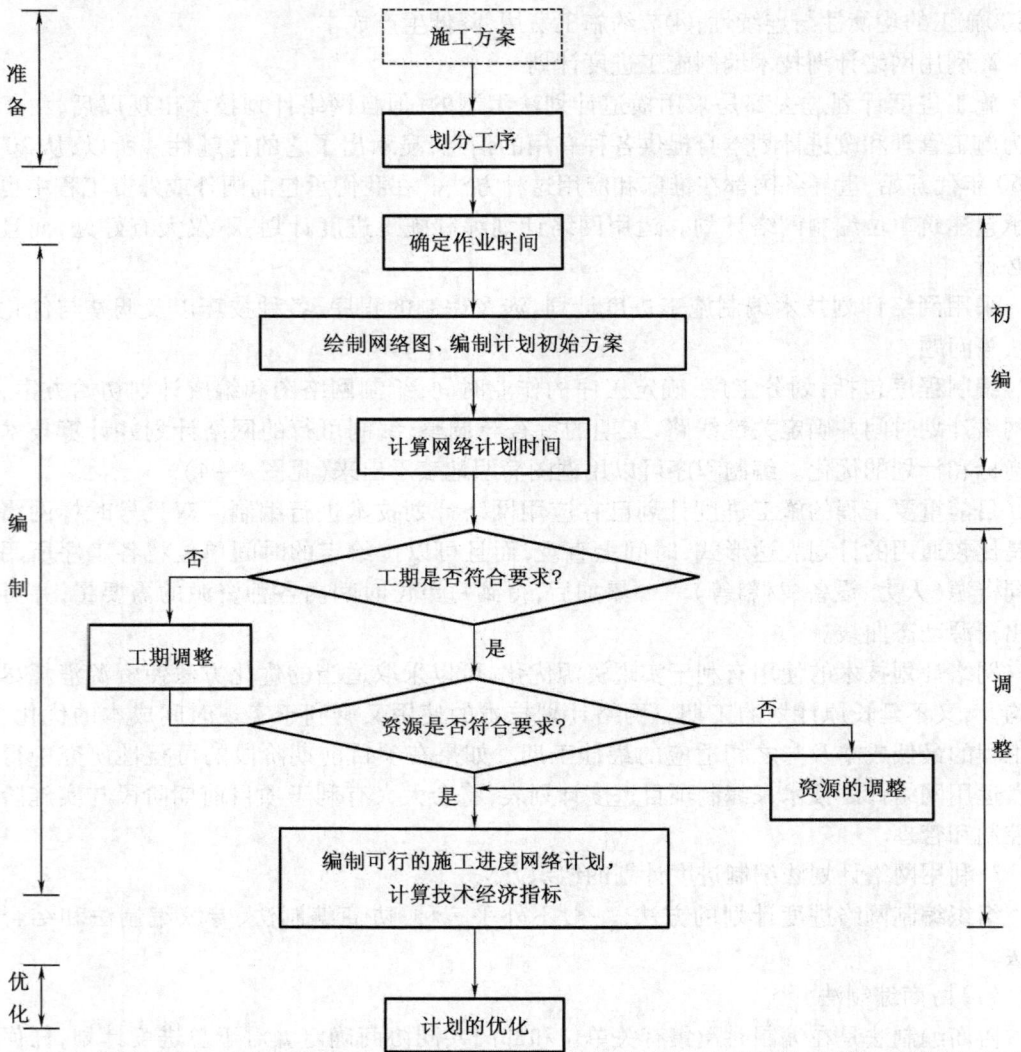

图 4 – 4　网络计划法编制施工进度计划的程序图

（2）专家编制法

专家编制法是由专业人员根据掌握的情况和资料进行编制。这种办法的好处是程序简单,花费的时间少;缺点是不可能充分考虑有关协作单位的条件,有脱离实际的危险。

（3）结合编制法

考虑以上两种方法的优缺点,最好把两者结合起来,这就是结合编制法。先由专业人员提出初始方案,然后邀集有关方面开会,介绍方案的情况和意图、对各方面的要求、目前存在的问题,围绕着已有的方案进行讨论和协商。这样问题集中、重点突出,方案经过讨论决定之后,各方就应承担义务,保证共同商定的计划按步骤执行,使计划的实现具有可靠的基础。

由于建筑施工具有多变和极易受到外界影响的特点,所以在制订进度计划时就要特别注意留有余地,以适应这种特点。所谓留有余地,在编制网络计划时,一般可以从三个方面考虑:①在考虑工人的工作面时要适当地留有余地,即要留有一定的工作面以便一旦受到影响而延误了工期时可以增加人力以赶上计划的进度；②在计算作业时间时要适当地留有余地，即要考虑工人的实际工作效率和可能发生的不利情况，不可将计划订得过紧，以免打乱整个计划；③不可使网络中存在的关键线路过多，不要以为关键线路越多计划就编得越好，这在建筑施工中是完全不现实的。一般是关键线路越少，则网络计划的活动余地也就越大，在发生问题时可以有更多机会利用机动时间来进行调节，以保证计划的实现。

第五章 投资估算及融资计划

第一节 投资估算概述

投资估算是在对项目的建设规模、技术方案、设备方案、工程方案及项目实施进度等进行研究并基本确定的基础上,估算项目投入总资金(包括建设投资和流动资金)并测算建设期内分年资金需要量的过程。投资估算是工程项目建设前期的重要环节,也是制订融资方案、进行经济评价以及编制初步设计概算的主要依据之一。因此,完整、准确、全面地投资估算是项目可行性研究阶段的重要工作。

一、投资估算的依据与作用

1. 建设投资估算的依据

建设投资估算应做到方法科学、依据充分。主要依据包括以下几个方面。

(1)专门机构发布的建设工程造价费用构成、估算指标、计算方法,以及其他有关计算工程造价的文件。

(2)专门机构发布的工程建设其他费用计算办法和费用标准,以及政府部门发布的物价指数。

(3)拟建项目各单项工程的建设内容及工程量。

2. 建设投资估算的作用

投资估算具有以下几方面的作用。

(1)满足规划阶段和项目建议书的需要。无论是在项目规划阶段,还是在项目建议书阶段,对项目投资额进行估算是很重要的一项工作。投资估算和资金筹措方案设想是项目建议书的一项必不可少的内容。

(2)满足可行性研究的需要。投资估算是项目可行性研究的关键内容之一,它的准确与否以及是否符合工程的实际,决定着能否正确评价项目的可行性。

(3)满足工程设计招投标及城市建筑方案设计竞选的需要。在工程设计的投标书中,除了包括方案设计的图文说明以外,还应包括工程的投资估算。在城市建筑方案设计竞选过程中,设计单位编制的设计文件应包括投资估算。因此,合理的投资估算是满足工程招标及城市建筑方案设计竞选的需要。

(4)满足限额设计的需要。建设项目的投资估算一经批准确定后,即成为工程限额设计的目标,作为工程设计的控制标准。

二、投资估算的阶段与要求

建设项目投资决策分为规划、项目建议书、可行性研究三个阶段,投资估算也分为三个阶段。在不同的阶段,由于掌握的资料不同,投资估算的准确程度是不同的。随着项目条件的逐步细化,投资估算会不断地深入、准确,从而对项目投资起到有效的控制作用。投资估算的阶段划分及允许的误差率如表 5-1 所示。

表 5 – 1　投资估算的阶段划分与误差要求

投资估算的阶段划分	投资估算的误差率
规划阶段	±30% 以内
项目建议书阶段	±20% 以内
可行性研究阶段	±10% 以内

投资估算尽管允许有一定的误差,但是必须达到以下要求。

(1)工程内容和费用构成齐全,计算合理,不重复计算,不提高或者降低估算标准,不漏项,不少算。

(2)选用指标与具体工程之间存在标准或者条件差异时,应进行必要的换算或者调整。

(3)投资估算精度应能满足可行性研究不同阶段的要求。

三、投资估算的内容与步骤

1. 项目投资估算的内容

项目投资一般由建设投资(也称固定资产投资)、建设期利息和流动资金三项构成。估算项目投资时,需对项目建设投资、建设期利息和流动资金分别进行估算。

项目投资估算包括的内容应视项目的性质和范围而定。全厂性工业项目的投资估算,从项目构成来讲应包括:主体生产项目、附属及辅助生产项目、厂内运输系统、厂内外生活福利设施、专用铁路线、公路线等所需投资额。全厂性工业项目或整体性民用项目的投资估算,从费用支出的时间上讲应包括该项目从筹建、施工直至竣工投产所需的全部费用,其具体费用构成如下:

(1)建筑工程费。

(2)设备及工器具购置费。

(3)安装工程费。

(4)工程建设其他费用。

(5)基本预备费。

(6)涨价预备费。

(7)建设期利息。

(8)流动资金。

其中,建筑工程费、设备及工器具购置费、安装工程费形成固定资产;工程建设其他费用可分别形成固定资产、无形资产、长期待摊费用;流动资金形成流动资产。项目总投资的构成见图 5 – 1 所示。

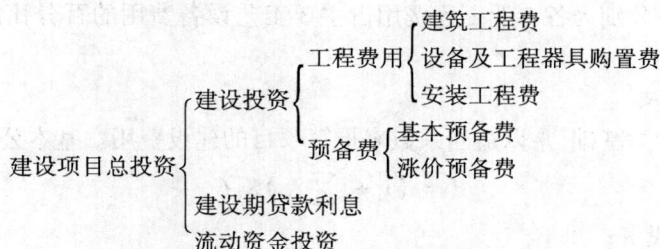

图 5 – 1　项目总投资构成图

2. 投资估算的步骤

投资估算应按照以下步骤进行：

(1)首先分别估算各单项工程所需的建筑工程费、设备及工器具购置费、安装工程费。

(2)在汇总各单项工程费用基础上估算工程建设其他费用。

(3)在工程费用和工程建设其他费用的基础上估算基本预备费。

(4)在确定工程费用分年投资计划的基础上估算涨价预备费。

(5)汇总求得建设投资。

第二节　项目投资估算

一、建设投资估算

1. 项目建议书阶段的投资估算

在项目建议书阶段,由于投资估算精度要求不高,可采用一些简单方法估算建设投资。

(1)百分比估算法

百分比估算法又分为设备基数法和主要设备基数法两种。

①设备基数法。以拟建项目或装置的设备费为基数,根据已建成的同类项目或装置建筑安装费和其他工程费用等占设备价值的百分比,求出相应的建筑安装及其他有关费用,其总和即为项目或装置的建设投资。公式如下：

$$I = C(1 + f_1\lambda_1 + f_2\lambda_2 + f_3\lambda_3) + C' \qquad (5-1)$$

式中　I——拟建项目或装置的建设投资额;

C——根据拟建项目或装置的设备清单按当时当地价格计算的设备费(包括运杂费)的总和;

$\lambda_1,\lambda_2,\lambda_3$——同类项目中建筑、安装及其他工程费用各占设备费百分比;

f_1,f_2,f_3——由于时间因素引起的定额、价格、费用标准等变化的综合调整系数;

C'——拟建项目的其他费用和预备费。

②主要设备基数法。以拟建项目中的最主要、投资比重较大并与生产能力直接相关的工艺设备的投资(包括运杂费及安装费)为基数,根据同类已建项目的有关统计资料,计算出拟建项目的各专业工程(总图、土建、暖通、给排水、管道、电气及电信、自控及其他工程费用等)占主要工艺设备投资的百分比,据以求出各专业工程的投资,然后把各部分投资费用(包括工艺设备费)相加求和,即为项目的建设投资。其表达式为

$$I = C(1 + f_1\lambda_1' + f_2\lambda_2' + f_3\lambda_3' + \cdots) + C' \qquad (5-2)$$

式中,$\lambda_1',\lambda_2',\lambda_3',\cdots$分别为各专业工程费用占主要工艺设备费用的百分比,其余符号含义同式(5-1)。

(2)朗格系数法

该法以设备费为基础,乘以适当系数来推算项目的建设费用。基本公式为

$$I = (1 + \sum K_i)K_cC \qquad (5-3)$$

式中　I——建设投资;

C——主要设备投资;

K_i——管线、仪表、建筑物等项费用的估算系数；

K_c——工程费、合同费、应急费等间接费在内的总估算系数。

建设投资与设备投资之比为朗格系数，即 $K_L = (1 + \sum K_i)K_C$

这种方法比较简单，但没有考虑设备规格、材质的差异，所以精确度不高。

（3）生产能力指数法

这种方法根据已建成的、性质类似的建设项目或生产装置的建设投资和生产能力及拟建项目或生产装置的生产能力估算拟建项目的建设投资额。计算公式为

$$I_2 = I_1\left(\frac{Q_2}{Q_1}\right)^n f \qquad (5-4)$$

式中　I_1, I_2——已建类似项目或装置和拟建项目或装置的建设投资；

　　　Q_1, Q_2——已建类似项目或装置和拟建项目或装置的生产能力；

　　　f——不同时期，不同地点的定额、单位、费用变更等的综合调整系数；

　　　n——生产能力指数，$0 \le n \le 10$。

若已建类似项目或装置的规模和拟建项目或装置的规模相差不大，生产规模比值在 $0.5 \sim 2$ 之间，则指数以的取值近似为 1。若已建类似项目或装置与拟建项目或装置的规模相差不大于 50 倍，且拟建项目生产能力的扩大仅依靠增大设备规模来达到时，则 n 取值为 $0.6 \sim 0.7$ 之间；若是靠增加相同规格设备的数量达到时，n 的取值在 $0.8 \sim 0.9$ 之间。采用这种方法，计算简单、速度快，但要求类似工程的资料可靠，条件基本相同，否则误差就会增大。

2. 可行性研究阶段的投资估算——指标估算法

在可行性研究阶段，由于精度要求提高，建设投资可采用指标估算法，分项详细估算，然后汇总计算项目的建设投资。这种估算方法工作量较大，但是估算精度较高。

（1）建筑工程费的估算内容

建筑工程费是指为建造永久性建筑物和构筑物所需要的费用，包括以下几部分内容。

①各类房屋建筑工程和列入房屋建筑工程预算的供水、供暖、卫生、通风、煤气等设备费用及其装饰、油饰工程的费用，列入建筑工程预算的各种管道、电力、电信和电缆导线敷设工程的费用。

②设备基础、支柱、工作台、烟囱、水塔、水池、灰塔等建筑工程以及各种炉窑的砌筑工程和金属结构工程的费用。

③为施工而进行的场地平整，工程和水文地质勘察，原有建筑物和障碍物的拆除以及施工临时用水、电、气、路和完工后的场地清理，环境绿化、美化等工作的费用。

④矿井开凿、井巷延伸、露天矿剥离，石油、天然气钻井，修建铁路、公路、桥梁水库、堤坝、灌渠及防洪等工程的费用。

（2）建筑工程费的估算方法

①单位建筑工程投资估算法。以单位建筑工程量投资乘以建筑工程总量计算。例如，一般工业与民用建筑以单位房屋建筑面积（m²）的投资，工业窑炉砌筑以单位容积（m³）的投资，水库以水坝单位长度（m）的投资，铁路路基以单位长度（km）的投资，矿山掘井以单位长度（m）的投资，乘以相应的建筑工程总量得出建筑工程费。

②单位实物工程量投资估算法。以单位实物工程量的投资乘以实物工程总量计算。例如，土石方工程按每立方米投资，矿井巷道工程按每米投资，路面铺设工程按每平方米投

资,乘以相应的实物工程总量得出建筑工程费。

③概算指标投资估算法。一般情况下不采用此种方法。对于没有上述估算指标且建筑工程费占总投资比例较大时,才采用概算指标估算法。采用这种估算法,应占有较为详细的工程资料、建筑材料价格和工程费用率,需要投入的时间和工作量较大。概算指标在具体内容和表示方法上,有综合指标和单项指标两种形式。综合指标是以建筑物或构筑物的体积或面积为单位,综合了各单位工程价值形成的指标,它是一种概括性较强的指标。单项指标则是一种以典型的建筑物或构筑物为分析对象的概算指标。

建筑投资费用估算后,应编制建筑工程费用估算表,如表5-2所示。

表5-2 建筑工程费用估算表

序号	建、构筑物名称	单位	工程量	单价/元	费用合计/万元

(3)设备购置费估算

在生产性工程建设中,设备购置费包括国内设备购置费、进口设备购置费和工器具及生产家具购置费。设备及工器具购置费用占工程造价比重越大,意味着生产技术的进步和资本的有机构成越高。

设备购置费是指为建设项目购置或自制的达到固定资产标准的各种国产或进口设备的购置费用。它由设备原价和设备运杂费构成。

设备购置费=设备原价+设备运杂费

上式中,设备原价指国产设备或进口设备的原价;设备运杂费指除设备原价之外的关于设备采购、运输、途中包装及仓库保管等方面支出费用的总和。

(1)国产设备原价的构成及计算。国产设备原价一般指的是设备制造厂的交货价,即出厂价,或订货合同价。国产设备原价分为国产标准设备原价和国产非标准设备原价。

①国产标准设备原价。国产标准设备是指按照主管部门颁布的标准图纸和技术要求,由我国设备生产厂批量生产的,符合国家质量检测标准的设备。有的国产标准设备原价有两种,即带有备件的原价和不带有备件的原价。在计算时,一般采用带有备件的原价。国产标准设备原价可通过查询相关价格目录或向设备生产厂家询价得到。

②国产非标准设备原价。国产非标准设备是指国家尚无定型标准,各设备生产厂不可能在工艺过程中采用批量生产,只能按订货生产,并根据具体的设计图纸制造的设备。非标准设备原价有多种不同的计算方法,如成本计算估价法、系列设备插入估价法、分部组合估价法、定额估价法等。但无论采用哪种方法都应该使非标准设备计价接近实际出厂价,并且计算方法要简便。按成本计算估价法,非标准设备的原价由以下各项组成:材料费、加工费、辅助材料费(简称辅材费,包括焊条、焊丝、氧气、氩气、氮气、油漆、电石等费用)、专用工具费、废品损失费、外购配套件费。

按设备设计图纸所列的外购配套件的名称、型号、规格、数量、质量,根据相应的价格加运杂费计算、包装费、利润、税金(主要指增值税)、非标准设备设计费(按国家规定的设计费收费标准计算)等。实践中也可以采用有关单位公布的参考价格(元/吨),根据设备类型、吨位、材质、规格等要求选用。

(2)进口设备原价的构成及计算。进口设备购置费由进口设备货价、进口从属费用及国内运杂费组成。进口设备货价按交货地点和方式的不同,分为离岸价(FOB)与到岸价(CIF)两种价格。进口从属费用包括国外运费、国外运输保险费、进口关税、进口环节增值税、外贸手续费、银行财务费和海关监管手续费。国内运杂费包括运输费、装卸费、运输保险费等。

进口设备按离岸价计价时,应计算设备运抵我国口岸的国外运费和国外运输保险费,得出到岸价。计算公式为

$$进口设备到岸价 = 离岸价 + 国外运费 + 国外运输保险费 \qquad (5-5)$$

式中

$$国外运费 = 离岸价 \times 运费率 \text{或} 国外运费 = 单位运价 \times 运量$$

$$国外运输保险费 = (离岸价 + 国外运费) \times 国外保险费率$$

进口设备的其他几项从属费用通常按以下公式估算:

$$进口关税 = 进口设备到岸价 \times 人民币外汇牌价 \times 进口关税率 \qquad (5-6)$$

$$进口环节增值税 = (进口设备到岸价 \times 人民币外汇牌价 + 进口关税 + 消费税) \times$$
$$增值税率 \qquad (5-7)$$

$$进口环节消费税 = \frac{进口设备到岸价 \times 人民币外汇牌价 + 进口关税}{1 - 消费税税率} \times 消费税税率$$
$$\qquad (5-8)$$

$$外贸手续费 = 进口设备到岸价 \times 人民币外汇牌价 \times 外贸手续费率 \qquad (5-9)$$

$$银行财务费 = 进口设备货价(离岸价) \times 人民币外汇牌价 \times 银行财务费率 \qquad (5-10)$$

$$海关监管手续费 = 进口设备到岸价 \times 人民币外汇牌价 \times 海关监管手续费率 \qquad (5-11)$$

海关监管手续费是指海关对发生减免进口税或实行保税的进口设备,实施监管和提供服务收取的手续费。全额征收关税的设备,不收取海关监管手续费。进口设备国内运杂费按运输方式,根据运量或者设备费金额估算。

[例5-1]　从某国进口机电设备,质量 1 000 t,装运港船上交货价为 400 万美元,工程建设项目位于国内某省会城市。如果,国际运费标准为 300 美元/t,海上运输保险费率为2.66‰,中国银行费率为 5‰,外贸手续费率为 1.5%,关税税率为 22%,增值税的税率为17%,美元的银行牌价为 6.8 元人民币,设备的国内运杂费率为 2.5%,对该设备进行估价。

按照前面的计算方法,则有:

进口设备货价 = 400 × 6.8 = 2 720 万元

国际运费 = 300 × 1 000 × 6.8 = 204 万元

海运保险费 = (2 720 + 204) × 2.66‰ = 7.8 万元

关税 = (2 720 + 204 + 7.8) × 22% = 645.0 万元

增值税 = (2 720 + 204 + 7.8 + 645.0) × 17% = 608.1 万元

银行财务费 = 2 720 × 5‰ = 13.6 万元

外贸手续费 = (2 720 + 204 + 7.8) × 1.5% = 44.0 万元

进口设备原价 = 2 720 + 204 + 7.8 + 645.0 + 608.1 + 13.6 + 44.0 = 4 242.5 万元

设备估价 $= 4\ 242.5 \times (1 + 2.5\%) = 4\ 348.6$ 万元

③设备运杂费的构成及计算。设备运杂费通常由下列四项构成。

a. 运费和装卸费。国产设备由设备制造厂交货地点至工地仓库(或施工组织设计指定的需要安装设备的堆放地点)所发生的运费和装卸费;进口设备则由我国到岸港口或边境车站至工地仓库(或施工组织设计指定的需安装设备的堆放地点)所发生的运费和装卸费。

b. 包装费。在设备原价中没有包含的、为运输而进行的包装支出的各种费用。

c. 设备供销部门的手续费。按有关部门规定的统一费率计算。

d. 采购与仓库保管费。指采购、验收、保管和收发设备所发生的各种费用,包括设备采购人员、保管人员和管理人员的工资、工资附加费、办公费、差旅交通费,设备供应部门办公和仓库所占固定资产使用费、工具用具使用费、劳动保护费、检验试验费等。这些费用可按主管部门规定的采购与保管费率计算。

设备运杂费按设备原价乘以设备运杂费率计算,即:

$$设备运杂费 = 设备原价 \times 设备运杂费率 \tag{5-12}$$

其中,设备运杂费率按各部门及省、市等的规定计取。设备估价后,应编制设备购置费估算表。国内设备购置费估算表如表5-3所示,进口设备购置费估算表如表5-4所示。

表5-3　国内设备购置费估算表

序号	设备名称	型号规格	单位	数量	设备购置费		
					出厂价/元	运杂费/元	总价/万元
1	A						
2	B						
	⋮						
	合计						

表5-4　进口设备购置费估算表

序号	设备名称	台套数	离岸价	国外运费	国外运输保险费	到岸价	进口关税	消费税	增值税	外贸手续费	银行财务费	海关监管手续费	国内运杂费	设备置费总价
1	设备A													
2	设备B													
3	设备C													
4	设备D													
5	设备E													
⋯														
合计														

注:难以按单台(套)计算进口设备从属费用的,可按进口设备总离岸价估算。

④工器具及生产家具购置费的估算。工器具及生产家具购置费是指新建项目或扩建项目初步设计规定所必须购置的不够固定资产标准的设备、仪器、工卡磨具、器具、生产家

具和备品备件等的费用。一般以国内设备原价和进口设备离岸价为计算基础,按照部门或行业规定的工器具及生产家具费费率计算。

(4)安装工程费估算

需要安装的设备应估算安装工程费,安装工程费用一般包括以下内容。

①生产、动力、起重、运输、传动和医疗、实验等各种需要安装的机械设备的装配费用,与设备相连的工作台、梯子、栏杆等装设工程费用,附属于被安装设备的管线敷设工程费用,以及被安装设备的绝缘、防腐、保温、油漆等工作的材料费和安装费。

②为测定安装工程质量,对单台设备进行单机试运转、对系统设备进行系统联动无负荷试运转工作的调试费。安装工程费通常按行业或专门机构发布的安装工程定额、取费标准和指标估算投资。具体计算可按安装费率、每吨设备安装费或者每单位安装实际工程量的费用估算,即

$$安装工程费 = 设备原价 \times 安装费率 \qquad (5-13)$$
$$安装工程费 = 设备吨位 \times 每吨安装费 \qquad (5-14)$$
$$安装工程费 = 安装工程实物量 \times 安装费用指标 \qquad (5-15)$$

安装工程费估算之后应编制安装工程费估算表,如表5-5所示。

表5-5 安装工程费用估算表

序号	安装工程名称	单位	数量	指标(费率)	安装费/万元
1	设备				
	A				
	B				
	……				
2	管线工程				
	A				
	B				
……	……				
	合计				

(5)汇总各单项工程费用

在按照上述内容与方法分别估算各单项工程的建筑工程费、设备购置费和安装工程费的基础上,汇总形成各单项工程费用;然后将各单项工程费用分门别类加总,得到投资项目的工程费用。根据需要,大型项目可能还需要列出主要的单项工程投资估算表,其表格格式依行业规定。

(6)工程建设其他费用估算

工程建设其他费用是指建设投资中除工程费以外必须花费的其他费用。主要包括与土地使用有关的费用、与项目建设有关的费用和与企业未来生产有关的费用等,如图5-2所示。

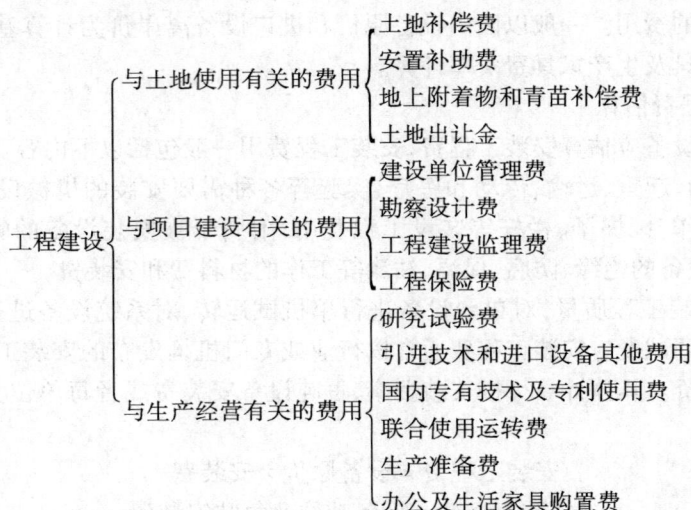

图 5 - 2　工程建设其他费用构成图

①与土地使用有关的费用。

工程建设项目建设需要取得土地使用权。依据《中华人民共和国土地管理法》的规定需支付如下费用。

a. 土地补偿费。征用耕地的土地补偿费,为该耕地被征用前 3 年平均年产值的 6 ~ 10 倍;征用其他土地的土地补偿费,由各省、自治区、直辖市参照征用耕地的标准规定;征用城市郊区的菜地,用地单位应当缴纳新菜地开发建设基金。

b. 安置补助费。征用耕地的安置补助费,按需要安置的农业人口数计算。需要安置的农业人口数,按被征用的耕地数量除以征地前被征用单位平均每人占有耕地的数量计算。每一个需要安置的农业人口的安置补助费标准,为该耕地被征用前 3 年平均年产值的 4 ~ 6 倍。但是,每公顷被征用耕地的安置补助费,最高不得超过被征用前 3 年平均年产值的 15 倍。征用其他土地的安置补助费,由各省、自治区、直辖市参照征用耕地的安置补助费标准规定执行。

c. 地上附着物和青苗补偿费。被征用土地上的房屋、水井、树木等地上附着物和青苗的补偿标准,由各省、自治区、直辖市规定。

d. 土地使用权出让金。土地使用权出让金是指建设单位为取得有限制的土地使用权,依照《中华人民共和国城镇国有土地使用权出让和转让暂行条例》,向国家支付的土地使用费。

[例 5 - 2]　某工程建设项目,征用耕地 99 000 m²,被征用前第一年平均每 1 000 m² 产值 1 800 元,征用前第二年平均每 1 000 m² 产值 1 760 元,征用前第三年平均每 1 000 m² 产值 1 700 元,该单位人均耕地 1 980 m²。地上附着物共有树木 13 000 棵,按照 20 元/棵补偿,青苗补偿按照 1 元/m² 计取,试对土地费用进行估价。计算土地补偿费时,取被征用前 3 年平均产值的 8 倍:土地补偿费 = 1/3 × (1 800 + 1 760 + 1 700) ÷ 1 000 × 99 000 × 8 = 138.86 万元。

安置补助费:需要安置的农业人口数 = 99 000/1 980 = 50 人

人均安置补助费取该耕地被征用前 3 年平均产值的 5 倍,因此人均安置补助费 = 1/3 ×

（1 800 + 1 760 + 1 700）÷ 1 000 × 1 980 × 5 = 1.74 万元

安置补助费 = 1.74 × 50 = 87 万元

地上附着物补偿费 = 13 000 × 20 = 26 万元

青苗补偿费 = 1 × 99 000 = 9.9 万元

该工程土地费用估价 = 138.86 + 87 + 26 + 9.9 = 261.8 万元

［例5 - 3］　某建设单位准备以有偿的方式取得一宗土地的使用权,该宗土地占地面积13 600 m²,土地使用权出让金标准为4 300 元/m²。另外,本区域尚有平房住户70 户,建筑面积总计3 034 m²,试对土地费用进行估价。土地使用权出让金 = 4 300 × 13 600 = 5 848 万元。

拆迁补偿费用以同类地区征地拆迁补偿费作为参照,估计单价为1 100 元/m²,此项费用为1 100 × 3 034 = 333.74 万元

该土地费用 = 5 848 + 333.74 = 6 181.74 万元

②与项目建设有关的费用

a. 建设单位管理费。建设单位管理费是指建设项目从立项至竣工验收交付使用全过程管理所需的费用,它具体包括以下内容:建设单位开办费,指新建项目在筹建和建设期间所需的办公设备、生活用具、家具、交通工具等的购置费用;建设单位经常开支费,包括工作人员的基本工资、工资性补贴、职工福利费、劳动保护费、劳动保险费、办公费、差旅交通费、工会经费、职工教育经费、固定资产使用费、工具用具使用费、技术图书资料费、生产人员招募费、合同契约公证费、工程招标费、工程质量监督检测费、工程咨询评估费、法律顾问费、审计费、业务招待费、排污费、竣工验收费及后评估费等费用;建设单位临时设施费,项目建设期间所需临时设施费是指搭设、维修、推销费用或租赁费用。建设单位管理费一般以各个单项工程的费用总和为基数,区分不同的行业、不同的建设规模,以费率的形式计算,即

$$建设单位管理费 = 工程费用 × 建设单位管理费率 \qquad (5 - 16)$$
$$工程费用 = 建筑工程费用 + 设备购置费用 + 安装工程费用 \qquad (5 - 17)$$

b. 勘察设计费。勘察设计费包括委托咨询单位编制项目建议书、可行性研究报告及投资估算的费用以及为编制上述文件所需的费用;委托勘察、设计单位进行初步设计、施工图设计、编制预算所需的费用,以及在规定范围内由建设单位自行完成的勘察、设计工作所需的费用。

勘察费的计取按合同规定计算,没有勘察合同时可参考表5 - 6 的指标计取。

表5 - 6　勘察费用估算指标

建筑物性质	勘察费指标(建筑面积)/(元/米²)
6 层以下民用建筑	3 ~ 5
多层及高层建筑	8 ~ 10
工业建筑	10 ~ 12

设计费应按照国家规定的设计收费标准编制,它以单项工程为基本单位,如表5 - 7所示。

表5-7　设计费标准

工程等级	工程概算投资/万元			
	300 以下	301~1 000	1 001~3 000	3 001 以上
1 级	2.0	1.9	1.8	1.7
2 级	1.8	1.7	1.6	1.5
3 级	1.6	1.5	1.4	1.3
4 级	1.4	1.3	1.2	
5 级	1.2	1.1		

上述所述的设计费,包括了初步设计和概算、施工图设计、按合同规定配合施工、进行设计交底、参加试车及工程竣工验收等工作的费用。如果增加编制施工图预算,则工程设计费应乘以系数1.1。

c. 工程监理费。工程监理费是指项目建设过程中需委托监理单位进行工程监督管理所需支付的费用。工程监理费一般按所监理工程概(预)算的百分比计取,如表5-8所示。

表5-8　工程建设监理收费标准

序号	工程概(预)算 M/万元	设计阶段(含设计招标)监理收费 a/%	施工(含施工招标)及保修阶段监理收费 b/%
1	$M < 500$	$0.20 < a$	$2.5 < b$
2	$500 \leq M < 1\,000$	$0.15 < a \leq 0.20$	$2.00 < b \leq 2.5$
3	$1\,000 \leq M < 5\,000$	$0.10 < a \leq 0.15$	$1.40 < b \leq 2.00$
4	$5\,000 \leq M < 10\,000$	$0.08 < a \leq 0.10$	$1.20 < b \leq 1.40$
5	$10\,000 \leq M < 50\,000$	$0.05 < a \leq 0.08$	$0.80 < b \leq 1.20$
6	$50\,000 \leq M < 100\,000$	$0.03 < a \leq 0.05$	$0.60 < b \leq 0.80$
7	$100\,000 \leq M$	$a \leq 0.03$	$b \leq 0.60$

监理费的估算也可以按照参与监理工作的年度平均人数计算,取3.5~5万元/人·年。不宜按以上两项办法收费的,由建设单位和监理单位协商,以上述两项规定的建设监理收费标准为指导,确定监理费用。对于中外合资、合作或外商独资的建设工程,工程建设监理费由双方参照国际标准协商确定。

d. 工程保险费。建设项目在建设期间,根据需要办理工程保险所需的费用。它包括投保建筑工程一切险、安装工程一切险、建筑职工意外伤害险所需的保险费。

e. 研究试验费。研究试验费是指为建设项目提供或验证设计参数、数据资料等所进行的必要试验费用,以及设计规定在施工中必须进行试验验证所需的费用。其具体内容包括自行或委托其他部门研究试验所需的人工费、材料费、试验设备及仪器使用费等。本项费用应按照设计单位提出的研究试验内容和要求进行计算。

f. 引进技术和进口设备的其他费用。其由以下几部分内容构成:国内出国人员费用、国外工程技术人员的来华费用、技术引进费、进口设备的检验及商检费。

g. 国内专有技术及专利使用费。建设项目使用国内专有技术或专利需支付的费用,按专有技术或专利所有人与使用人议定的收费办法计算。

③与企业未来生产经营有关的费用

a. 联合试运转费。联合试运转费是指新建项目或新增加生产能力的改扩建项目在竣工验收前,按照设计规定的质量标准,对整个车间进行无负荷或有负荷联合试运转所发生的费用支出大于试运转收入的亏损部分。联合试运转费的内容包括:试运转所需的原料、燃料、油料、动力费;低值易耗品及其他物料消耗、机械使用费、施工单位参加联合试运转人员的工资等。一般以工程费用或设备购置费作为计算基础,按照不同项目规模所规定的试运转费率计算。

b. 生产准备费。新建企业或新增生产能力的改扩建企业为保证工程竣工交付使用,进行生产准备所发生的必要费用。它具体包括:生产人员培训费、生产单位提前进厂人员参加施工、设备安装、调试及熟悉工艺流程设备性能所支付的费用。本项费用需根据培训、提前进厂的人数及培训时间按生产准备费指标计算,如表5-9所示。当设计前期无法确定人数时,可按设计定员的60%~80%计算费用。

表5-9 生产准备费指标

序号	费用名称	计算基础	费用指标	
			内部培训	外部培训
1	职工培训费	培训人数	300~500元/人·月	600~1 000元/人·月
2	提前进厂费	提前进厂人数	6 000-10 000元/人·月	

c. 办公及生活家具购置费。办公及生活家具购置费是指新建项目为保证项目初期正常生产、生活、管理所必须购置的办公、生活家具、用具的费用,或者改建、扩建项目需要补充的公、生活家具、用具的费用,但不包括微机、复印机、医疗设备的购置费用。办公及生活家具购置费一般按照设计定员和办公生活家具综合费用指标计算,如表5-10所示。

表5-10 办公及生活家具综合费用指标

序号	设计定员/人	费用指标/(元/人)	
		新建	改扩建
1	1 500以内	850~1 000	500~600
2	1 501~3 000	750~850	450~500
3	3 001~5 000	650~750	400~450
4	5 000以上	<650	<400

工程建设其他费用按各项费用科目的费率或者取费标准估算后,应编制工程建设其他费用估算表,如表5-11所示。

表 5 - 11   工程建设其他费用估算表
单位:万元

序号	费用名称	计算依据	费率或标准	总价
1	土地补偿费			
2	安置补助费			
3	地上附着物和青苗补偿费			
4	土地出让金			
5	建设单位管理费			
6	勘察设计费			
7	工程建设监理费			
8	工程保险费			
9	研究试验费			
10	引进技术和进口设备其他费用			
11	国内专有技术及专利使用费			
12	联合试运转费			
13	生产准备费			
14	办公及生活家具购置费			
…	……			
合计				

注:上表所列费用科目,仅供估算工程建设其他费用参考。项目的其他费用科目,应根据拟建项目实际发生的具体情况确定。

(7)基本预备费估算

基本预备费是指在项目实施中可能发生难以预料的支出,需要事先预留的费用,又称工程建设不可预见费,主要指设计变更及施工过程中可能增加工程量的费用。基本预备费主要由下列三项内容构成。

①在批准的初步设计范围内,技术设计、施工图设计及施工过程中所增加的工程费用;设计变更、工程变更、材料代用、局部地基处理等增加的费用。

②一般自然灾害造成的损失和预防自然灾害所采取的措施费用。

③竣工验收时为鉴定工程质量对隐蔽工程进行必要的挖掘和修复费用。基本预备费按工程费用和工程建设其他费用之和乘以基本预备费的费率计算,公式如下。其中,基本预备费率如表5-12所示。

$$基本预备费 = (工程费用 + 工程建设其他费用) \times 基本预备费率$$

表 5 - 12   基本预备费率表

序号	设计阶段	基本预备费率/%
1	项目建议书、可行行研究	10 ~ 15
2	初步设计	7 ~ 10

（8）涨价预备费估算

涨价预备费是对建设工期较长的项目,由于在建设期内可能发生材料、设备、人工等价格上涨引起投资增加,需要事先预留的费用,亦称价格变动不可预见费。涨价预备费以工程费用为计算基数。计算公式为

$$PC = \sum_{i=1}^{n} I_t \left[(1+f)^t - 1 \right] \tag{5-18}$$

式中　PC——涨价预备费;

　　　I_t——第 t 年的建筑工程费、设备购置费、安装工程费之和;

　　　f——建设期价格上涨指数;

　　　n——建设期。

建设期价格上涨指数,政府部门有规定的按规定执行,没有规定的由可行性研究人员预测。

[例 5-4]　某项目的工程费用投资为 20 800 万元,按本项目进度计划,项目建设期为 3 年,3 年的投资分年使用比例为第 1 年 20%、第 2 年 50%、第 3 年 30%,建设期内年平均价格变动率预计为 6%,估计该项目建设期的涨价预备费。

解　第 1 年投资计划用款额:$I_1 = 20\ 800 \times 20\% = 4\ 160$ 万元

第 1 年涨价预备费额:$PC_1 = I_1 \left[(1+f) - 1 \right] = 4\ 160 \times \left[(1+6\%) - 1 \right] = 249.6$ 万元

第 2 年投资计划用款额:$I_2 = 20\ 800 \times 50\% = 10\ 400$ 万元

第 2 年涨价预备费额:$PC_2 = I_2 \left[(1+f)^2 - 1 \right] = 10\ 400 \times \left[(1+6\%)^2 - 1 \right] = 1\ 285.44$ 万元

第 3 年投资计划用款额:$I_3 = 20\ 800 \times 30\% = 6\ 240$ 万元

第 3 年涨价预备费额:$PC_3 = I_3 \left[(1+f)^3 - 1 \right] = 6\ 240 \times \left[(1+6\%)^3 - 1 \right] = 1\ 191.94$ 万元

所以,建设期的涨价预备费:$PC = PC_1 + PC_2 + PC_3 = 249.6 + 1\ 285.44 + 1\ 191.94 = 2\ 726.98$ 万元

（9）汇总编制建设投资估算表

上述各项费用估算完毕后应编制建设投资估算表,并对项目建设投资的构成和各类工程费用、其他费用及预备费占建设投资比例的合理性,单位生产能力（或使用效益）投资指标的先进性进行分析。

表格格式可以因行业有所不同,制造业项目的建设投资估算表参考格式如表 5-13 所示。

表 5-13　制造业项目的建设投资估算表　　　　　单位:万元（万美元）

序号	工程或费用名称	建筑工程费	设备购置费	安装工程费	其他费用	合计	其中:外汇	投资比例/%
1	工程费用							
1.1	主体工程							
1.1.1	×××							
	……							
1.2	辅助工程							

表 5 – 13（续）

序号	工程或 费用名称	建筑 工程费	设备 购置费	安装 工程费	其他 费用	合计	其中： 外汇	投资 比例/%
1.2.1	×××							
1.3	公用工程							
1.3.1	×××							
	……							
1.4	服务性工程							
1.4.1	×××							
	……							
1.5	厂外工程							
1.5.1	×××							
	……							
1.6	×××							
	……							
2	工程建设其他费用							
2.1	×××							
3	预备费							
3.1	基本预备费							
3.2	涨价预备费							
4	建设投资合计							
	投资比例							100%

注：投资比例分别指各主要科目的费用（包括横向和纵向）占建设投资的比例。

二、建设期利息估算

建设期利息是指项目借款在建设期内发生并计入固定资产的利息。本项费用需根据筹资方式（银行贷款、企业债券）、金额及借款利率等进行计算。建设期贷款利息的计算方法如下。

1. 贷款额在各年年初发放

$$各年利息 = （年初贷款本息累计 + 本年贷款额）× 年利率 \qquad (5 – 19)$$

[例 5 – 5] 某建设单位从银行贷款 1 000 万元，分 3 年发放，第一年年初 500 万元，第二年年初 300 万元，第三年年初 200 万元，贷款年利率 6.39%，计算各年的贷款利息。

第一年的贷款利息 = 500 × 6.39% = 31.95 万元

第二年的贷款利息 = （500 + 31.95 + 300）× 6.39% = 53.2 万元

第三年的贷款利息 = （500 + 31.95 + 300 + 53.2 + 200）× 6.39% = 69.34 万元

因此，项目建设期贷款利息合计 = 31.95 + 53.2 + 69.34 = 154.49 万元

2. 贷款额在各年均衡发放

贷款不在每年年初发放,而是按季度、月份平均发放,为了简化计算,通常假设贷款均在每年的年中支用,贷款当年按半年计息,其余各年份按全年计息,此时贷款利息的计算公式如下:

各年应计利息 = (年初贷款本息累计 + 本年借款额/2) × 年利率

[例5-6] 某建设单位从银行贷款1 000万元,分3年发放而且各年按季度均衡发放,第一年贷款额500万元,第二年贷款额300万元,第三年贷款额200万元,贷款年利率6.39%,计算各年的贷款利息。

第一年的贷款利息 = 1/2 × 500 × 6.39% = 16万元

第二年的贷款利息 = (500 + 16 + 300 × 1/2) × 6.39% = 42.55万元

第三年的贷款利息 = (500 + 16 + 300 + 42.55 + 200 × 1/2) × 6.39% = 61.25万元

因此,项目建设期贷款利息合计 = 16 + 42.55 + 61.25 = 119.8万元

三、流动资金估算

流动资金是指生产经营性项目投产后,为进行正常生产运营,用于购买原材料、燃料,支付工资及其他经营费用等所必不可少的周转资金。它是伴随着固定资产投资而发生的永久性流动资产投资,其等于项目投产运营后所需全部流动资产扣除流动负债后的余额。其中,流动资产主要考虑应收账款、预付账款、现金和存货;流动负债主要考虑应付和预收款。由此看出,这里所解释的流动资金的概念,实际上就是财务中的营运资金。流动资金估算可以采用分项详细估算法,或者扩大指标法。

1. 项目建议书阶段流动资金估算——扩大指标估算法

扩大指标估算法是按照流动资金占某种基数的比率来估算流动资金的一种方法。一般常用的基数有:营业收入、经营成本、总成本费用和建设投资等,究竟采用何种基数依行业习惯而定。所采用的比率根据经验确定,或根据现有同类企业的实际资料确定,或依行业、部门给定的参考值确定。扩大指标估算法简便易行,但准确度不高,适用于项目建议书阶段的估算。

(1)产值(或营业收入)资金率估算法。其计算公式为

流动资金额 = 年产值(年营业收入额) × 产值(营业收入)资金率　　　(5-20)

例如,某项目投产后的年产值为5 000万元,其同类企业的百元产值流动资金占用额为18元,则该项目的流动资金估算额为:5 000 × 18/100 = 900万元。

(2)经营成本(或总成本)资金率估算法。经营成本是一项反映物质、劳动消耗和技术水平、生产管理水平的综合指标。一些工业项目,尤其是采掘工业项目常用经营成本(或总成本)资金率估算流动资金。

流动资金额 = 年经营成本(年总成本) × 经营成本资金率(总成本资金率)

(3)建设投资资金率估算法。建设投资资金率是流动资金占建设投资的百分比。如化工项目流动资金约占建设投资的15% ～20%,一般工业项目流动资金占建设投资的5% ～12%。

流动资金额 = 建设投资 × 建设投资资金率　　　(5-21)

(4)单位产量资金率估算法。单位产量资金率,即单位产量占用流动资金的数额,如每吨原煤4.5元。

$$流动资金额 = 年生产能力 \times 单位产量资金率 \tag{5-22}$$

2. 可行性研究阶段流动资金估算——分项详细估算法

在可行性研究阶段,由于对数据精度要求提高,需要对构成流动资金的各项流动资产和流动负债分别进行估算,为简化计算,仅对存货、现金、应收账款和应付账款四项内容进行估算,计算公式为

$$流动资金 = 流动资产 - 流动负债 \tag{5-23}$$

$$流动资产 = 应收账款 + 预付账款 + 存货 + 现金 \tag{5-24}$$

$$流动负债 = 应付账款 + 预收账款 \tag{5-25}$$

$$流动资产投资 = 流动资金本年增加额 = 本年流动资金 - 上年流动资金 \tag{5-26}$$

估算的具体步骤是:首先计算各类流动资产和流动负债的年周转次数,然后再分项估算占用资金额。

(1)周转次数计算。周转次数等于360天除以最低周转天数。各类流动资产和流动负债的最低周转天数,可参照同类企业的平均周转天数并结合项目特点确定,或者按部门(行业)规定确定。在确定最低周转天数时,应考虑储存天数、在途天数,并考虑适当的保险系数。

(2)应收账款估算。应收账款是指企业已对外销售商品、提供劳务尚未收回的资金,包括若干科目,在可行性研究时,只计算应收销售款。计算公式为

$$应收账款 = 年经营成本 / 应收账款周转次数 \tag{5-27}$$

(3)预付账款估算。预付账款是指企业为购买各种原材料、半成品或相关服务而预先支付的款项。其计算公式为

$$预付账款 = 外购商品或服务年费用 / 预付账款周转次数 \tag{5-28}$$

(4)存货估算。存货是指企业在日常生产经营过程中持有以备销售,或者仍然处在生产过程,或在生产过程中将耗用的各种材料或物料等。主要有原材料、辅助材料、燃料、低值易耗品、维修备件、包装物、在产品、自制半成品和产成品等。为简化计算,存货仅考虑外购原材料、外购燃料、在产品和产成品,并分项进行计算。计算公式为

$$存货 = 外购原材料、燃料 + 其他材料 + 在产品 + 产成品 \tag{5-29}$$

$$外购原材料、燃料 = 年外购原材料、燃料费用 / 分项周转次数$$

$$其他材料 = 年其他材料费 / 其他材料周转次数$$

$$在产品 = (年外购原材料、燃料动力费 + 年工资及福利费 + 年修理费 + 年其他制造费用) / 在产品周转次数$$

$$产成品 = (年经营成本 - 年营业费用) / 产成品周转次数$$

(5)现金需要量估算。项目流动资金中的现金是指货币资金,即企业生产运营活动中停留于货币形态的那部分资金,包括企业库存现金和银行存款。计算公式为

$$现金需要量 = (年工资及福利费 + 年其他费用) / 现金周转次数 \tag{5-30}$$

$$年其他费用 = 制造费用 + 管理费用 + 营业费用 - (以上三项费用中所含的工资及福利费、折旧摊销费、修理费)$$

(6)应付账款估算。应付账款是指企业在购买各种原材料、半成品或相关服务的过程中,采用赊购的方式,应付而未付的款项。其计算公式为

$$应付账款 = (年外购原材料、燃料动力及其他材料费) / 应付账款周转次数 \tag{5-31}$$

(7)预收账款的估算。预收账款是指企业在销售产品或提供服务过程中,预先收取的

客户资金。其计算公式为

$$预收账款 = 年预收的营业收入/预收账款周转次数 \qquad (5-32)$$

根据流动资金各项估算的结果,编制流动资金估算表,如表 5-14 所示。

表 5-14　流动资金估算表　　　　　　　　　　　　　　单位:万元

序号	项目	最低周转天数	周转次数	投产期	达产期
1	流动资产				
1.1	应收账款				
1.2	存货				
1.2.1	原材料				
1.2.2	燃料				
1.2.3	其他材料				
1.2.4	在产品				
1.2.5	产成品				
1.3	现金				
1.4	预付账款				
2	流动负债				
2.1	应付账款				
2.2	预收账款				
3	流动资金(1-2)				
4	流动资金本年增加额				

3. 流动资金估算应注意的问题

(1)在采用分项详细估算法时,需要分别确定现金、应收账款,存货和应付账款的最低周转天数。在确定周转天数时要根据实际情况,并考虑一定的保险系数。对于存货中的外购原材料、燃料要根据不同品种和来源,考虑运输方式和运输距离等因素确定。

(2)不同生产负荷下的流动资金是按照相应负荷时的各项费用金额和给定的公式计算出来的,而不能按 100% 负荷下的流动资金乘以负荷百分数求得。

(3)流动资金属于长期性(永久性)资金,流动资金的筹措可通过长期负债和资本金(权益融资)方式解决。流动资金借款部分的利息应计入财务费用,项目计算期末收回全部流动资金。

估算出项目建设投资、建设期利息和流动资金后,应根据项目计划进度的安排,编制项目分年投资计划表,如表 5-15 所示。该表中的分年建设投资可以作为安排融资计划、估算建设期利息的基础。由此估算的建设期利息列入该表。流动资金本来就是分年估算的,可由流动资金估算表转入。分年投资计划表是项目资金筹措计划表的基础,实践中往往将二者合一,称为"投资使用与资金筹措计划表"。

表 5 –15　分年投资计划表　　　　　　　　　　　单位:万元(万美元)

序号	名称	人民币		外汇	
		第一年	第二年	第一年	第二年
	分年计划(%)				
1	建设投资				
2	建设期利息				
3	流动资金				
4	项目投入总资金(1+2+3)				

第三节　项目投资估算案例

[例 5 –7]　某公司拟投资建设一个生化制药工厂,这一建设项目的基础数据如下:

1. 项目实施计划

该项目建设期为 3 年,实施计划进度为:第 1 年完成项目全部投资的 20%,第 2 年完成项目全部投资的 50%,第 3 年完成项目全部投资的 30%,第 4 年项目投产,投产当年项目的生产负荷达到设计生产能力的 70%,第 5 年项目的生产负荷达到设计生产能力的 90%,第 6 年项目的生产负荷达到设计生产能力,项目的运营期总计为 15 年。

2. 建设投资估算

本项目工程费与工程建设其他费的估算额为 52 150 万元,预备费(包括基本预备费和涨价预备费)为 4 500 万元。

3. 建设资金来源

本项目的资金来源为自有资金和贷款。贷款总额为 38 000 万元,其中外汇贷款为 2 200 万美元。外汇牌价为 1 美元兑换 8 元人民币。贷款的人民币部分,从中国建设银行获得,年利率为 6.39%(按季计息)。贷款的外汇部分,从中国银行获得,年利率为 8%(按年计息)。

4. 生产经营费用估算

建设项目达到设计生产能力以后,全厂定员为 1 000 人,工资和福利费按照每人每年 7 200 元估算。每年的其他费用为 855 万元。年外购原材料、燃料及动力费估算为 18 900 万元。年经营成本为 20 000 万元,年修理费占年经营成本的 10%。各项流动资金的最低周转天数分别为:应收账款 36 天,现金 40 天,应付账款 30 天,存货 40 天。

问题:(1)估算项目建设期分年贷款利息。

(2)用分项详细估算法估算拟建项目的流动资金。

(3)估算拟建项目的总投资。

解　(1)建设期贷款利息计算:

人民币实际利率 = (1 + 名义利率 ÷ 年计息次数)^{年计息次数} − 1 = (1 + 6.39% ÷ 4)^4 − 1

　　　　　　　 = 6.54%

每年投资的本金数额计算:

人民币部分:贷款总额为 = 38 000 − 2 200 × 8 = 20 400 万元

第 1 年为:20 400 × 20% = 4 080 万元

第 2 年为：20 400×50% = 10 200 万元

第 3 年为：20 400×30% = 6 120 万元

美元部分：贷款总额为 2 200 万美元

第 1 年为：2 200×20% = 440 万美元

第 2 年为：2 200×50% = 1 100 万美元

第 3 年为：2 200×30% = 660 万美元

每年应计利息计算：

每年应计利息 =（年初借款本利累计额 + 本年借款额÷2）×年实际利率

人民币建设期贷款利息计算：

第 1 年贷款利息 =（0 + 4 080÷2）×6.54% = 133.4 万元

第 2 年贷款利息 =［(4 080 + 133.5) + 10 200÷2］×6.54% = 609.1 万元

第 3 年贷款利息 =［(4 080 + 133.5 + 10 200 + 609.5) + 6 120÷2］×6.54%

$\qquad$ = 1 182.6 万元

人民币贷款利息合计 = 133.5 + 609.5 + 1 183.5 = 1 925.12 万元

外币贷款利息计算：

第 1 年外币贷款利息 =（0 + 440÷2）×8% = 17.60 万美元

第 2 年外币贷款利息 =［(440 + 17.60) + 1 100÷2］×8% = 80.61 万美元

第 3 年外币贷款利息 =［(440 + 17.60 + 1 100 + 80.61) + 660÷2］×8%

$\qquad$ = 157.46 万美元

外币贷款利息合计 = 17.60 + 80.61 + 157.46 = 255.67 万美元

建设期贷款总利息 = 1 926.5 + 255.67×8 = 3 971.86 万元

(2)用分项详细估算法估算流动资金：

应收账款 = 年经营成本÷年周转次数 = 20 000÷(360÷36) = 2 000 万元

现金 =（年工资福利费 + 年其他费）÷年周转次数 =（1 000×0.72 + 855）÷(360÷40)

$\qquad$ = 175 万元

存货：

外购原材料、燃料 = 年外购原材料、燃料动力费÷年周转次数 = 18 900÷(360÷40)

$\qquad$ = 2 100 万元

在产品 =（年工资福利费 + 年其他费 + 年外购原材料、燃料动力费 + 年修理费）÷

$\qquad$ 年周转次数

$\qquad$ =（1 000×0.72 + 855 + 18 900 + 20 000×10%）÷(360÷40)

$\qquad$ = 2 497.22 万元

产成品 = 年经营成本÷年周转次数 = 20 000÷(360÷40) = 2 222.22 万元

存货合计 = 2 100 + 2 497.22 + 2 222.22 = 6 819.44 万元

流动资产 = 应收账款 + 现金 + 存货 = 2 000 + 175 + 6 819.44 = 8 994.44 万元

应付账款 = 年外购原材料、燃料、动力费÷年周转次数 = 18 900÷(360÷30)

$\qquad$ = 1 575 万元

流动负债 = 应付账款 = 1 575 万元

流动资金 = 流动资产 - 流动负债 = 8 994.44 - 1 575 = 7 419.44 万元

流动资金分年投入估算表见表 5 - 16 所示。

表 5－16　流动资金分年投入估算表　　　　　　　　　单位:万元

序号	项目	最低周转天数	周转次数	第4年	第5年	第6年
	设计生产能力			70%	90%	100%
1	流动资产			6 348.61	8 287.50	8 994.44
1.1	应收账款	36	10	1 400	1 800	2 000
1.2	存货	40	9	4 773.60	6 137.50	6 819.44
1.2.1	外购原材料、燃料			1 470	1 890	2 100
1.2.2	在产品			1 748.05	2 247.50	2 497.22
1.2.3	产成品			1 555.55	2 000.00	2 222.22
1.3	现金	40	9	175	175	175
2	流动负债			1 102.50	1 417.50	1 575
2.1	应付账款	30	12	1 102.50	1 417.50	1 575
3	流动资金			5 246.11	6 870.00	7 419.44
4	本年流动资金增加额			5 246.11	1 623.89	549.44

（3）根据建设项目总投资的构成内容,计算拟建项目的总投资:

项目总投资 = 建设投资 + 建设期利息 + 流动资金

　　　　　 = 工程费 + 工程建设其他费 + 预备费 + 建设期利息 + 流动资金

　　　　　 = 52 150 + 4 500 + 3 971.86 + 7 419.44

　　　　　 = 68 041.3 万元

根据上面的计算结果,可以得出项目分年投资计划表,如表 5－17 所示。

表 5－17　生化制药厂项目分年投资计划表

序号	名称	人民币/万元					外汇/万美元		
		1	2	3	4	5	1	2	3
	分年计划/%	20	50	30			20	50	30
1	建设投资	4 080	10 200	6 120			440	1 100	660
2	建设期利息	133.5	609.5	1 183.5			17.6	80.61	157.46
3	流动资金	0	0	5 246.11	1 623.89	549.44	0	0	0
4	项目投入总资金	4 213.5	10 809.55	12 549.61	1 623.89	549.44	457.61	1 180.61	817.46

第四节　融资方案研究

一、融资方式分析

1. 商业性银行贷款融资

（1）国内商业银行贷款

1995 年以来,我国相继颁布《中华人民共和国中国人民银行法》《中华人民共和国商业银行法》和《贷款通则》，使政策性银行和商业性银行的分工迈出重要步伐。今后，企业与商业银行的关系，将逐步变成按市场规则运作的商业信贷关系。我国全国性商业银行有中国工商银行、中国农业银行、中国建设银行、中国银行、交通银行、中信实业银行、光大银行、华夏银行及招商银行；区域性商业银行主要有深圳发展银行、广东发展银行、福建兴业银行、浦东发展银行及各地成立的城市合作银行。另外还包括各种非银行金融机构，如信托投资公司、投资基金公司、风险投资公司、保险公司等。

（2）国际商业银行贷款

国际商业银行贷款的提供方式有两种：一种是小额贷款，由一家商业银行独自贷款，另一种是金额较大由几家甚至几十家商业银行组成银团贷款，又称"辛迪加贷款"。为了分散贷款风险，对数额较大的贷款，大多采用后一种做法。自20世纪60年代开始直到80年代初，这种贷款曾发展成为国际上中、长期贷款融资的主要形式。

（3）国际出口信贷

出口信贷以出口国政府为后盾，通过银行对出口贸易提供信贷支持。世界各国为支持和扩大本国产品出口，通过对本国出口信贷给予利息补贴并提供担保的方法，鼓励本国商业银行对本国出口商或外国进口商（或银行）提供较低利率的贷款，以解决买方支付的需求。适用于出口贸易中金额较大、付款期限较长的情况，如成套设备的出口经常使用出口信贷。出口信贷根据贷款主体不同可以分为买方信贷和卖方信贷两种情况，不论哪种情况，出口信贷都有贷款利率低、期限长的优点，但是所贷资金必须用于购买出口国的商品。

2.政策性（优惠）贷款融资

（1）国家政策性银行贷款

国家政策性银行贷款一般期限较长，利率较低，并配合国家产业政策的实施，采取各种优惠政策。国内原有政策性银行贷款包括国家开发银行贷款、中国农业发展银行贷款和中国进出口银行贷款。国家开发银行已于2008年12月挂牌转化为商业银行。

①国家开发银行贷款。国家开发银行主要负责对政策性项目配置资金并发放政策性贷款。国家开发银行配置资金的对象是国家批准立项的基础设施、基础产业和支柱产业大中型基本建设和技术改造等政策性项目及其配套工程。基础设施包括农业、水利、铁道、交通、民航；基础产业包括能源（煤炭、石油、电力），基础原材料（钢铁、有色、化工、建材森工、非金属矿）；支柱产业主要包括石化、汽车、机械、电子；政策性项目主要是现阶段的效益低、建设周期长、国家又亟须发展的项目。国家开发银行固定资产贷款分为软贷款和贷款。软贷款分为股本金贷款和特别贷款；硬贷款分为基本建设贷款和技术改造贷款。基本建设贷款又分为差别贷款、专项贷款和一般贷款。

②中国进出口银行贷款。中国进出口银行专营国家政策性出口信贷业务，包括出口卖方信贷和出口买方信贷。该行主要支持我国机电产品和成套设备的出口信贷业务，包括国内外贸企业的船舶、飞机、卫星发射、电站、煤炭、水泥等多种成套设备及其他机电产品的出口项目。

③中国农业发展银行贷款。中国农业发展银行的主要任务是筹集农业政策性信贷资金，承担国家规定的农业政策性金融业务，代理财政性支农资金的拨付，为农业和农村经济的发展服务。中国农业发展银行承担的农业政策性贷款分为商业性贷款和开发性贷款。商业性贷款包括粮棉油收购、调销、储备、批发、进出口以及猪肉、食糖、烟叶、羊毛等储备的贷款。开发性贷款包括大型农业基本建设和技术改造贷款、林业贷款和治沙贷款。

（2）外国政府贷款

外国政府贷款是指外国政府向发展中国家提供的长期优惠性贷款。它具有政府间开发援助的性质，其赠予成分（即与市场条件利率和偿还期相比较而计算出的贷款的优惠程度）一般在35%以上。目前我国已同日本、比利时、丹麦、法国、英国、意大利、西班牙、德国、奥地利、瑞士、卢森堡、荷兰、挪威、瑞典、芬兰、加拿大、澳大利亚、科威特、韩国等家建立了双边政府贷款关系。外国政府贷款条件比较优惠，但是资金使用比较受限制，即必须购买援助国的产品。

（3）国际金融组织贷款

目前全球性的国际金融组织主要有国际货币基金组织（IMF）、国际复兴开发银行（简称世界银行"WB"）、国际清算银行（BIS）等。影响较大的区域性国际金融组织包括亚洲开发银行（ADB）、泛美开发银行（IDB）、非洲开发银行（AFDB）、欧洲复兴开发银行（EBRD）等。这些国际金融机构由许多国家政府参加，并向特定的对象国政府提供优惠性的多边信贷，其贷款有软硬之分，是另一种官方资本来源。目前，向我国提供多边贷款的国际金融机构主要有世界银行、亚洲开发银行、国际农业发展基金组织（IFAD）和国际货币基金组织。

3. 债券融资

（1）国内公司（企业）债券

债券融资是指项目法人以自身的财务状况和信用条件为基础，通过发行企业债券筹集资金。除国家发行的国库券外，企业或项目实体为项目建设和经营发展而向公众发行的债券称为企业债券。除一般债券外，还有可转换债券，其特点是在规定期限内的任何时候，债券持有人可以按照发行合同指定的条件把所持债券转换成发行企业的股票的一种债券。在转换成股票之前，持有人可得到合同中规定的利息，也可以将可转换债券在市场上出售。可转换债券具有一般债券的特点，如果股价上涨，持有者可将之换成股票，从股市上涨中获益；在股价下跌时，债券持有者可保留债券获取利息，避免股市不景气造成的损失。因此，同股票和普通债券相比，可转换债券为投资者提供了更大的选择余地。

（2）海外债券融资

海外债券是由一国政府、金融机构、企业或国际组织，为筹措资金而在国外证券市场上发行的，以某种货币为面值的债券。海外债券也称国际债券，包括外国债券和欧洲债券。

4. 股票融资

（1）国内发行股票融资

股票是股份公司为筹措自有资本而发行的有价证券，是持股人拥有公司股权的凭证。经政府批准的股份有限公司可申请发行公司股票。股票融资由于是向社会公开发行股票，可筹集大量资本金，是现代企业和项目筹集权益资本的主要方式。

（2）海外上市融资

我国境内企业直接到海外上市融资是企业进行国际融资的一条新路。国内企业到海外证券交易所直接上市融资，一方面可以为企业筹集国际资金提供一条便捷的途径；另一方面也可以提高企业的声望和国际地位，改变现有企业的经营体制，有利于企业将产品推向海外，对促使企业国际化发展有积极意义。

5. 外商直接投资

（1）举办中外合资经营企业

中外合资经营企业（以下简称合营企业）是由中国投资者和外国投资者共同出资、共同经营、共负盈亏、共担风险的企业。外国合营者可以是企业、其他经济组织或个人。中国合营者目前只限于企业、其他经济企业，不包括个人和个体企业。经审查机关批准，合营企业是中国法人，受中国法律的管辖和保护。它的组织形式是有限责任公司。目前合营企业还不能发行股票，而采用股权形式，按合营各方的投资比例分担盈亏。

（2）举办中外合作经营企业

中外合作经营企业是由外国公司、企业和其他经济组织或个人同中国的公司、企业或其他经济组织在中国境内共同投资或提供合作条件举办的企业。它与中外合资经营企业最大的不同在于中外各方的投资一般不折算成出资比例，利润也不按出资比例分配。各方的权利和义务，包括投资或者提供合作条件、利润或者产品的分配、风险和亏损的分担、经营管理的方式和合同终止时财产的归属等事项，都在各方签订的合同中确定。举办中外合作经营企业一般由外国合作者提供全部或大部分资金，中方提供土地、厂房、可利用的设备和设施，有的也提供一定量的资金。中外合作者在合同中约定合作期满时企业的全部资产归中方所有，外国合作者可以在合作期限内先行回收投资。这一做法，一方面可以解决国内企业缺乏投资来源问题；另一方面对许多急于回收投资的外国投资者具有很大的吸引力。

6. 无追索权式项目融资

无追索权式项目融资的含义是：项目负债的偿还只依靠项目自身的资产和未来的现金流量来保证，即使项目实际运作失败，债权人也只能要求以项目本身的财产或盈余还债，而对项目外的其他资产无追索权。下面我们以两种典型的无追索权式项目融资方式为例说明。

（1）BOT 融资

BOT 是英文 Build-Operate-Transfer 的略语，即建设—经营—转让方式，是政府将一个基础设施项目的特许权授予承包商。承包商在特许期内负责项目设计、融资、建设和运营，并回收成本、偿还债务、赚取利润，特许结束后将项目所有权移交政府。实质上 BOT 融资方式是政府与承包商合作经营基础设施项目的一种特殊运作模式。BOT 融资在我国还称为"特许权融资方式"。

（2）ABS 融资

ABS 是英文 Asset Backed Securitization 的略语，是以项目所属的资产为支撑的证券化融资方式。它是以项目所拥有的资产为基础，以项目资产可以带来预期收益为保证，通过在资本市场发行债券来募集资金的一种项目融资方式。

7. 其他融资方式

（1）境外投资基金融资

利用境外投资基金对我国的基础设施建设、基础产业开发、现有企业技术改造进行直接投资，是我国企业利用外资的重要方式之一。从投资基金投资的区域上看，可分为全球基金、地区基金和国家基金，等等。全球基金和地区基金多是由于证券市场、资金市场、金融衍生品市场的发育比较成熟才得以设立，而国家基金则多是为了参与某一国家和地区经济高速增长而设立，并对该国或地区的经济增长起到推动作用。因此，我国企业利用境外投资基金进行融资，一般是通过在境外中国产业投资基金的方式进行，即通过在海外设立中国产业基金，发行基金券募集资金，然后投资中国的产业项目。

（2）国际融资租赁

融资租赁是一种金融、贸易与租赁相结合，以租赁物品的所有权与使用权相分离为特征的一种新型的信贷方式。这种融资方式既不是直接放贷，也不同于传统的财产租赁，而是集融资和融物于一体，兼有金融与贸易双重职能的融资方式。融资租赁在急于寻求产品销售市场的设备制造商与亟须设备但缺少资金的设备使用厂家之间发挥着桥梁作用，迎合了新科技和新工艺层出不穷、产品市场日新月异、企业设备更新加快的经济发展趋势，改变了人们长期以来重所有权、轻使用权的观念。融资租赁这种所谓"借鸡下蛋、卖蛋还本"的新型信贷融资方式，被许多国家和政府所重视，如美国的融资租赁交易已占全美设备投资总额的30%以上。

二、资金成本的分析与计算

1. 资金成本的概念

资金成本是指企业取得和使用资金所需支付的费用，包括资金占用费用和资金筹集费用。资金占用费用包括股票的股息、银行借款利息、债券利息等。资金筹集费用是指资金筹集过程中所发生的费用，包括印刷费、手续费、律师费、资信评估费、公证费、担保费、广告费和资产评估费等。为了便于分析比较，资金成本通常以相对数表示。企业使用资金所负担的费用同筹集资金净额的比率，称为资金成本率（一般亦通称为资金成本）。其定义式为

$$资金成本率 = 资金占用费用/筹集资金总额 - 资金筹集费用 \times 100\% \quad (5-33)$$

2. 资金成本的性质和作用

（1）资金成本的性质

资金成本是一个重要的经济范畴，它是在市场经济条件下，由于资金所有权和资金使用权分离而形成的一种财务概念，具有以下性质：

①资金成本是资金使用者向资金所有者和中介人支付的占用费和筹资费，因此，资金成本是市场经济条件下资金所有权和使用权分离的必然结果。

②资金成本具有一般产品成本的基本属性，又有不同于一般产品成本的某些特征。资金成本是企业的耗费，企业要为此付出代价，支出费用，但是资金成本只有一部分可以列入产品成本，如租金、利息等，而另一部分则作为利润分配，不能计入产品成本，如股息等。

③资金成本同资金时间价值既有区别，又有联系。资金成本的基础是资金时间价值，但两者在数量上不一致，资金成本既包括资金的时间价值，又包括投资风险等因素。

（2）资金成本的作用

①资金成本是选择资金来源、筹资方案的重要依据。资金筹措的方式很多，如发行股票、债券，向银行借款，使用企业留成利润等不同的筹资方式，其资金成本也不同，比较各种资金来源的成本，合理调整资本结构，就能达到以最低的综合资金成本筹集资金的目的。

②资金成本是评价投资项目可行性的主要经济标准。它是衡量一个项目是否可以接受的最低收益率，只有项目的预期收益足以弥补资金成本时，项目才可以考虑接受。再次，资金成本是衡量企业经营业绩的重要标准。企业经营需要利用资产，而资产是通过不同渠道筹集资金购置的。

因此，资产经营收益要大于等于资金成本，才不至于亏损。

3. 资金成本的计算

（1）债务资金成本的计算

筹集债务资金的形式很多,如各种国内外贷款(国家基本建设基金贷款、国内银行贷款、外国政府贷款、国际金融机构贷款、商业银行贷款、出口信贷等)、融资性贸易(租赁贸易补偿贸易),以及各种债券。任何一种筹资方式都会使企业现时立即得到一笔资金,同时企业要在未来定期向债权人支付本息,资金成本就是使未来现金流出的现值与现时的现金流入相等的折现率。根据这一思路,可以给出计算资金成本的通式如下:

$$P = \frac{C_1}{(1+k)} + \frac{C_2}{(1+k)^2} + \cdots + \frac{C_n}{(1+k)^n} = \sum_{t=1}^{n} C_t(1+k)^{-t} \qquad (5-34)$$

式中 P——某种筹资方式使企业现时获得的资金净收入;

C_t——t 时的现金流出(利息、租金或本金),$f=1,2,\cdots,n$(年);

k——该种筹资方式的税前贴现率,即该种资金的税前资金成本率。

$$税后资金成本率 = k \times (1 - 所得税税率)$$

[**例5-8**] 某企业发行 5 年期债券 100 万元,筹资费率 1%,债券票面利率 5%,到期一次还本付息,企业所得税率为 25%,则该债券的资金成本是多少?

解 $100(1-1\%) = (100 + 100 \times 5\% \times 5)/(1+k)^5$

$$k = 4.77\%$$

税后资金成本率为:$4.77\% \times (1-25\%) = 3.58\%$

如果每年等额支付利息(或租金),到期一次还本,则负债筹资的资金成本可进行简化计算,计算公式如下:

$$k_B = \frac{B_0 i(1-T)}{B_j(1-f)} \qquad (5-35)$$

式中 k_b——债券资金成本率;

B_0——债券票面价格;

i——债券票面利率;

T——企业所得税率;

B_j——债券发行价格;

f——筹资费率。

[**例5-9**] 某企业发行 5 年期债券,票面价格 100 万元,债券票面利率 5%,每年支付一次利息,到期一次还本。实际发行价格 120 万元,筹资费率 1%,企业所得税率为 25%,则该债券的资金成本是多少?

解 $k_B = \frac{B_0 i(1-T)}{B_j(1-f)} = \frac{100 \times 5\% \times (1-25\%)}{120(1-1\%)} = 3.16\%$

(2)权益资金的成本计算

企业资金无论采取何种方式筹集,最终必然分为两类,即债务资金和权益资金。对于股份制企业,权益资金就是股票持有者享有的权益;对于其他类型企业,权益资金就是因企业利润留存而拥有的自有资金。它们的资金成本是根据投资者希望从企业获得的赢利数确定的。投资者决定是否投资的依据是他们自己可接受的最低收益率。当预期的收益率高于他们可接受的最低收益率(MARR)时,投资者才愿意投资。对于股份制企业,投资者购买、持有或出售股票的依据是普通股的市场价格,而这个价格是股票持有者所期望的未来收入(包括股息和出售时的股票市场价格)的现值。股票的资金成本就是能使普通股的市场价格保持不变的最小收益率,即

$$P = \frac{C_1}{(1+k)} + \frac{C_2}{(1+k)^2} + \cdots + \frac{C_n}{(1+k)^n} + \frac{S}{(1+k)^n} \qquad (5-36)$$

式中 P——投资的现值,即普通股的目前市场价格;

k——投资者可接受的最低收益率,即股票资金的成本;

C_t——股票在投资期内第 t 年末的现金股息,$t = 1, 2, \cdots, n$;

S——第 n 年末股票的市场价格。

以上是计算股票资金成本的通用公式。在实际工作中,如果假定资金筹集后使用资金的时间较长,即筹集长期资金,则股票资金成本可采用下列方法进行简单计算。

①股利固定不变情况下,股票资金成本率的计算公式为

$$k_c = \frac{D_c}{P_c(1-f)} \qquad (5-37)$$

式中 k_c——股票资金成本率;

D_c——固定的年股息支出总额;

P_c——股票筹集资金总额;

f——筹资费率。

②股利固定增长(增长率为 g)情况下,股票资金成本率的计算公式为

$$k_c = \frac{D_c}{P_c(1-f)} + g \qquad (5-38)$$

式中 D_c——预计第一年发放的股利总额;

g——普通股股利预计每年增长率;

其他符号同上。

[例 5 - 10] 某股份制企业正处于快速成长时期,每年股利增长率为 5%。该企业现计划增发股票 1 000 万元,预计第一年股利率 10%,筹资费率 2%,则新发股票的资金成本率是多少?

解 $k_c = \dfrac{D_c}{P_c(1-f)} + g = \dfrac{1\ 000 \times 10\%}{1\ 000 \times (1-2\%)} + 5\% = 15.2\%$

(3)综合资金成本的计算

企业可以从不同来源筹集资金,其成本各不相同。从多种来源取得资金可以形成各种筹资方式的组合,即各种筹资方案。筹资方案的比选需要计算全部资金来源的综合资金成本率,即加权平均的资金成本率。其计算公式为

$$k_w = \sum_{j=1}^{n} w_j k_j \qquad (5-39)$$

式中 k_w——综合资金成本率,一般指税后资金成本率;

w_j——第 j 种资金来源占全部资金的比重;

k_j——第 j 种资金来源的资金成本率,一般指税后资金成本率;

n——筹资方式的种类。

三、融资方案的综合分析论证

在选择融资方案时,不仅要考虑资金成本,而且还要综合考虑其他因素,比如融资结构、融资数量、融资风险等。

1. 融资结构的分析论证

融资结构是指项目通过不同渠道筹资的资金的比例关系。在分析融资方案的组合结构中，最重要的是考虑自有资金和借入资金的比例关系。自有资金（或股本）与借款资金是两种性质的资金。自有资金（或股本）是企业自身拥有的资金，经过经营而分取利润，企业可以长期持有，不用归还，筹资风险很小。借入资金是企业向债权人取得的资金，企业用以经营，按期偿还本金和利息。如果经营不善，无力偿还本金和利息，可能导致项目提前终止，因此筹资风险较高。自有资金风险低、成本高；借入资金成本低、风险高。因此，企业应在风险和成本之间权衡，选择适当的负债比例。当投资收益率较高时，通过适度举债，可以利用财务杠杆的作用提高自有资金的利润率。同时也应看到，借款太多，也必然承担更大的利息负担，一旦企业经营不利，其利息负担将难以承受。因此，贷款和自有资金应选择合适的比例。欧、美、日的企业资金中，贷款往往大于股本，一般是60%∶40%。也有的高达70%∶30%或80%∶20%。我国银行对企业贷款时，也规定必须有1/3的自有资金，才能贷出2/3的贷款。在可行性研究中：第一，资本金净利润率要高于资金成本；第二，负债多少要和企业资金结构和偿债能力相适应，举债要适度。

2. 融资数量及投放时间分析论证

不论通过什么渠道、采取什么方式筹集资金，都应该确定资金的需要量。筹集资金固然要广开渠道，但必须要有一个合理的界限。资金不足，会影响生产经营；资金过剩，也会影响资金使用效果。在核定资金需要量时，不仅要注意项目产品的生产规模，而且要注意产品的销售趋势，防止盲目生产，造成资金积压。同时，要掌握全年资金的投入量，并测定不同月份的资金投入量，以便合理安排资金的投放和回收，减少资金占用，加快资金周转。在可行性研究中，要查核筹集资金的数量是否符合和满足拟建项目的需要。资金筹措数量应包括固定资产投资总额、建设期利息和流动资金。同时，还要分析筹资时间和分年筹资数量是否能够符合和满足项目建设进度的要求。

3. 融资风险分析

融资方案的实施经常受到各种风险的影响。为了使融资方案稳妥可靠，需要对下列可能发生的风险因素进行识别、预测。

（1）资金供应风险。资金供应风险是指融资方案在实施过程中，可能出现资金不落实，导致建设工期拖长，工程造价升高，原定投资效益目标难以实现的风险。

（2）利率风险。利率风险是指融资方案在实施过程中，在资金使用期间，由于金融市场利率水平的变动给融资方或项目带来的风险。如果融资方案中采用浮动利率计息，则应分析贷款利率变动的可能性及其对项目造成的风险和损失。

（3）汇率风险。汇率风险是指国际金融市场外汇交易结算产生的风险，包括人民币对各种外币币值的变动风险和各外币之间比价变动风险。利用外资数额较大的投资项目应对各种外汇汇率的走势进行分析，估测汇率发生较大变动时，对项目造成的风险和损失。

总之，对融资方案的分析和论证，主要是对融资方案的安全性、经济性和可行性进行评判和比较。安全性是指融资风险对融资目标和项目建设的影响程度；经济性是指融资成本最低；而可行性是指融资渠道有无保障，是否符合国家政策规定。最后分析资金筹措方案在可能与可行的条件下的最优化，即将资金筹措种类、安排顺序、数量和条件等方面进行综合分析，使融资成本尽可能低，提出优化融资方案的建议。

第五节　资金使用规划

一、资金使用规划编制的依据和原则

在资金筹措方案确定以后,就应根据项目实施进度规划的要求,编制资金使用规划,以便在保证完成项目实施规划任务的基础上,更合理有效地利用资金。为此,在资金使用规划的编制过程中,必须把资金使用的计划安排和筹资方案结合起来,使其相互衔接,并且保证资金的使用能够满足项目实施进度规划的要求。在编制资金使用规划时,必须注意以下几点。

(1)各项投资支出应根据"生产技术方案""设计方案"及其他有关部分提供的数据资料,经过分析、审查、调整核实后,结合进度实施规划确定投资分年支用数。

(2)各项投资各年度的支出额是指需要在各个时期实际支付的资金额,而不是该时期应实现的投资额。

(3)投资需用外汇支付各种款项时,则各年的投资支用应分别以"外汇"与"人民币"计算,便于确定不同货币的资金来源和计算外汇投资效益。

(4)测算进口设备投资支出,应注意"合同价"的内涵,如按我国港口的"到岸价",则合同价内已包括海上运输与保险费;如按供应国的"离岸价",则在设备投资中尚需列入海运和保险的外汇费用。进口设备的关税和增值税也应另列计算。

(5)流动资金支出,应根据投产后的年产量计算,并随产量的增加,分年度安排流动增加额,以利于节约使用资金,减少流动资金贷款利息的支出。

二、资金使用规划的编制方法

1. 建设投资的使用规划

(1)建筑安装工程按照工程施工进度,即按分年度工程量计划来安排资金。

(2)设备应按订货合同规定的时间安排资金使用,当无合同时,可根据设备订货周期推算确定。

(3)对土地征用等前期费用,应在项目建设前期安排落实。

(4)按照项目实施进度规划中各项具体工作的内容、特点和实施进度要求,结合资金供应的可能性,编制建设投资资金使用规划,并将有关数据分年分项确定。

2. 流动资金使用规划

新建项目投产后由于种种原因不可能立即达到设计生产能力。在投产期流动资金需要量可根据投产能力安排,逐年增加流动资金。在安排流动资金使用规划时,应充分考虑到项目投产后企业生产的实际需要,尽量做到合理使用流动资金,减少流动资金的占用量,以利于降低产品成本和项目投资总额。

三、资金使用规划方案的分析评价

对资金使用规划方案的分析和评价,应着重从下列几个方面进行。

(1)项目实施进度规划是否能与资金筹措方式和筹资规划相吻合,是否有调整和修改建议。资金使用规划能否与项目实施进度规划相衔接。

(2)各项不同渠道来源的资金使用是否合理、是否符合国家规定,特别是外汇的使用是否符合国家有关政策规定和投资者签订的协议,有无外汇偿还能力。

　　(3)投资使用规划的安排是否科学合理,是否能够达到保证项目顺利实施和资金最优利用的目的。每年的资金筹措数应该大于等于每年的投资数。根据项目资金使用规划方案的结果,结合分年投资计划可以编制项目总投资使用计划与资金筹措表(见表5-18)。

表5-18　项目总投资使用计划与资金筹措表

序号	项目	合计			第一年			……		
		人民币	外币	小计	人民币	外币	小计	人民币	外币	小计
1	总投资									
1.1	建设投资									
1.2	建设期利息									
1.3	流动资金									
2	资金筹措									
2.1	项目资本金									
2.1.1	用于建设投资									
	××方									
	……									
2.1.2	用于建设期利息									
	××方									
	……									
2.1.3	用于流动资金									
	××方									
	……									
2.2	债务资金									
2.2.1	用于建设投资									
	××借款									
	××债券									
	……									
2.2.2	用于建设期利息									
	××借款									
	××债券									
	……									
2.2.3	用于流动资金									
	××借款									
	××债券									
	……									
2.3	其他资金									
	×××									
	……									

第六章 财 务 分 析

第一节 财务分析概述

一、财务分析的概念及作用

1. 财务分析的概念

财务分析也称为财务评价,是根据国家现行财税制度和价格体系,分析、计算项目直接发生的财务效益和费用,编制财务报表,计算评价指标,考察项目赢利能力、清偿能力和财务生存能力等财务状况,据以判别项目的财务可行性。财务分析是建设项目经济评价中的微观层次,它主要从微观投资主体的角度分析项目可以给投资主体带来的效益以及投资风险。作为市场经济微观主体的企业进行投资时,一般都要进行项目财务分析。财务分析应在初步确定的建设方案、投资估算和融资方案的基础上进行,财务分析的结果又可以反馈到方案设计中,用于方案比选,优化设计方案。项目类型不同,财务分析的内容亦不相同,经营性项目应进行全面的财务分析,非经营性项目只进行财务生存能力分析。

2. 财务分析的作用

(1)财务分析是确定项目赢利能力的依据。新的投资体制要求建立投资风险约束机制,由项目法人对投资项目的策划、筹资、建设直至生产经营、归还贷款以及资产的保值增值,实行全过程负责,承担投资风险。因此,一个投资项目未来的市场前景如何,经营状况如何,能否达到投资者要求的收益水平,能够在多长时间内收回投资,项目风险有多大,有没有足够的偿债能力等,这些问题都是项目利益相关各方十分关心的。只有通过科学合理地预测项目未来现金流量,计算有关评价指标,并将这些信息提供给项目利益相关各方,项目的利益相关各方将根据这些信息决策是否支持项目,是否需要对项目进一步优化。

(2)财务分析可用于制订适宜的资金规划。目前投资主体多元化已成为项目融资的主流。然而,每个投资主体对项目都有不同的利益要求,通过财务分析,投资各方可以初步了解项目未来预测的运营状况及可能存在的风险,从而为投资各方寻找项目切入点,为资金支持提供了依据。同时,项目效益状况也为合理安排借款及还款计划提供了依据。

(3)财务分析为协调企业利益与国家利益提供依据。任何项目的建设都要消耗一定的社会资源,只有那些能够给投资者带来效益的项目才能被实施。然而有些社会效益显著,而经济效益较差的项目又是社会所必需的。对于这些项目,通过财务分析可以了解项目维持运营的必要条件,国家可以根据这些条件给予项目一定的优惠,保证项目在财务上可行。

(4)财务分析是进行经济评价的基础。财务报表分析以企业财务报告反映的财务指标为主要依据,对企业的财务状况和经营成果进行评价和剖析,以反映企业在运营过程中的利弊得失、财务状况及发展趋势。它既是对已完成财务活动的总结和评价,又是对企业发展趋势的财务预测,是报表使用者深刻认识企业财务状况的"探测仪"。

财务报表分析通过搜集整理企业财务报表的有关数据,并结合其他有关的补充信息,对企业的财务状况、经营成果和现金流量情况进行综合比较与评价,为报表使用者提供决策依据。

二、财务分析的程序及内容

项目在财务上的可行性主要取决于项目的财务效益与费用及项目现金流量的分布情况。投资项目赢利能力、偿债能力和财务生存能力等财务状况,都是通过编制预计财务报表并计算相关评价指标来判断的。因此,进行财务分析,应首先在明确项目范围的基础上,测算选取必要的基础数据和参数,并编制相关辅助性报表。这一阶段称为财务分析基础数据和参数的确定、估算与分析阶段,是财务分析的准备阶段。然后才进入财务分析的实质性工作阶段,即编制主要财务报表和计算财务分析指标。财务分析指标主要包括赢利能力指标、偿债能力指标和财务生存能力指标。之后还要进行不确定性分析,包括盈亏平衡分析和敏感性分析。多方案比选要贯穿于可行性研究全过程,是财务分析的重要方法之一。

项目决策可分为投资决策和融资决策两个层次。投资决策重在考察项目本身的经济强度,即融资前分析;融资决策重在考察资金筹措方案的合理性。若要分析融资方案对投资项目赢利能力的影响,需进行融资后分析。一般来说投资决策在先,融资决策在后,因此在融资前分析结论满足投资者的要求收益后,初步设定融资方案,再进行融资后分析。融资前分析排除了融资方案变化的影响,从项目总投资获利能力的角度,考察项目本身的经济强度,作为初步投资决策和融资方案研究的依据和基础。融资前分析可以选择所得税前的现金流量或所得税后现金流量进行分析;所得税前现金流量是息税前现金流量,所得税后现金流量是从息前税后角度进行分析的。在项目建议书阶段,一般只进行融资前分析。融资后分析是指确定融资方案的前提下,考察资本金的赢利能力和偿债能力,一般用税后现金流量进行分析。融资后分析可用于比选融资方案,帮助投资者作出融资决策。

三、财务分析的基本原则和方法体系

1. 基本原则

(1)从税原则。财务分析是在现行的会计制度和税收法规基础上进行的,因此财务分析基础数据的估算要遵循会计制度和税收法规的有关规定。但是由于财务分析的特殊性——预测数据,不可能完全遵守会计制度和税收法规的规定,应该允许在不影响利润的前提下,适当简化和归并财务报表科目。当会计制度和税收法规相矛盾时,为了合理估算税金,应该按照从税原则计算相关基础数据并编制财务报表。

(2)一致性原则。为了正确评价项目的赢利能力,必须遵循费用与效益计算范围一致性原则,这也是会计制度的一项重要原则。如果投资估算中包含了某个单位工程,那么在效益与费用估算中就必须包含因该单位工程而产生的效益与费用,否则就会导致效益低估或高估。一致性原则还包括效益与费用估算所采用的价格体系应该一致。

(3)有无对比原则。有无对比原则是费用效益识别的基本原则。尤其是在改扩建项目中,哪些属于原有企业的费用效益,哪些是新建项目的费用效益,通常要用有无对比原则进行识别。所谓"有"是指实施新项目后将来的运营状况;"无"是指不实施新项目将来的运营状况。有无对比是同一时点上的增量效益与费用。它与前后对比不同,前后对比是指实施项目后将来的运营状况与现状的对比。比如交通运输项目,没有新项目时,交通流量也会随着经济的发展而变化,有了新项目后,可能会由于交通运输环境的改善诱发新的交通流量。

(4)动态分析与静态分析相结合,以动态分析为主的原则。根据时间价值原理,资金会随着时间的推移而产生增值。投资项目所占用的资金也不例外,也存在时间价值。因此,

在投资项目的财务分析中,只有考虑资金时间价值的分析——动态分析——才是科学的分析。没有考虑时间价值的静态分析,由于计算简便,也经常使用。因此,财务评价应该遵守动态分析与静态分析相结合,以动态分析为主的原则。

(5)定量分析与定性分析相结合,以定量分析为主的原则。投资项目财务分析是项目决策的重要依据之一,由于投资项目具有不可逆性、建设周期长等特点,建设过程中涉及多方利益主体,影响项目正常建设运营的因素也非常多,完全的定量分析不可能涵盖所有因素,因此,必须定量分析与定性分析相结合,才能正确分析项目建设的影响。

2. 方法体系

(1)基础数据的估算采用有无对比法。

(2)评价指标的计算以考虑资金时间价值的现金流量分析为主体,辅之以反映财务状况的指标。

(3)最优方案的选取要根据方案之间的关系进行多方案比选。

第二节　财务基础数据的确定与估算

项目在完成建设必要性审查、生产建设条件评估和技术可行性评估等工作之后,就可以进行财务基础数据的测算。财务基础数据测算是从项目分析的要求出发,按照现行财务制度规定,对项目有关的成本和收益等财务基础数据进行搜集、测算,并编制财务基础数据测算表等一系列工作。财务基础数据的测算是项目财务分析、经济分析和投资风险评价的基础和重要依据。它不仅为财务效益分析提供必要的财务数据,而且对财务效益分析的结果,以及最后的决策意见,产生决定性影响,在项目评价中起到承上启下的关键性作用。

一、财务基础数据测算的准备工作

财务基础数据的测算过程与价格体系、项目计算期及运营负荷联系密切,因此我们首先介绍这些内容。

1. 价格体系

价格是将技术方案所确定的实物量转化为货币量的主要媒介。合理选择价格体系是财务分析中一项十分重要的工作,直接关系着评价结果的可信度。在项目计算期内,影响价格变动的因素很多,但是归纳起来不外乎两类,即相对价格变动因素和绝对价格变动因素。相对价格变化是指商品间的比价发生变化。导致这种变化的因素一般有:技术进步、劳动生产率的提高、生产结构的调整、可替代品的出现、消费结构的变化等。

绝对价格变化是指以货币单位表示的物价总水平的变化,这主要是由于货币贬值或升值而引起的。

财务分析中涉及的价格体系主要有三种,即固定价格体系、时价体系和实价体系。同时涉及三种价格,即基价、时价和实价。

(1)基价

基价(Base Year Price)是指在项目生产经营期内不考虑价格相对变动和通货膨胀影响的不变价格,即在整个生产经营期内都用这一预测的固定价格,作为计算产品营业收入和原材料、燃料动力费用的价格,这主要是出于以下考虑。

①引起项目整个计算期内价格变动的因素很多,例如通货膨胀所导致的物价总水平的

变动,技术进步、消耗降低所导致的价格相对水平的变动等。对这些复杂的因素作出长期的预测比较困难。

②在进行不同项目、不同方案比较时,均舍去价格变动因素,一般不会影响项目或方案的可比性。

③在很多情况下,投入物可能涨价,产出物也可能涨价,两者可以大致抵消。采用统一价格,是为了简化计算、方便经济评价工作的进行,并不意味着项目计算期内产品的实际价格固定不变。

（2）时价

时价（Current Price）是指当时的市场价格,即在项目的生产经营期内分别预测每一年的市场价格,据以计算各年的产品营业收入和成本费用。时价不仅包含了绝对价格变动因素,也包含了相对价格变动因素。一般通过预测时价上涨率,以基价为基础分别计算各年的时价。设基价为 P_b ,时价为 P_c ;各年时价上涨率为 $c_i, i=1,2,\cdots,n$ 。则第 n 年的时价 P_{cn} 为

$$p_{cn} = p_b \times \prod (1 + C_t) \tag{6-1}$$

若各年 c_i 相同,则 $P_c = P_b \times (1 + c)^n$ 。

在偿债能力分析中原则上应采用时价体系,尤其是通货膨胀较为严重时,采用时价体系可以反映通货膨胀对偿债能力的影响。为了满足实际投资的需要,投资估算中也应该采用时价体系。

（3）实价

实价（Real Price）是指在项目生产经营期内仅考虑相对价格变动因素的预测价格。实价可以通过时价中扣除通货膨胀来计算。设实价为 P_r ;各年的通货膨胀率为 $f_i, i=1,2,\cdots, n$,则第 n 年的实价 P_{rn} 为

$$P_{rn} = \frac{P_{Cn}}{\prod_i^n (1 + f)} = p_b \frac{\prod_i^n (1 + c_i)}{\prod_i^n (1 + f_i)} \tag{6-2}$$

进行赢利能力分析,一般采用只考虑相对价格变动因素的实价,这样做可以消除因通货膨胀带来的"浮肿利润",相对真实地反映投资的赢利能力,为投资决策提供较为可靠的依据。投资项目财务分析中,建设期一般以时价估算各项支出。运营期内,若能合理判断未来市场价格变动趋势,则应采用实价估算投入与产出;若难以确定投入与产出的价格变动趋势,则可采用运营期初的基价估算现金流量;若通货膨胀较为严重时,也可考虑用时价估算项目的投入与产出。

2.项目计算期

项目的计算期包括建设期和生产运营期。

评价用的建设期是指项目资金正式投入使用开始到项目建成投产为止所经历的时间。建设期的确定应综合考虑项目的建设规模、建设性质（新建、扩建和技术改造）、项目复杂程度、当地建设条件、管理水平和人员素质等因素,并与项目进度计划中的建设工期相协调。建设期与建设工期是两个非常相近的概念,都以项目竣工验收为终点。但是,起点不同,建设期以资金投入为起点,而建设工期以永久性工程破土动工为起点,要注意区分。

评价用的生产期是由项目的运营寿命期决定的,应根据项目的产品寿命期、主要工程和设备的经济寿命、主要技术的寿命期、矿山资源的设计开采年限等因素综合考虑确定。

除某些采掘工业受资源储备限制需要确定合理开采年限外,一般工业项目的生产期是指综合折旧寿命期。

有些项目运营寿命很长,甚至是永久性工程,如水坝等,项目的计算期应根据评价需要确定,其计算期中的生产期可低于其折旧寿命期。对计算期短于运营寿命期较多的项目,在计算内部收益率、净现值等指标时,为避免计算误差,可采用年金折现、未来值折现方法,将计算期结束以后年份的现金流量折现到计算期末。

另外,计算期不宜定得太长。除建设期应根据实际需要确定外,一般来说,生产期有20年已经足够了。因为20年后将发生什么情况很难预测,时间越长,误差越大。其次,按折现法计算,20年后的收益金额折现为现值,为数甚微,对评价结论不会产生举足轻重的影响。

3. 运营负荷的研究确定

运营负荷是指项目生产经营期内各年设定的生产能力的发挥程度,也称生产能力利用率,以百分比表示,它是计算销售收入和生产成本的依据之一。运营负荷的高低与项目复杂程度、技术成熟程度、市场开发程度、原材料供应、配套条件、管理因素等都有关系。在市场经济条件下,如果其他方面没有大的问题,运营负荷的高低主要取决于市场。

运营负荷的确定一般有两种方式:一是经验设定法,即根据以往类似项目的经验,结合该项目的实际情况和专家对项目产品未来市场的经验判断,粗略确定各年的运营负荷;二是营销计划法,即根据详细的市场研究,制订分年营销计划,进而确定各种产出物各年的生产量,再据此估算各年成本费用和销售收入的方法。目前国内项目评价中大多采用经验设定法,但是,营销计划法更科学。

二、财务基础数据测算的内容

由于财务分析是以现金流量分析为主体,因此财务基础数据的选取也要围绕着项目的现金流量而定。现金流量是指投资项目在其整个寿命周期内实际发生的资金流出或资金流入。其中流出项目系统的称为现金流出,一般包括投资、经营成本和税金;流入项目系统的称为现金流入,一般包括营业收入、回收流动资金、回收固定资产余值。因此,财务基础数据的测算应包括五个方面的内容。

1. 项目总投资及其资金来源和筹措

建设项目评价中的总投资包括建设投资、建设期利息和流动资金。它们在项目建成投产后形成固定资产、无形资产、其他资产和流动资产。投资的测算包括项目总投资和项目建设期间各年度投资支出的测算,并在此基础上制订资金筹措和使用计划,指明资金来源和运用方式,进行筹资方案分析论证。

2. 总成本费用

总成本费用是项目生产经营过程中发生的各种耗费及其补偿价值。根据评价目的与要求,需要按照不同的分类方法分别测算总成本费用、可变成本、固定成本和经营成本。

3. 营业收入与营业税金及附加

营业收入是指项目运行过程中销售产品或提供服务所获得的收入。按当年生产产品的产量与产品单价估算;而营业税金是指项目生产期内因经营活动而发生的从营业收入中缴纳的税金,包括营业税、消费税、城市维护建设税及教育费附加等。营业收入和营业税金及附加是测算营业利润的重要依据。

4. 营业利润的形成与分配

营业利润是指项目的营业收入扣除营业税金及附加和总成本费用后的盈余,它综合反映了企业生产经营活动的成果,是贷款还本付息的重要来源。企业营业利润除了缴纳所得税(税率25%)外,还应从利润中弥补以往亏损和提取盈余公积金后,才能作为偿还借款的资金来源。

5. 借款还本付息测算

贷款还本付息是指项目投产后,按国家规定的资金来源和贷款机构的要求偿还建设投资借款本金及利息。测算的内容包括本金和利息数量,以及清偿借款本息所需的实际时间,它是分析项目偿债能力的重要依据。

三、营业收入、营业税金及附加的估算

1. 营业收入的估算

营业收入估算应分析、确认产品和服务的市场预测分析数据,特别要注意对目标市场有效需求的分析;说明建设规模、产品或服务方案。并根据产品的销售去向和市场需求,结合国内外产品价格变化趋势,确定所采用的价格基点和价格体系。产品销售价格一般采用出厂价。

2. 营业税金及附加的估算

营业税金及附加的计征依据是项目的营业收入。营业税金及附加包括:营业税、消费税、城市维护建设税及教育费附加。营业税金及附加中不包含增值税,因为增值税是价外税,没有包含在产品价格中,与纳税人的经营成本和经营利润无关。所以,一般情况下增值税不在"营业(营业)税金及附加"科目中反映,应单独列出。在经营期间的现金流量系统中也可以不考虑增值税。但是,当采用含增值税的价格计算营业收入和原材料、燃料动力成本时,利润与利润分配表以及现金流量表中应单列增值税科目。目前我国大部分地区仍然采用生产型增值税,不允许抵扣购进固定资产的进项税额,因此建设投资中应包含有增值税。对营业收入、营业税金及附加和增值税的估算结果应编制"营业收入、营业税金及附加和增值税估算表"如表6-1所示。

表6-1 营业收入和营业税金及附加和增值税估算表　　　　　　单位:万元

序号	项目	合计	计算期					
			1	2	3	4	…	n
1	营业收入							
1.1	产品 A 营业收入							
	单价							
	数量							
	销项税额							
1.2	产品 B 营业收入							
	单价							
	数量							
	销项税额							
	……							

表 6 −1（续）

序号	项目	合计	计算期					
			1	2	3	4	…	n
2	营业税金及附加							
2.1	营业税							
2.2	消费税							
2.3	城市维护建设税							
2.4	教育费附加							
3	增值税							
	销项税额							
	进项税额							

四、总成本费用估算

1. 总成本费用的构成

总成本费用是指在运营期内为生产产品或提供服务所发生的全部费用。总成本费用的估算一般有以下两种方法。

（1）生产成本加期间费用估算法

生产成本加期间费用法估算总成本费用的构成如图 6 −1 所示。

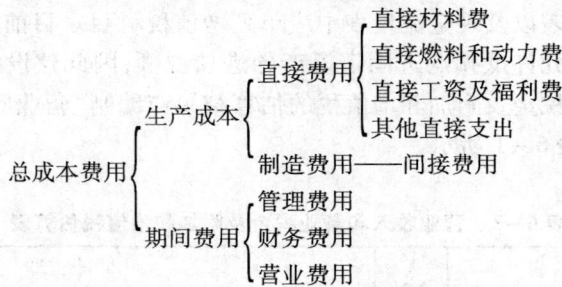

图 6 −1　生产成本法总成本费用的构成图

（2）生产要素估算法

生产要素估算法中总成本费用的构成如图 6 −2 所示。

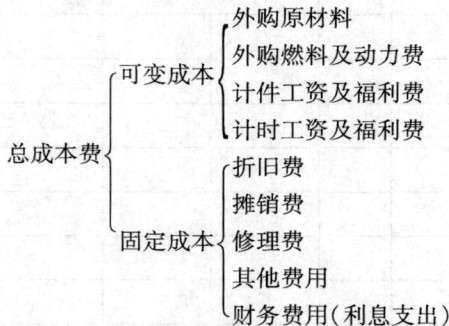

图 6 −2　生产要素估算法总成本费用的构成图

2. 成本费用估算

（1）生产成本加期间费用法估算项目总成本费用

①直接材料费 = 直接材料（燃料、动力）定额消耗量 × 计划单价

②直接工资及福利费 = 产品年产量 × 计件工资率 × （1 + 14%）

③制造费用：

a. 折旧费 = 固定资产原值 × 年综合折旧率

b. 修理费 = 固定资产原值 × 一定百分比

c. 其他制造费用 = 上述两费用之和乘以一定百分比

以上三项费用合计为产品制造费用。

④产品生产成本 = 直接材料 + 直接工资与福利费 + 制造费用

⑤管理费用 = 产品制造成本 × 规定百分比（如 3%）

⑥财务费用 = 借款利息净支出 = 利息支出 - 利息收入

⑦营业费用 = 营业收入 × 综合费率（如 1% ~ 2%）

⑧期间费用 = 管理费用 + 财务费用 + 营业费用

⑨总成本费用 = 产品生产成本 + 期间费用

其中：可变成本 = 直接材料费 + 直接工资及福利费

固定成本 = 制造费用 + 期间费用

⑩经营成本 = 总成本费用 - 折旧费 - 摊销费 - 财务费用（利息支出）

按照生产成本加期间费用法估算的总成本费用编制"总成本费用估算表"（见表 6 - 2）。

（2）生产要素法估算总成本费用

在项目评价中通常采用生产要素估算法估算总成本费用。各分项的估算内容如下：

①外购原材料、燃料动力费估算。外购原材料、燃料动力中耗用量大的主要原材料、燃料动力应分别按照其消耗定额和供应单价进行估算。其他耗用量不大，但是种类繁多的原材料、燃料动力成本可以参照类似。

表 6 - 2　总成本费用估算表（生产成本加期间费用法）　　　　单位：万元

序号	项目	合计	计算期					
			1	2	3	4	…	n
1	生产成本							
1.1	直接材料费							
1.2	直接燃料及动力费							
1.3	直接工资及福利费							
1.4	制造费用							
1.4.1	折旧费							
1.4.2	修理费							
1.4.3	其他制造费用							
2	管理费用							
2.1	无形资产摊销							

表 6 – 2(续)

序号	项目	合计	计算期					
			1	2	3	4	…	n
2.2	其他资产摊销							
2.3	其他管理费用							
3	财务费用							
3.1	利息支出							
3.1.1	长期借贷利息							
3.1.2	流动资金借款利息							
3.1.3	短期借款利息							
4	营业费用							
5	总成本费用							
5.1	其中:(1)固定成本							
5.2	(2)可变成本							
6	经营成本							

注:总成本费用 = 生产成本 + 管理费用 + 财务费用 + 营业费用;

经营成本 = 总成本费用 - 折旧费 - 无形资产摊销 - 其他资产摊销 - 利息支出。

对企业统计资料计算的其他材料、燃料动力占主要原材料成本的比率进行估算。原材料价格应按入库价格计算,并考虑途库损耗。所采用的价格体系应与营业收入估算的价格体系一致。

②人工工资及福利费估算。人工工资及福利费是指项目在运营过程中支付给职工的各种形式的报酬以及其他相关支出,通常包括工资、奖金、津贴和补贴、职工福利费,以及社会保险和住房公积金中个人缴付的部分。工资一般按照项目建成投产后各年所需的职工总数即劳动定员数和人均年工资水平测算。确定工资水平时需考虑项目性质、地点、行业特点等因素,根据工资的历史数据并结合工资的现行增长趋势确定一个合理的年增长率,在各年的工资水平中反映出这种增长趋势。职工福利费一般按照工资总额的 14% 提取。

③固定资产折旧费估算。固定资产是指企业使用期限超过 1 年的房屋、建筑物、机器、机械、运输工具以及其他与生产经营有关的设备、器具、工具等。不属于生产经营主要设备的物品,单位价值在 2 000 元以上,并且使用期限超过两年的,也应作为固定资产。固定资产具有长期使用,且使用过程中物质形态不发生变化的特征。但是,固定资产使用过程中会受到磨损,产生价值损失。这些价值损失通常是通过固定资产折旧的方式得以补偿。

按现行财税制度规定,企业应逐年提取固定资产折旧,一般采用年限平均法和工作量法。技术进步较快或使用寿命受工作环境影响较大的机械设备,经国家财政主管部门批准,可以采用双倍余额递减法或年数总和法计提折旧。固定资产的折旧年限和折旧方法可以在税法允许的范围内由企业自行确定,但一经确定,不得随意变更。我国允许的固定资产折旧方法有以下几种。

a. 年限平均法。它是按照固定资产的预计使用年限平均分摊固定资产折旧额的方法。这种方法各年(月)折旧额相等,累计折旧额是一条直线。因此,这种方法也称直线法。年限平均法的固定资产折旧率和折旧额计算公式如下:

$$年折旧率 = 1 - 预计净残值率 / 折旧年限 \times 100\% \tag{6 - 3}$$

$$月折旧率 = 年折旧率 \div 12 \qquad (6-4)$$
$$月折旧额 = 固定资产原值 \times 月折旧率 \qquad (6-5)$$

预计净残值率按照固定资产原值的3%～5%确定,净残值率低于3%或高于5%的,由企业自主确定,并报主管财政机关备案。

b. 工作量法。它是按照固定资产在生产经营过程中完成的工作量来计提折旧的一种方法,是年限平均法派生出的一种方法,适用于各个时期使用强度不同的大型专业机械设备。采用工作量法计提固定资产折旧又可分为两种。

第一种,按照行驶里程计算折旧,其公式为

$$固定资产原值 \times (1 - 预计净残值率) 单位里程折旧额 =$$
$$固定资产原值 \times (1 - 预计净残值率) / 预计总行驶里程 \qquad (6-6)$$
$$月折旧额 = 月实际行驶里程 \times 单位里程折旧额 \qquad (6-7)$$

第二种,按照工作小时计算折旧,其公式为

$$每工作小时折旧额 = 固定资产原值 \times (1 - 预计净残值率) / 预计总工作小时 \qquad (6-8)$$
$$月折旧额 = 月实际工作小时数 \times 每工作小时折旧额 \qquad (6-9)$$

c. 双倍余额递减法。它是按照固定资产账面净值和固定的折旧率计算折旧额的一种加速折旧方法。其折旧额是逐年递减的。其计算公式为

$$年折旧率 = 2 / 折旧年限 \times 100\% \qquad (6-10)$$
$$年折旧额 = 固定资产账面净值 \times 年折旧率 \qquad (6-11)$$
$$固定资产账面净值 = 固定资产原值 - 累计折旧 \qquad (6-12)$$

但在固定资产折旧年限的最后两年,折旧额是将固定资产账面净值扣除预计净残值后的余额平均摊销。即

$$最后两年年折旧额 - (固定资产账面净值 - 预计净残值) / 2。$$

d. 年数总和法。其计算公式为

$$年折旧率 = 折旧年限 - 已使用年数 / 折旧年限 \times (折旧年限 + 1) \div 2 \times 100\% \quad (6-13)$$
$$年折旧额 = (固定资产原值 - 预计净残值) \times 年折旧率 \qquad (6-14)$$

这也是加速折旧的一种方法,由于折旧率逐年递减,因而折旧额也是逐年递减的。

[**例6-1**] 某项固定资产原值60 000元,预计净残值率为5%,预计使用年限5年,分别用双倍余额递减法和年数总和法计算各年的折旧额。

解 A. 双倍余额递减法

年折旧率 $= 2 / 5 \times 100\% = 40\%$

预计净残值 $= 60\ 000 \times 5\% = 3\ 000$ 元。

各年折旧额计算结果如表6-3所示。

表6-3 双倍余额递减法计算结果 单位:元

年份	固定资产净值	折旧率	折旧额	累计折旧
1	60 000	40%	$60\ 000 \times 40\% = 24\ 000$	24 000
2	36 000	40%	$36\ 000 \times 40\% = 14\ 400$	38 400
3	21 600	40%	$21\ 600 \times 40\% = 8\ 640$	47 040
4	12 960	—	$(12\ 960 - 3\ 000)/2 = 4\ 980$	52 020
5	7 980	—	$(12\ 960 - 3\ 000)/2 = 4\ 980$	57 000

B. 年数总和法

$$年数总和 = 1 + 2 + 3 + 4 + 5 = 15$$

$$折旧基数 = 固定资产原值 - 预计净残值 = 60\,000 - 3\,000 - 57\,000 元$$

各年折旧计算结果如表 6 - 4 所示。

表 6 - 4 年数总和法计算结果　　　　　　　　　　　　　单位:元

年份	折旧基数	折旧率	年折旧率	累计折旧
1	57 000	5/15	57 000 × 5/15 = 19 000	19 000
2	57 000	4/15	57 000 × 4/15 = 15 200	34 200
3	57 000	3/15	57 000 × 3/15 = 11 400	45 600
4	57 000	2/15	57 000 × 2/15 = 7 600	53 200
5	57 000	1/15	57 000 × 1/15 = 3 800	57 000

④固定资产修理费估算。修理费是指为保持固定资产的正常运转和使用,充分发挥使用效能,对其进行必要的修理所发生的费用。按修理范围的大小和修理间隔时间的长短可分为大修理和中小修理。按照财务制度规定,修理费可直接在成本中列支。修理费一般按固定资产原值(扣除所含建设期利息)的一定百分比估算。百分比可根据经验数据或参照同类企业的实际数据加以确定。

⑤无形资产和其他资产摊销费估算。无形资产是指企业为生产商品、提供劳务,或为管理目的而持有的没有实物形态的非货币性长期资产。无形资产包括专利权、商标权、著作权、土地(水域、岸线)使用权、非专利技术等。在财务分析中可以将项目投资中包含的技术转让费或技术使用费、商标权、土地使用权等费用直接计入无形资产价值。

无形资产具有受益期长、变现能力差等特点,属于长期资产。按照有关规定,无形资产从开始使用之日起,在有效使用期限内平均分摊其投资支出。无形资产有效使用期限按照下列原则确定。

a. 法律和合同或者单位申请书中规定有法定有效期限和受益年限的,按照法定有效期限与合同或者单位申请书规定的受益年限孰短的原则确定。

b. 法律没有规定有效期限,合同或者单位申请书中规定有受益年限的,按照合同或者单位申请书规定的受益年限确定。

c. 法律和合同或者单位申请书中均未规定法定有效期限或者受益年限的,按照不少于10 年的期限确定。

无形资产采用年限平均法计算每期摊销额,没有残值,也没有清理费用。其计算公式为

$$无形资产年摊销额 = 无形资产账面价值/该无形资产的有效使用年限 \qquad (6 - 15)$$

其他资产原称递延资产,《企业会计制度》中,其他资产是指除固定资产、无形资产和流动资产之外的资产,如长期待摊费用。在项目财务分析中可将生产准备费、开办费、出国人员费用、来华人员费用、图纸资料翻译复制费、样品样机购置费和农业开荒费等直接形成其他资产。其他资产也采用平均年限法摊销,不计残值。

⑥其他费用估算。其他费用是指除上述费用之外的,应计入生产总成本费用的其他所有费用。包括其他制造费、其他管理费和其他营业费三项,也即制造费、管理费和营业费中

分别扣除工资及福利费、折旧费、摊销费、修理费之后的剩余部分。其他制造费一般按照固定资产原值(不含建设期利息)的一定百分比估算,或按照人员定额估算;其他管理费一般按工资及福利费的倍数估算,或按照人员定额估算;若管理费中的技术转让费、研发费与土地使用税等数额较大,应单独估算。其他营业费一般按照营业收入的百分比估算。

⑦利息支出。利息支出是指项目在其生产运营期内发生的长期借款利息、流动资金借款利息和短期借款利息。

a.长期借款利息。长期借款利息,是指在建设期末建设投资借款余额在生产期应支付的利息。应根据不同的还款方式和条件采用不同的利息计算方法。通常有两种计息方式:等额本息法和等额还本利息照付法。

等额本息法是指在约定的还款期限内每年还本付息的总额相同,随着本金的偿还,每年支付的利息逐年减少,同时每年偿还的本金逐年增多。其计算公式如下:

$$A = I_c \frac{i(1+i)^n}{(1+i)^n - 1} = I_c(A/P, i, n) \qquad (6-16)$$

式中　A——每年还本付息额(等额年金);

I_c——还款年年初的借款本息和;

i——年利率;

n——约定的还款期限;

$(A/P, i, n)$——资金回收系数。

$$每年支付利息 = 年初本息余额 \times 年利率$$

$$每年还本 = A - 每年支付利息$$

等额还本利息照付法是指将还款年年初的借款本息和按照约定的还款年限平均分摊,同时按照每年年初借款本息余额计算利息的方法。这种方式每年偿还本金相同,支付的利息逐年减少。其计算公式如下:

$$每年偿还本金 = I_c/n \qquad (6-17)$$

$$第 t 年支付利息 = I_c[1 - (t-1)/n]I \qquad (6-18)$$

[例6-2]　某项目建设期末借款本息累计5 076万元,年利率5%,约定还款期限6年,试分别用等额本息法和等额还本利息照付法计算各年偿还的本金和利息。

解　(1)等额本息法

每年还本付息额 = 5 076 × $(A/P, 5\%, 6)$ = 1 000万元

各年偿还的本金及利息计算结果如表6-5所示。

表6-5　等额本息法各年还本付息计算结果

年	年初本息余额(1)	本年还本付息(2)	本年还息(3) = (1)×5%	本年还本(4) = (2) - (3)
1	5 076	1 000	253.8	746.2
2	4 329.8	1 000	216.5	783.5
3	3 546.3	1 000	177.32	822.68
4	2 723.63	1 000	136.18	863.82

表6-5(续)

年	年初本息余额(1)	本年还本付息(2)	本年还息(3)=(1)×5%	本年还本(4)=(2)-(3)
5	1 859.8	1 000	92.99	907.01
6	952.79	1 000	47.64	952.79

注:由于计算过程中四舍五入,产生误差,因此最后一年还本额即为年初本息余额。

B.等额还本利息照付法

每年还本 = 5 076/6 = 846万元

各年应付利息计算过程如表6-6所示。

表6-6 等额还本利息照付方式各年还本付息计算结果

年	年初本息余额(1)	本年还本(2)	本年还息(3)=(1)×5%	本年还本付息(4)=(2)+(3)
1	5 076	846	253.8	1 099.8
2	4 230	846	211.5	1 057.5
3	3 384	846	169.2	1 015.2
4	2 538	846	126.9	972.9
5	1 692	846	84.6	930.6
6	846	846	42.3	888.3

b.流动资金借款利息。流动资金虽然是一种短期资金,但往往被企业长期占用,到项目寿命周期结束时才能够收回,因此流动资金借款本质上说应归为长期借款。但是,在财务分析中一般假设流动资金在每年末偿还,下年初再借入。因此,流动资金借款利息一般按照当年年初流动资金借款余额乘以相应的借款年利率计算。流动资金借款的本金一般假设在项目计算期末偿还,也可在还完长期借款后安排。

c.短期借款利息。短期借款是指项目生产运营期间为了资金的临时需要而发生的短期借款。短期借款数额应在财务计划现金流量表中有所反映。计算短期借款利息一般按1年期利率计算,借款本金按照随借随还的原则处理,即当年借款尽可能于下年偿还。

⑧总成本费用。总成本费用等于(1)~(7)项之和。总成本费用的估算结果列入"总成本费用估算表"(表6-7)。

按生产要素法编制总成本费用表时,需编制下列基础报表:

外购原材料费估算表(表6-8);

外购燃料及动力费估算表(表6-9);

固定资产折旧费估算表(表6-10);

无形资产和其他资产摊销估算表(表6-11),

工资及福利费估算表(表6-12)。

表6-7　总成本费用估算表(生产要素法)　　　　　　　　　单位:万元

序号	项目	合计	计算期					
			1	2	3	4	…	n
1	外购原材料费							
2	外购燃料及动力费							
3	工资及福利费							
4	修理费							
5	其他费用							
6	经营成本							
7	折旧费							
8	摊销费							
9	利息支出							
10	总成本费用							
	其中:可变成本							
	固定成本							

注:1. 经营成本 = 外购原材料费 + 外购燃料费 + 工资及福利费 + 修理费 + 其他费用

　　2. 总成本费 = 经营成本 + 折旧费 + 摊销费 + 利息支出

表6-8　外购原材料费估算表　　　　　　　　　　　　　单位:万元

序号	项目	合计	计算期					
			1	2	3	4	…	n
1	外购原材料费							
1.1	原材料 A							
	单价							
	数量							
	进项税额							
1.2	原材料 B							
	单价							
	数量							
	进项税额							
	……							
2	辅助材料费用							
	进项税额							
3	其他							
	进项税额							
4	外购原材料费合计							
5	外购原材料进项税额合计							

表 6-9 外购燃料及动力费估算表   单位:万元

序号	项目	合计	计算期					
			1	2	3	4	…	n
1	燃料费							
1.1	燃料 A							
	单价							
	数量							
	进项税额							
2	动力费							
2.1	动力 A							
	单价							
	数量							
	进项税额							
3	外购燃料及动力费合计							
4	外购燃料及动力进项税额合计							

表 6-10 固定资产折旧费估算表   单位:万元

序号	项目	合计	计算期					
			1	2	3	4	…	n
1	房屋、建筑物							
	原值							
	当期折旧							
	净值							
2	机器设备							
	原值							
	当期折旧							
	净值							
	……							
3	合计							
	原值							
	当期折旧							
	净值							

表 6-11　无形资产和其他资产摊销估算表　　　　　　　　　　单位:万元

序号	项目	合计	计算期					
			1	2	3	4	…	n
1	无形资产							
	原值							
	当期摊销费							
	净值							
2	其他资产							
	原值							
	当期摊销费							
	净值							
	……							
3	合计							
	原值							
	当期摊销费							
	净值							

表 6-12　工资及福利费估算表　　　　　　　　　　　　　　　单位:万元

序号	项目	合计	计算期					
			1	2	3	4	…	n
1	工人							
	人数							
	人均年工资							
	工资额							
2	技术人员							
	人数							
	人均年工资							
	工资额							
3	管理人员							
	人数							
	人均年工资							
	工资额							
4	工资总额(1+2+3)							
5	福利费							
6	合计(4+5)							

注:1. 工资总额＝工人工资额-技术人员工资额-管理人员工资额

　　2. 合计＝工资总额+福利费

第三节　财务分析报表的编制及评价指标

一、财务分析报表及其相互联系

为满足项目财务分析的要求,除上节所述财务基础数据估算的基本报表外,还需编制下列辅助报表:建设投资估算表、建设期利息估算表、流动资金估算表、项目总投资使用计划与资金筹措表。并根据上述报表编制财务分析的五大报表,分别是:现金流量表、利润与利润分配表、财务计划现金流量表、资产负债、借款还本付息计划表。上述报表可归纳为三大类。

第一类,预测项目建设期间的资金流动状况的报表,如建设投资估算表和项目总投资使用计划与资金筹措表。

第二类,预测项目投产后的资金流动状况的报表,如流动资金估算表,总成本费用估算表,营业收入、营业税金及附加和增值税估算表,利润与利润分配表等。

第三类,预测项目投产后用规定的资金来源归还建设投资借款本息的情况,即借款还本付息计划表,它反映项目建设期和生产期内资金流动情况和项目投资偿还能力与速度。

财务基础数据估算的内容是关联的,其中心是将投资成本(包括建设投资和流动资金)、产品成本与营业收入的预测数据进行对比,求得项目的营业利润,又在此基础上测算贷款的还本付息情况。因此,编制上述三类报表应按一定程序使其相互衔接起来。第一类报表是根据项目可行性研究报告以及调查收集到的补充资料,经过项目概况的审查、市场规模分析及技术可行性研究,加以判别调查后计算编制的。第二类报表根据成本费用表和营业收入、营业税金及附加和增值税估算表的数据,综合测算出项目营业利润,列入利润与利润分配表。第三类报表是把前两类表中的主要数据经过综合计算,按照国家现行规定,综合编制成与财务分析内容相对应的报表。这些报表之间的关系如图 6-3 所示。

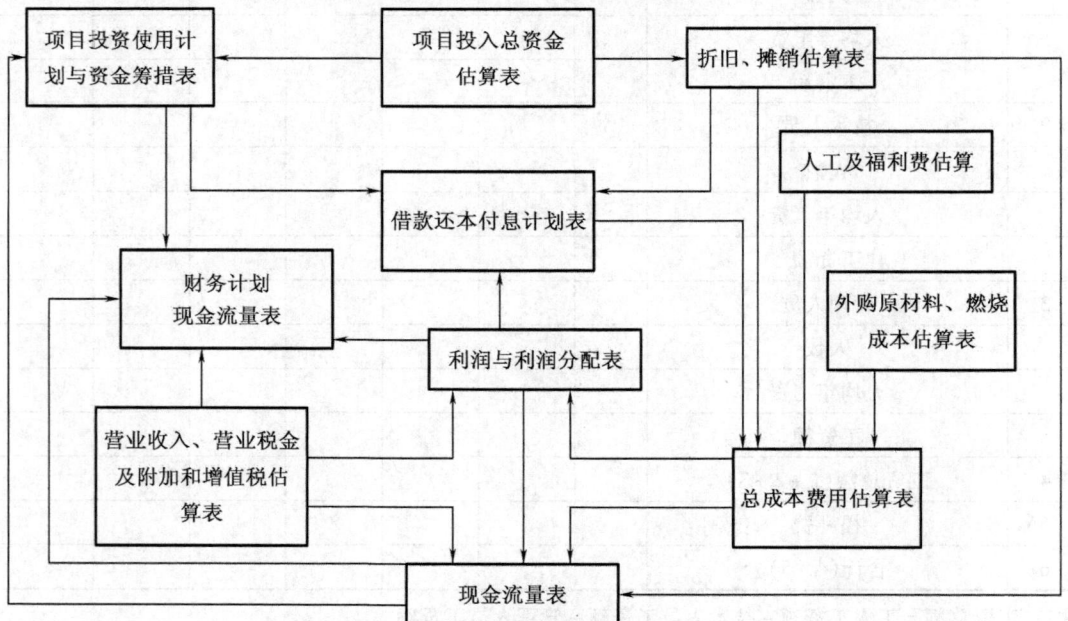

图 6-3　财务估算表之间的关系

二、财务分析报表的编制

为了进行投资项目的经济效果分析,需编制的财务分析报表主要有:现金流量表、利润与利润分配表、财务计划现金流量表、资产负债表、借款还本付息计划表。

1. 现金流量表的编制

现金流量表是将项目计算期内各年的现金流入与现金流出按照各自发生的时点顺序排列的表格式反映,可以计算各项静态和动态评价指标,进行财务赢利能力分析。按投资计算基础的不同,现金流量表分为项目投资现金流量表、项目资本金现金流量表和投资各方现金流量表。

（1）项目投资现金流量表的编制

项目投资现金流量表是站在全部投资的角度,或者说不分投资资金来源的项目现金流量系统的表格式反映,报表格式如表6 –13所示。建设开始年作为计算期的第一年,年序为1 。当项目建设期以前所发生的费用占总费用的比例不大时,为简化计算,这部分费用可列入年序1。若需单独列出,可在年序1以前另加一栏"建设起点",年序填0,将建设期以前发生的现金流出填入该栏。

表6 –13　项目投资现金流量表　　　　　　　　　　　　　　　单位:万元

序号	项目	合计	计算期							
			1	2	3	4	5	6	…	n
	生产负荷(%)									
1	现金流入									
1.1	营业收入									
1.2	补贴收入									
1.3	回收固定资产余值									
1.4	回收流动资金									
2	现金流出									
2.1	建设投资									
2.2	流动资金									
2.3	经营成本									
2.4	营业税金及附加									
2.5	维持运营投资									
3	所得税前净现金流量(1 – 2)									
4	累计所得税前净现金流量									
5	调整所得税									
6	所得税后净现金流量(3 – 5)									

表 6 – 13(续)

序号	项目	合计	计算期							
			1	2	3	4	5	6	…	n
7	累计所得税后净现金流量									

计算指标:

项目投资财务内部收益率(%)(所得税前)

项目投资财务内部收益率(%)(所得税后)

项目投资财务净现值(所得税前)(i_c = %)

项目投资财务净现值(所得税后)(i_c = %)

项目投资回收期(年)(所得税前)

项目投资回收期(年)(所得税后)

注:调整所得税是以息税前利润为基数计算的所得税,区别于"利润与利润分配表""项目资本金现金流量表"和"财务计划现金流量表"中的所得税。

①项目投资现金流量表的现金流入包括营业收入、回收固定资产余值、回收流动资金,可能还包括补贴收入。其中,营业收入是项目建成投产后对外销售产品或提供劳务所取得的收入,是项目生产经营成果的货币表现。营业收入的各年数据取自营业收入、营业税金及附加和增值税估算表。另外,固定资产余值和流动资金的回收均在计算期最后 1 年发生。该固定资产余值应不受利息因素的影响,它区别于项目资本金现金流量表中的回收固定资产余值,该余值应该用固定资产原值减去建设期利息后再乘以净残值率来求得。如果建设项目的固定资产分类很细,可能某些固定资产的折旧年限短于项目的运营期,则这类固定资产的余值不一定发生在计算期的最后 1 年。流动资金回收额为项目正常生产年份流动资金的占用额。

②项目投资现金流量表的现金流出包含有建设投资、流动资金、经营成本、营业税金及附加,如果运营期内需要发生设备更新以及矿山、石油开采项目的拓展费用等(记作维持运营投资),也应作为现金流出。如果考察的是税后现金流量,所得税也作为一项现金流出。由于项目投资现金流量分析是融资前分析,所以该所得税应与融资方案无关,其数值应区别于其他财务报表中的所得税。该所得税应由受利息影响的息税前利润乘以所得税税率求得,称为调整所得税。建设投资和流动资金的数额分别取自建设投资估算表及流动资金估算表。流动资金投资为各年流动资金增加额。经营成本取自总成本费用估算表。营业税金及附加取自营业收入和营业税金及附加估算表。

③项目计算期各年的净现金流量为各年现金流入量减对应年份的现金流出量,各年累计净现金流量为本年及以前各年净现金流量之和。

(2)项目资本金现金流量表的编制项目资本金现金流量表是站在项目权益投资主体角度考察项目的现金流入流出情况,它是在拟定融资方案的基础上进行的息税后分析,其报表格式如表 6 – 14 所示。

表6-14　项目资本金现金流量表　　　　　　　　　单位:万元

序号	项目	合计	计算期							
			1	2	3	4	5	6	…	n
	生产负荷(%)									
1	现金流入									
1.1	营业收入									
1.2	补贴收入									
1.3	回收固定资产余值									
1.4	回收流动资金									
2	现金流出									
2.1	项目资本金									
2.2	借款本金偿还									
2.3	借款利息支出									
2.4	经营成本									
2.5	营业税金及附加									
2.6	所得税									
2.7	维持运营投资									
3	净现金流量(1-2)									

计算指标:资本金财务内部收益率/%

从项目投资主体的角度看,建设投资借款是现金流入,但同时又将借款用于项目投资则构成同一时点、相同数额的现金流出,两者相抵,对净现金流量的计算无影响。因此,表中投资只考虑项目资本金。另一方面,现金流入又是因项目全部投资所获得,故应将借款本金的偿还及利息支付计入现金流出。

①项目资本金现金流量表的现金流入包括营业收入、回收固定资产余值、回收流动资金,可能还包括补贴收入。回收固定资产余值来源于固定资产折旧费估算表,其他项目与项目投资现金流量表相同。

②项目资本金现金流量表的现金流出包括:项目资本金、借款本金偿还、借款利息支付、经营成本、营业税金及附加、所得税、维持运营投资。其中,项目资本金数额取自投资计划与资金筹措表。借款本金偿还由两部分组成:一部分为借款还本付息计算表中本年还本额;一部分为流动资金借款本金偿还,一般发生在计算期最后1年。借款利息支付数额来自总成本费用估算表中的利息支出项。现金流出中除所得税外,其他各项与项目投资现金流量表中的项目相同。所得税来源于利润和利润分配表。

③项目计算期各年的净现金流量为各年现金流入量减去对应年份的现金流出量。

(3)投资各方现金流量表的编制

为了考察投资各方的具体收益,还需要从投资各方角度编制现金流量表,计算相应的内部收益率。一般情况下,投资各方按出资比例分配利润和分担亏损及风险,因此各方的利益一般是均等的,没有必要计算投资各方的内部收益率。只有投资各方有股权之外的不对等利益分配时(契约式合作企业常常会有这种情况),计算投资各方的内部收益率才是必要的。通过投资各方内部收益率的计算,可以看出各方收益是否均衡,有助于投资各方在合作谈判中达成平等互利的协议。投资各方现金流量表的格式如表6-15所示。

表6-15 投资各方现金流量表

单位:万元

序号	项目	合计	计算期							
			1	2	3	4	5	6	…	n
1	现金流入									
1.1	实分利润									
1.2	资产处置收益分配									
1.3	租赁收入									
1.4	技术转让或使用收入									
1.5	其他现金流入									
2	现金流出									
2.1	实缴资本									
2.2	租赁资产支出									
2.3	其他现金流出									
3	净现金流量									

计算指标:投资各方财务内部收益率/%

投资各方现金流量表中现金流入是指出资方因该项目的实施将实际获得的各种收入;现金流出是指出资方为项目实施实际投入的各种支出。表格中科目应根据具体情况调整。资产处置收益分配是指有明确合作期限的项目,在合作期满时对资产余值按股权比例或约定比例进行的分配。租赁收入是指出资方将自己的资产出租给项目使用所获得的收入,此时应将租赁资产价值作为现金流出,列入租赁资产支出科目。技术转让或使用收入是指出资方将专利或专有技术转让或允许项目使用所获得的收入。

2.利润与利润分配表的编制

利润与利润分配表编制反映项目计算期内各年的利润总额、所得税及税后利润的分配情况。利润和利润分配表的编制以利润总额的计算过程为基础。利润总额的计算公式为

利润总额=营业利润+补贴收入+投资净收益-营业外收支净额

式中　营业利润=营业收入-总成本费用-营业税金及附加;

营业外收支净额=营业外收入-营业外支出。

在计算项目利润时,投资净收益一般属于项目建成投产后的对外再投资收益,这类活在项目评价时难以估算,因此可以暂不计入。营业外收支净额,除非已有明确的来源和开支项目需单独列出,否则也暂不计入。利润和利润分配表的格式如表6-16所示。

表 6 – 16 利润和利润分配表 单位:万元

序号	项目	合计	计算期						
			1	2	3	4	5	…	n
	生产负荷/%								
1	营业收入								
2	营业税金及附加								
3	总成本费用								
3.1	其中:利息支出								
3.2	折旧								
3.3	摊销								
4	补贴收入								
5	利润总额								
6	弥补以前年度亏损								
7	应纳税所得额								
8	所得税(25%)								
9	净利润								
10	期初未分配利润								
11	可供分配的利润								
12	提取法定公积金(10%)								
13	可供投资者分配的利润								
14	应付优先股股利								
15	提取任意盈余公积金								
16	应付普通股股利								
17	未分配利润								
18	累计未分配利润								
19	息税前利润								
20	息税折旧摊销前利润								

注:1. 表中第 14 ~ 16 项根据企业性质和具体情况选择填列;

2. 利润总额 = 营业收入 – 营业税金及附加 – 总成本费用 + 补贴收入;

3. 应纳税所得额 = 利润总额 – 弥补以前年度亏损;

4. 净利润 = 利润总额 – 所得税;

5. 可供分配的利润 = 净利润 + 期初未分配利润;

6. 可供投资者分配的利润 = 可供分配的利润 – 提取法定公积金;

7. 未分配利润 = 可供投资者分配的利润 – 应付优先股股利 – 提取任意公积金 – 应付普通股股利;

8. 息税前利润 = 利润总额 + (其中:利息支出);

9. 息税折旧摊销前利润 = 利润总额 + 总成本费用。

表 6 – 16 中所得税项目以下的部分为利润分配的内容。利润分配的内容及顺序是根据

《企业会计制度》(2006)的规定,具体为

①当期实现的净利润加上期初未分配利润(或减去期初未弥补亏损),为可供分配利润。

②内资项目以当年净利润为基数提取法定公积金。外商投资企业应当按照法律、行政法规的规定按净利润提取储备基金、企业发展基金、职工奖励及福利基金等。中外合作经营企业按规定在合作期内以利润归还投资者的投资,以及国有工业企业按规定以利润补充的流动资本,也从可供分配的利润中扣除。

③可供分配的利润减去提取的法定公积金后,为可供投资者分配的利润。可供投资者分配的利润,按下列顺序分配。

a. 应付优先股股利,是指企业按照利润分配方案分配给优先股股东的现金股利。

b. 提取任意盈余公积,是指企业按规定提取的任意盈余公积。

c. 应付普通股股利,是指企业按照利润分配方案分配给普通股股东的现金股利。

企业分配给投资者的利润,也在本项目核算。可供投资者分配的利润,经过上述分配后,为未分配利润(或未弥补亏损)。未分配利润可留待以后年度进行分配。企业如发生亏损,可以按规定由以后年度利润进行弥补。

3. 财务计划现金流量表的编制

财务计划现金流量表是国际上通用的财务报表,用于全面反映项目计算期内各年的投资活动、融资活动和经营活动所产生的现金流入和现金流出情况,考察资金平衡和余缺情况,是项目财务状况的重要财务报表。编制该表时,首先要计算项目计算期内各年的财务现金流入和财务现金流出,然后通过流入与流出的差额反映项目各年的资金盈余或短缺情况,用于选择资金筹措方案,制订适宜的借款及偿还计划,并为编制资产负债表提供依据,报表格式如表6 -17 所示。在项目计算期内经营活动所涉及的资金流动情况有营业收入及经营成本和税金;投资活动的现金流入、流出主要有建设投资、流动资金及计算期末回收固定资产余值和回收流动资金;融资活动所涉及的资金流动主要有项目资本金、各种借款及应付利润和偿还各种债务的本息。项目的资金筹措方案和借款及偿还计划应能使表中各年度的累计盈余资金额始终大于或等于零,否则,项目将因资金短缺而不能按计划顺利运行。

财务计划现金流量表在构成内容上与项目现金流量表非常相似,两者的差别主要是融资活动,所涉及资金流动情况在项目投资现金流量表中没有反映。

表6 -17 财务计划现金流量表
单位:万元

序号	项目	合计	计算期							
			1	2	3	4	5	6	…	n
1	经营活动净现金流量									
1.1	现金流入									
1.1.1	营业收入									
1.1.2	增值税销项税额									
1.1.3	补贴收入其他流入									
1.2	现金流出									
1.2.1	经营成本									

表 6－17（续）

序号	项目	合计	计算期 1	2	3	4	5	6	…	n
1.2.2	增值税进项税额									
1.2.3	营业税金及附加									
1.2.4	增值税									
1.2.5	所得税									
1.2.6	其他流出									
2	投资活动净现金流量									
2.1	现金流入									
2.1.1	回收固定资产余值									
2.1.2	回收流动资金									
2.1.3	其他现金流入									
2.2	现金流出									
2.2.1	建设投资									
2.2.2	维持运营投资									
2.2.3	流动资金									
2.2.4	其他流出									
3	筹资活动净现金流量									
3.1	现金流入									
3.1.1	项目资本金									
3.1.2	长期借款									
3.1.3	流动资金借款									
3.1.4	短期借款									
3.1.5	发行债券									
3.1.6	其他流入									
3.2	现金流出									
3.2.1	偿还各种债务本金									
3.2.2	各种利息支出									
3.2.3	应付利润									
3.2.4	其他流出									
4	净现金流量									
5	累计盈余资金									

注:1.经营活动净现金流量＝经营流动现金流入－经营流动现金流出;

2.投资活动净现金流量＝投资活动现金流入－投资活动现金流出;

3.筹资活动净现金流量＝筹资活动现金流入－筹资活动现金流出;

4.净现金流量＝经营活动,净现金流量＋投资活动净现金流量＋筹资活动净现金流量。

4. 资产负债表的编制

资产负债表综合反映项目计算期内各年末资产、负债和所有者权益的增减变化及对应关系,用以考察项目资产、负债、所有者权益的结构是否合理,进行项目偿债能力分析。资产负债表的编制依据是"资产 = 负债 + 所有者权益",报表格式如表 6 – 18 所示。

表 6 – 18 资产负债表　　　　　　　　　单位:万元

序号	项目	合计	计算期							
			1	2	3	4	5	6	…	n
1	资产									
1.1	流动资产									
1.1.1	货币资金									
1.1.2	应收账款									
1.1.3	预付账款									
1.1.4	存货									
1.1.5	其他									
1.2	在建工程									
1.3	固定资产净值									
1.4	无形及其他资产净值									
2	负债及所有者权益									
2.1	流动负债总额									
2.1.1	短期借款									
2.1.2	应付账款									
2.1.3	预收账款									
2.1.4	其他									
2.2	流动资金借款									
2.3	长期借款									
2.4	负债小计									
2.5	所有者权益									
2.5.1	项目资本金									
2.5.2	资本公积金									
2.5.3	累计盈余公积金									
2.5.4	累计未分配利润									

计算指标:资产负债率(%)

(1)资产由流动资产、在建工程、固定资产净值、无形及其他资产净值四项组成。其中:

①流动资产包括货币资金、应收账款、预付账款、存货,后三项数据来自流动资金估算

表;货币资金包括现金和累计盈余资金,现金来自流动资金估算表,盈余资金数据取自财务计划现金流量表。

②在建工程是指建设期内各项未完工程成本,其数据取自项目总投资使用计划与资金筹措表中以前年份建设投资额累计,其中包括建设期利息。

③固定资产净值和无形及其他资产净值分别从固定资产折旧估算表和无形资产及其他资产摊销估算表取得。

(2)负债包括流动负债和长期负债。流动负债中的应付账款数据可由流动资金估算表中直接取得。流动资金借款和其他短期借款及长期借款均指借款余额,需根据财务计划现金流量表中的对应项及相应的本金偿还项进行计算。

(3)所有者权益包括资本金、资本公积金、累计盈余公积金及累计未分配利润。其中,累计未分配利润可直接取自利润与利润分配表;累计盈余公积金是利润与利润分配表中盈余公积金项各年份的累计值;资本金为项目投资中累计自有资金(扣除资本溢价)。

5. 借款还本付息计划表的编制

借款还本付息计划表是用于反映项目计算期内各年借款本金偿还及利息支付情况的报表,可用于计算利息备付率及偿债备付率指标,进行偿债能力分析。其表格形式如表 6 – 19 所示。

表6 –19　借款还本付息计划表　　　　　　　　　　单位:万元

序号	项目	合计	计算期							
			1	2	3	4	5	6	…	n
1	借款1									
1.1	期初借款余额									
1.2	当期还本付息									
	其中:还本									
	付息									
1.3	期末借款余额									
2	借款2									
2.1	期初借款余额									
2.2	当期还本付息									
	其中:还本									
	付息									
2.3	期末借款余额									
3	债券									
3.1	期初债务余额									
3.2	当期还本付息									
	其中:还本									
	付息									
3.3	期末债务余额									

表 6 – 19（续）

序号	项目	合计	计算期							
			1	2	3	4	5	6	…	n
4.3	期末余额									
4	借款和债券合计									
4.1	期初余额									
4.2	当期还本付息									
	其中：还本									
	付息									

计算指标：

利息备付率

偿债备付率

三、财务评价指标体系

建设项目财务评价方法是与财务评价的目的和内容相联系的。财务评价的主要内容包括：赢利能力评价、偿债能力评价和财务生存能力分析。财务评价的方法有：以现金流量表为基础的动态及静态赢利性评价、以资产负债表和还本付息计划表为基础的偿债能力评价及以财务计划现金流量表为基础的财务生存能力分析。财务评价的内容及指标体系如表 6 – 20 所示。

表 6 – 20　财务评价的内容与评价指标　　　　　　　单位：万元

评价内容	基本报表	评价指标	
		静态指标	动态指标
盈利能力分析	项目投资现金流量表	项目投资回收期	项目财务内部收益率 项目财务净现值
	项目资本金现金流量表		资本金财务内部收益率
	利润与利润分配表	总投资利润率 资本金利润率	
偿债能力分析	利润与利润分配表 借款还本付息表	利息备付率 偿债备付率	
	资产负债表	资产负债率	
生存能力分析	财务计划现金流量表	累计盈余资金	

1. 盈利能力评价

财务盈利能力评价主要考察投资项目的盈利水平。为此目的，需编制项目投资现金流量表、资本金现金流量表及利润与利润分配表三个基本财务报表。计算项目投资财务内部收益率和财务净现值、项目资本金财务内部收益率、投资回收期、总投资收益率、项目资本金利润率等指标。

（1）财务净现值

财务净现值（FNPV）是指把项目计算期内各年的财务净现金流量，按照一个给定的标准折现率（基准收益率）折算到建设期初（项目计算期第一年年初）的现值之和。财务净现值是考察项目在其计算期内盈利能力的主要动态评价指标。其表达式为

$$FNPV = \sum_{t=0}^{n} (CI - CO)_t (1 + i_c)^{-t} \tag{6-19}$$

式中　$FNPV$——净现值；

$(CI - CO)_t$——第 t 年的净现金流量；

n——项目计算期；

i_c——标准折现率。

财务净现值表示建设项目的收益水平超过基准收益的额外收益。该指标在用于投资方案的经济评价时，财务净现值大于等于零，项目可行。盈利能力分析一般只计算项目投资财务净现值，可根据需要计算所得税前净现值或所得税后净现值。

（2）财务内部收益率

财务内部收益率（FIRR）是指项目在整个计算期内各年净现金流量的现值之和等于零时的折现率，也就是使项目的财务净现值等于零时的折现率，其表达式为

$$\sum_{t=0}^{n} (CI - CO)_t (1 + FIRR)^{-t} = 0 \tag{6-20}$$

式中　$FIRR$——财务内部收益率。

财务内部收益率反映了项目尚未收回投资的获利能力，该指标越大越好。一般情况下，财务内部收益率大于等于基准收益率时，项目可行。项目投资财务内部收益率、资本金财务内部收益率和投资各方财务内部收益率都依据上式计算，但所用的现金流量不同，所选的判别标准也不一样。

（3）投资回收期

投资回收期（P_t）是指以项目每年的净收益回收项目全部投资所需要的时间，是考察项目财务上投资回收能力的重要指标。这里所说的全部投资既包括建设投资，又包括流动资金投资。投资回收期的表达式为

$$\sum_{t=0}^{P_t} (CI - CO)_t = 0 \tag{6-21}$$

式中　P_t——投资回收期；

CI——现金流入；

CO——现金流出；

$(CI - CO)_t$——第 t 年的净现金流量。

投资回收期一般以"年"为单位，自项目建设开始年算起。当然也可以自项目建成投产年算起，但对于这种情况，需要加以说明。如果项目建成投产后各年的净收益不相同，则投资回收期可根据累计净现金流量求得。其计算公式为

$$P_t = 计净现金流量开始出现正值的年份数 - 1 +$$

上一年累计现金流量的绝对值/当年净现金流量 （6-22）

投资回收期越短，表明项目投资回收越快，项目抗风险能力越强。当投资回收期小于

等于基准投资回收期时,项目可以考虑接受。

（4）总投资收益率

总投资收益率（ROI）又称投资效果系数,是指在项目达到设计能力后正常年份的年息税前利润或运营期内年平均息税前利润（EBIT）与项目总投资（TI）的比率,是考察项目单位投资赢利能力的静态指标。其表达式为

$$ROI = EBIT/TI \times 100\% \qquad (6-23)$$

式中　EBIT——年息税前利润;

　　　TI——项目总投资。

在采用总投资收益率对项目进行经济评价时,总投资收益率不小于行业平均的投资收益率（或投资者要求的最低收益率）,项目可行。

（5）项目资本金利润率

项目资本金利润率（ROE）是指项目达到设计生产能力后正常年份的净利润或运营期内年平均净利润（NP）与项目资本金（EC）的比率。是考察项目资本金赢利能力的静态指标。其计算公式为

$$ROE = NP/EC \times 100\% \qquad (6-24)$$

式中　NP——年净利润或年均净利润;

　　　EC——项目资本金。

项目资本金净利润率达到或超过同行业的净利润率参考值时,项目可行。

2. 偿债能力评价

偿债能力分析主要考察债务到期时,项目是否有足够的资金偿还到期债务本金和利息。为此需编制借款还本付息计划表和资产负债表,计算利息备付率、偿债备付率和资产负债率等指标。

（1）利息备付率

利息备付率（ICR）是指项目在借款偿还期内可用于支付利息的息税前利润（EBIT）与当期应付利息（PI）的比值,它是从资金来源的充裕性角度反映项目偿付债务利息的能力。其计算公式为

$$ICR = EBIT/PI \qquad (6-25)$$

式中　EBIT——年息税前利润;

　　　PI——计入总成本费用的应付利息。

利息备付率最好分年计算,也可以按项目的借款偿还期内总和计算平均的利息备付率。对于正常经营的企业,利息备付率至少应当大于2。利息备付率高,说明利息偿付的保证度大,偿债风险小;利息备付率小于1,表明没有足够的资金支付利息,偿债风险大。

（2）偿债备付率

偿债备付率（DSCR）是指在借款偿还期内,可用于还本付息的资金（$EBITDA - T_{AX}$）与当期应还本付息金额（PD）的比值。可用于还本付息的资金包括折旧、摊销、总成本费用中的利息和税后利润;如果在运营期内有维持运营的投资,可用于还本付息的资金应扣除维持运营投资。当期还本付息金额包括还本金额及计入总成本费用的全部利息。融资租赁费可视为借款偿还。运营期内的短期借款本息也应纳入计算。

$$DSCR = EBITDA - T_{AX}/PD \qquad (6-26)$$

式中　EBITDA——年息税前利润加折旧和摊销;

T_{AX}——企业所得税；

PD——应还本付息金额。

偿债备付率最好分年计算，也可以按项目借款偿还期内总和计算平均偿债备付率。偿债备付率表示还本付息的保证倍率，在正常情况下应当大于1，且越高越好。偿债备付率低说明还本付息的资金不足，偿债风险大。当这一指标小于1时，表明可用于还本付息的资金不足以偿付当期债务。

（3）资产负债率

资产负债率（LOAR）是指企业一定时期的负债总额（TL）同资产总额（TA）的比率。表明企业资产中有多少是通过负债得来的，是评价企业资本结构和负债水平的综合指标。其计算公式如下：

$$LOAR = TL/TA \times 100\% \tag{6-27}$$

资产负债率反映项目总体偿债能力。这一比率越低，则偿债能力越强。但是，资产负债率的高低还反映了项目利用财务杠杆的程度，适度的资产负债率表明企业经营安全、稳健，具有较强的筹资能力。对该指标的分析应结合国家宏观经济状况、行业发展趋势、企业所处竞争环境等具体条件判断。在长期债务还清后，可不再计算资产负债率。

3.财务生存能力分析

即使在项目财务净现值 $FNPV \geq 0$ 的情况下，项目投产初期仍然可能会出现资金方面的困难，使生产难以维持，因此财务生存能力分析也是项目财务评价的重要内容之一。财务生存能力分析应在财务辅助报表和利润与利润分配表的基础上编制财务计划现金流量表，通过考察项目计算期内投资、融资和经营活动所产生的现金流量，计算累计盈余资金，分析项目是否有足够的财务净现金流量来维持正常运营，以实现财务可持续性。财务可持续性应首先体现在有足够大的经营活动现金流量，特别是在运营初期。经营活动现金流量越大，项目实现自身资金平衡的可能性就越大，对短期融资的依赖性就越小。其次是各年累计盈余资金不应出现负值。在整个运营期间允许个别年份净现金流量出现负值，但是不允许任一年份的累计盈余资金出现负值。一旦出现负值应适时进行短期融资，同时分析短期融资的期限和数额，进一步判断项目的财务生存能力。短期融资应体现在财务计划现金流量表中，其利息应计入财务费用。通常，项目运营前期还本付息负担较重，要特别注重运营前期的财务生存能力分析。

财务生存能力分析应结合偿债能力分析进行。如果拟安排的还款期限过短，致使还本付息负担过重，导致为维持资金平衡必须筹借更多的短期借款，则可以调整还款期限，减轻各年还款负担。对于非经营性项目的财务分析应以财务生存能力分析为主。

第七章 经济分析与区域影响分析

第一节 经济分析概述

一、经济分析的概念、对象及作用

1. 经济分析的概念

经济分析是从社会资源合理配置的角度出发,分析项目的经济效益、效果和对社会福利的影响,从而评价项目的经济合理性。

经济分析包括微观和宏观两个层次,微观层次的经济分析即项目层次的经济分析,亦即项目的国民经济评价,其理论基础主要是根据微观经济学的有关"均衡""消费者支付意愿""消费者剩余""机会成本"等微观经济概念及理论,推导出反映项目所处特定区域的资源"真实经济价值"的影子价格体系,评价项目在特定区域的微观层次的资源优化配置状况,计算有关经济分析指标;宏观层次的经济分析,应该从项目的宏观区域经济影响的角度,对于特别重大项目还应从整个国民经济的角度,评价项目对影响区域或整个国民经济的资源配置,如对区域产业结构升级的影响、对培养区域拳头产业的影响、对国家经济安全的影响、对提高国际竞争力和发展民族经济的影响、对区域之间经济平衡发展的影响,等等。

在新的投资体制下,国家对项目的审批和核准重点放在项目的外部效果、公共性方面。项目的财务分析只从企业角度考虑项目直接的效益和费用,不能全面、真实地反映项目的经济价位,项目对社会的影响可能没有被正确反映。经济分析强调从资源配置经济效益的角度分析项目的外部效果,通过费用效益分析及费用效果分析的方法判断建设项目的经济合理性。因此,对项目的资源配置是否合理进行评价,即经济分析是非常重要的项目评价工作,尤其是国家投资建设的项目,利用国家资源和国有经济投资的项目,更应重视经济分析工作,以确保资源的优化配置。

2. 经济分析的对象

经济分析的理论基础是资源优化配置理论。对于资源的优化配置,一种是采用市场手段;另一种是采用非市场手段。新古典经济学认为,在完全竞争的市场经济体系下,市场机制能够有效配置资源,财务分析与经济分析结论一致,不需单独进行经济分析。因此,如果项目所在地区的市场经济体系发展已经比较完善,市场能够对资源的配置起到优化、调节的作用,无论这个项目对整个国民经济的贡献有多大,都不需要再重新测算影子价格,进行经济分析。事实上,我国目前大量的竞争性项目,无论是国内市场竞争还是与国际市场的联系,已经达到了相当充分的程度,这些项目的财务分析指标已经能够真实反映市场配置资源的效率以及项目有关参与主体的价值判断标准。对于这类项目,财务分析的结论就是经济分析的结论。

而在市场机制失灵及政府不恰当干预的领域,市场机制无法实现资源有效配置,客观上需要通过经济分析反映投资项目的真实经济价值,判断投资的经济合理性,为决策提供依据。一般情况下,下列项目需进行经济分析。

(1)自然垄断项目。对于电力、电信、交通运输等行业的项目,存在着规模效益递增的产业特征,企业一般不会按照帕累托最优规则进行运作,从而导致市场配置资源失效。

(2)公共产品项目。公共产品由于具有消费的非竞争性和非排他性,其边际成本为零且要采取收费方式,限制消费者的消费非常困难。因此,市场机制无法运作,即不能对公共产品进行有效配置。

(3)具有明显外部效果的项目。外部效果是指一方的经济活动对另一方产生了影响,而这种影响的行为主体又没有负相应的责任或没有获得应有的报酬。外部效果可以是正外部效果,也可能是负外部效果。但是,不管何种外部效果,都会导致资源配置低效率,甚至无效率。

(4)对于涉及国家控制的战略性资源开发及涉及国家经济安全的项目。这类产品具有非排他性,但当使用者数量增加到一定程度时就具有竞争性的特征。市场机制往往会导致资源的过度耗费,资源配置失效。

(5)政府参与投资,或者给予财政补贴或减免税的项目。政府以各种形式参与项目,实际上是利用公共资源对经济活动的一种干预,干扰了正常的市场经济秩序,也会影响资源配置效率,因此,有必要分析政府的参与对资源配置的影响程度。

3.经济分析的作用

(1)经济分析可以反映项目对社会福利的真实贡献。资源稀缺性是经济学的基本命题,"有效利用稀缺资源最大限度地满足人类社会的需求"是人类社会永恒的主题。项目投资是消耗资源满足人类需求的重要手段之一。微观投资主体在投资时更多的是关心个体利益,较少考虑资源配置问题。通过经济分析,可以全面识别整个项目所消耗的社会资源的成本,以及项目为提高社会福利所作出的贡献。

(2)可以为相关政策调整提出建议。分析项目的经济费用效益流量与财务现金流量的差别,以及造成这些差别的原因,可以找出项目受益或受损群体,分析项目对不同利益群体在经济上的影响程度,并提出改进资源配置效率及财务生存能力的政策建议。

(3)可以保证投资决策科学化。经济分析可以对项目进行优化。当经济分析不可行时,项目一般予以否定;当经济分析可行,而财务分析不可行时,需调整项目的财务条件,使其在财务上也可行。正确运用经济评价方法,在项目决策中可以有效察觉盲目建设、重复建设项目,使国家利益、地区利益和企业利益有机结合。

4.项目经济分析的程序和内容

项目经济分析的主要工作包括:识别项目的经济费用与效益;测算选取影子价格;编制经济评价报表;计算经济分析指标并进行方案比选。

二、经济分析的基本原理

项目经济分析的基本理论是费用效益分析法,即费用与效益比较的方法,寻求以最小的投入获取最大的产出。费用效益的识别采用"有无对比"法,用影子价格估算各项费用和效益。

"有无对比"法识别的费用效益不仅包括项目的直接效益和费用,而且包括项目的间接效益和费用。间接效益和费用的估算要按照费用效益计算范围一致性原则认真进行分析,防止费用效益扩大化趋势。

影子价格亦称"最优计划价格""机会成本"和"记账价格"。它的经济含义就是在最优计划下,单位资源增量所产生的效益增量,是资源合理利用的社会经济效益。因此,它是为实现一定的社会经济发展目标而人为确定的、比交换价格更能合理利用资源的效率价格。它能更好地反映产品的社会价值、市场供求关系与资源的稀缺程度。如对于数量无限的资源,影子价格为零,而越稀少短缺的资源,其影子价格越高。因此,影子价格是人们对所用资源的一种评价,它可用边际成本或效率系数表示,不直接表现为商品交换价格;它不是用于商品交换,而是用于预测、计划和项目评价等工作中衡量社会价值,人们把影子价格作为合理利用有限资源的价格尺度。

理想的影子价格,对于静态离散型的,可用最优线性规划的对偶解求得;对于动态连续型的,可用拉格朗日乘数法来计算。实践中采用替代用途、替代方案分析来估算项目各种投入和产出的影子价格。确定投入物和产出物的影子价格时,应在利益相关者分析的基础上,研究在特定的社会经济背景下相关利益主体获得的收益及付出的代价。对于项目产出物的正面效果,按照社会成员的支付意愿(WTP)确定影子价格;对于项目产出物的负面效果,应按照受损社会成员所愿意接受的补偿(WTA)确定影子价格;对于项目的投入物,一般按照机会成本原则确定影子价格。

三、项目经济分析与财务分析的区别与联系

1. 两者的相同点

(1)两者的评价基础相同。经济分析和财务分析都是在完成项目产品市场研究、技术工艺选择、方案构造、投资估算、资金筹措等的基础上进行的。

(2)两者的分析方法相似。它们都是从项目的"费用"与"效益"入手,运用现金流量分析和财务报表分析方法,计算项目的净现值、内部收益率、投资回收期等指标来评价项目的利弊,决定项目的取舍。

(3)两者评价的范畴和目标一致。项目经济分析和财务分析都以经济效益评价为主,都使用基本的经济评价理论和方法,寻求以最小的投入获得最大的产出。

2. 两者的区别

(1)评价角度不同。财务分析与经济分析的本质区别在于财务分析是从财务管理、现金收支的角度评价项目,所涉及的是与"金钱"有关的财务问题。经济分析是从资源优化配置的角度来评价项目,所涉及的是项目所占用的资源是否得到合理配置及有效使用的问题。

(2)评价范围不同。财务分析仅评价项目本身获得的直接的可计量的货币效果。而经济分析除直接效果外,还有间接的效果。

(3)费用和效益的范围不同。财务分析的效益是指项目产品或劳务直接获得的营业收入,财务分析的费用是指项目运营发生的经营成本、投资、税金、贷款利息等。而经济分析的效益不仅指项目产品或劳务直接产生的收入,还包括由项目引起的外部效益,经济分析的费用是指项目消耗的资源,既包括项目直接消耗的资源,也包括由项目引起的间接消耗的资源,而且在财务分析中,费用包含的国内贷款利息和税金等在经济分析中仅是转移支付,不构成费用。

(4)计算基础不同。在财务分析中,价格采用国内现行市场价格,折现率采用投资者要求的投资收益率,涉及外汇收支时用国家统一规定的官方汇率进行货币转换。而在经济分

析中,价格采用影子价格,折现率采用社会折现率,涉及外汇收支时用国家统一规定的影子汇率及其转换系数进行货币转换。

（5）评价的内容和方法不同。企业财务分析的内容和方法比较简单,涉及面窄,一般只评价项目的经济效益。而经济评价的内容和方法比较复杂,涉及范围较广,既要评价经济效益,又要评价社会效益、区域影响和环境效益,需采用费用效益分析、费用效果分析和多目标综合分析等方法。

第二节　费用与效益的识别

一、费用与效益识别的原则和方法

在运用费用效益分析方法进行经济分析时,首先一个重要的步骤是将项目的投入与产出划分为费用与效益。一般地,费用是指为项目投入的社会劳动和资源消耗的真实价值。效益是项目产出的全部有益效果,它包括以价值形式表示的劳动成果和以使用价值衡量的效用。投资项目的费用与效益的划分随项目评价目标不同而不同。经济分析以实现社会资源的最优配置为基本目标,凡是项目对国民经济所做的贡献,均计为项目的经济效益;凡是国民经济为项目所付出的代价,均计入项目的经济费用。费用效益的识别应遵循以下原则。

1. 利益相关者分析原则

评价投资项目的资源配置是否有效,关键是看项目的利益群体(stakehoders)对项目的投资建设是否满意。因此,识别项目的费用效益时,应从项目所涉及的利益相关者的角度全面分析项目给这些社会成员社会福利所带来的影响,包括直接的影响和间接的影响、有形的影响和无形的影响、近期的影响和长远的影响。

2. 目标导向原则

费用效益识别时应首先明确项目的目标,尤其是利益相关者的目标。根据项目实施对利益相关者目标的影响判断费用效益的范围。能够促进利益相关者目标实现的,就是项目的效益,包括直接效益和间接效益,项目利益相关者需要为其付出代价;使项目利益相关者目标受损的,就是项目的费用,包括直接费用和间接费用。这种影响不仅包括近期影响,还要考虑中远期影响。同时,尽可能考虑项目投资可能产生的关联效应。

3. 增量分析原则

项目经济分析应建立在增量效益和增量费用计算基础之上,不考虑沉没成本和已实现的效益。应按照"有无对比"增量分析原则,通过有项目的实施效果与无项目可能发生的情况进行对比,作为计算增量效益的依据。

4. 以本国居民为分析对象原则

由于项目的经济分析具有明显的国家属性,是从国家整体利益出发,因此,研究对象应以本国居民为主。如果项目的利益相关者中有本国以外的其他社会成员,应单独进行分析,并以本国的利益相关者来确定项目的取舍。

5. 剔除转移支付原则

转移支付是资源在国民经济系统中不同部门间的一种转移,不会消耗资源,同时也不会对资源的配置效率产生影响,因此,在经济分析中应剔除转移支付。

二、费用效益分类

1. 按与项目联系的紧密程度划分

根据费用和效益与项目联系的紧密程度,可分为直接费用与效益、间接费用与效益。

(1)直接效益与直接费用

直接效益是指由项目本身的产出物产生,并在项目计算范围内的经济效益。如工业项目生产的产品获得的销售收入,灌溉项目实现农业增产引起的农业收入增加额等。直接经济效益的计算范围一般可表现为:

①项目产出物满足国内新增加的需求时,表现为国内新增需求的支付意愿。

②当项目的产出物替代效益较差的其他厂商产品或服务时,被替代厂商减产或停产而使资源得到节约的效益即为该项目的效益。

③当项目的产出物增加出口或减少进口时,所增收或节支的国家外汇即为该项目的效益。

直接费用是指由项目使用投入物所产生,并在项目范围内计算的经济费用,即项目投入的各种物料、人工、资金、技术以及自然资源而带来的社会资源的消耗。直接经济费用的计算范围一般包括:

(1)其他部门为供应本项目投入物而扩大生产规模所耗用的资源费用。

(2)当社会不能增加供给时,导致其他项目(或最终消费)投入物的供应减少而放弃的效益。

(3)当项目投入物导致增加进口或减少出口时,这种费用表现为外汇支出的增加或收入的减少。

项目的直接效益和直接费用都是在项目范围内计算的效益和费用,统称为项目内部效果。

2. 间接效益与间接费用

间接效益是指项目本身并未得益而对社会作出的贡献。这种效益是由项目引起的对国民经济其他部门的影响,但在项目的直接经济效益中并没有得到反映。例如:兴建大型水利工程除了发电外,给当地农田灌溉、防洪、养殖业及旅游业带来的好处;交通项目给附近工厂、居民及商业带来的便利等。在货币流通系统中,这种间接效果会引起其他产品或服务的消费者真实收入的变化,即产生收入分配效果。

间接费用是指国民经济为项目付出代价,而项目本身并未实际支付的费用。如工业项目产生的废气、废水和废渣(即"三废")引起的环境污染,造成自然环境的损害和生态平衡的破坏。

项目的间接效益和间接费用并未在直接效益和直接费用中得到反映,故统称为外部效果。在计算外部效果时,一般只计算一次性的外部影响效果,通常要考虑以下几个方面。

(1)环境及生态影响效果。主要是指工业项目排放"三废"造成的环境污染和生态的破坏,是一种间接费用。环境的污染和生态平衡的被破坏,从项目本身讲,所造成的损失并不计入成本,而从全社会的角度讲,这种破坏是全社会福利的损失,是实施该项目的成本。因此,作经济分析时,必须把这些成本计算在内。对于建设项目环境影响的量化分析,应从社会整体的角度进行识别和计算。

如果项目对环境的影响可能导致受影响区域生产能力的变化,可以根据项目所造成的相关产出物产生变化,对环境影响效果进行量化。

如果不能直接估算拟建项目环境影响对相关产量的影响,可以通过有关成本费用信息间接估算环境影响的费用和效益。常用的方法有:

①替代成本法。为了消除项目对环境所产生的不利影响,用其他替代方案代替拟建项目所增加的投资,作为项目环境影响的经济价值。

②预防性支出法。是指受影响的社会成员愿意承担防护费以避免或减缓不利环境可能造成的危害,社会成员所愿意付出的费用即作为计算环境影响经济价值的依据。例如,机场附近的住户为了避免噪声污染,可能选择搬迁,或安装隔音设备,住户选择所付出的成本就是噪声污染的费用。

③置换成本法。由于建设项目造成环境质量下降,由此造成其他生产性资产受损,恢复生产性资产的初始状态所需的费用可作为对环境影响进行量化的依据。例如水污染引起渔业的损失,需对污染的水体进行净化所付出的费用即可作为环境污染的费用。

④机会成本法。因保护某种环境资源而放弃某项目方案所放弃的收益,就可以作为该环境资源的价值。

⑤意愿调查评估法。通过对项目利益相关者的支付意愿或接受补偿的意愿进行调查,可以作为环境价值的估算依据。

如果无法通过产出物市场价格或成本变化测算环境影响价值,应采用各种间接方法评估环境价值。常用的方法有:隐含价值法、产品替代法、成果参照法等。

(2)技术扩散效果。通常包括技术培训和技术推广等,这是一种比较明显的技术外部效果,是一种间接效益。投资兴建一个技术先进的项目,会培养和造就大量的工程技术人员、管理人员或技术性较强的操作工人,由于人员流动和技术外流,最终会给整个社会经济的发展带来好处。由于这种效益通常是隐蔽的、滞后的,因此是难以识别和计量的,实际中大多只作定性的描述。

(3)产业关联效果。包括对上游企业和下游企业的关联效果。对下游企业的关联效果主要是指生产初级产品的项目对以其产出物为原料的经济部门产生的效果。对上游企业的关联效果是指一个项目的建设会刺激那些为该项目提供原材料或半成品的经济部门的发展。例如项目所需的原材料原来在国内没有生产,由于新项目的建设产生了国内需求,刺激了原料工业的发展。大多数情况下,项目对"上、下游"企业的关联效果可以在项目的投入和产出物的影子价格中得到反映,不应再计算间接效果。例如显像管厂项目的产品如以进口替代计算其影子价格,就不应再计算电视机厂生产受到刺激增加生产和降低成本带来的间接效益。也有些间接影响难以反映在影子价格中,需要考虑项目的外部效果。

(4)价格影响。有些项目的产品大量出口,从而导致我国此类产品出口价格下降,减少了国家总体的创汇收益,成为项目的外部费用。如果项目产品增加了国内市场供应量,导致国内市场价格下降,消费者得到了产品降价的好处,但这种好处一般不作为项目的间接效益。

由于外部效果计算上困难,有时可以采用调整项目范围的办法,将项目的外部效果内部化。调整项目范围的一种方法是将几个项目合并成一个大项目进行经济分析,这样就可以将几个项目之间的相互支付转化为项目内部而相互抵消。

2. 按项目投入产出物的物质形态划分

按照项目投入物和产出物的物质形态划分,项目效果可以分为有形效果和无形效果。

（1）有形效果。有形效果是指项目的费用和效益是有具体的物质载体的有形费用和效益,是可以通过影子价格进行货币化量化的费用和效益。

（2）无形效果。无形效果是指项目的费用和效益是没有物质载体的费用和效益。对这些效果进行评价时,应对其尽可能以货币形式量化,并将量化的结果纳入项目经济分析的框架之中。如果货币量化缺乏可靠依据,应采用非货币的方式进行量化。通常,无形效果采用如下方法量化。

①对于项目实施可能引起人力资本增值的效果,在劳动力市场发育成熟的情况下,应根据"有项目"和"无项目"两种状态下税前工资率的差别来估算人力资本增值价值。如教育项目引起的人才培养和素质提高。

②对于项目实施的效果表现为增加或减少死亡,应尽可能分析由于死亡风险的增加或减少,社会成员为避免死亡而愿意支付的价格,作为项目效果的货币化值。如果缺乏估算生命价值支付意愿的资料时,可通过人力资本法分析由于人员死亡而引起社会收入的减少,来评价生命的价值,或者通过不同工种工资差异来测算人们对生命价值的支付意愿。

③当项目效果表现为对人们健康的影响时,一般通过分析疾病发病率与项目影响之间的关系,测算发病率变化所导致的收入减少和各种相关支出增加,并综合考虑人们为避免疾病、获得健康而愿意付出的代价,测算其经济价值。

④当项目的效果表现为时间的节约时,应按照有无对比原则分析"有项目"与"无项目"两种状态下时间消耗的差异,区分不同人群、货物,根据项目的特点测算时间节约的价值。如果所节约的时间用于工作,时间节约的价值应根据节约时间用于工作所带来的产出增加进行测算;如果节约的时间用于闲暇,时间节约的价值应根据意愿调查评估法测算受益人的支付意愿。货物时间节约的价值表现为受益者的支付意愿。

三、转移支付

在项目的投资建设和生产经营过程中,某些货币收付并不真正反映资源投入和产出的变化,只是反映资源在系统内部转移,这种纯属货币转移而不影响资源增减的财务收支称为转移支付。在项目财务效益评价中,常见的转移支付是折旧和摊销费,它们只是企业内部的账务转移,并没有实际的现金流入或流出企业,因而在计算现金流量时需将其扣除。在经济分析中,常见的转移支付项目有:与项目有关的各种税金、政府补贴、国内贷款利息等。这些收支只是由于项目建设引起它们在国内不同部门之间流动,并没有流出国民经济大系统,因此属于转移支付。

在进行经济分析时,对于转移支付的处理应区别对待:一般情况下,企业所得税和补贴应予以剔除,但是如果一些税收和补贴用于校正"外部效果",则这类转移支付不可剔除,可用于计算外部效果。对于项目投入产出中的流转税,如果按照支付意愿法确定影子价格时,应包含流转税;如果按照机会成本法确定影子价格时,则不包含流转税。

职工工资及土地费用等从表面上看也是国民经济系统内不同部门之间的转移,但实际上这种转移消耗了资源。因为劳动力、土地本身就是资源,项目使用这些资源就会导致相应资源的减少,因此,工资及土地费用不是转移支付。

第三节　影子价格的测算

一、货物分类

在经济分析中,影子价格一般以完全竞争的市场价格为基础确定。因此,在确定投入物和产出物的影子价格时,需要根据能否市场定价将货物分为三类:市场定价货物、非市场定价货物和特殊投入物。市场定价货物又按其是否可外贸分为外贸货物和非外贸货物。货物分类如图 7-1 所示。

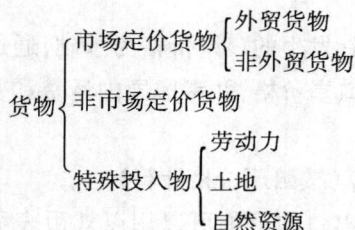

图 7-1　货物的分类图

1. 外贸货物是指其生产或使用将直接或间接影响国家进出口的货物。对于项目产出物而言,外贸货物一般有三种表现形式。

(1)直接出口(增加出口):项目产品直接出口。

(2)间接出口:某厂商生产的产品部分供应国内市场,部分出口。新项目上马后,也生产相同的产品来满足国内市场需求,这样原供应厂商就会减少国内市场的供应,增加出口。新项目生产的产品就是间接出口的产品。

(3)替代进口:某产品的国内市场需求原来主要靠进口满足,消耗了国家的大量外汇,新项目上马后,主要生产这种进口产品,来满足国内需要,从而减少了进口,节约了外汇,此时项目产品就称为替代进口产品。

2. 对于投入物而言,外贸货物也有三种表现形式。

(1)项目投入物直接进口。

(2)间接进口:项目的某种投入物是国内市场供应比较紧张的物资,由于项目上马,使该物资的原有用户无法从国内市场得到足够的供应,不得不增加进口来满足需求,这种投入物称为间接进口的货物。

(3)减少出口:项目的某种投入物原来主要用于出口,项目上马后,增加了国内市场对该投入物的需求,从而用于出口的部分将减少。

非外贸货物,是指其生产或使用将不影响国家进出口的货物。除了所谓"天然"的非外贸货物如建筑、国内运输等基础设施和商业的产品和服务外,还有由于运费过高或受国内外贸易政策和其他条件限制不能进行外贸的货物。

非市场定价货物是指由于市场机制失灵,或某些关系国计民生的重要产品由政府调控其价格以维持经济稳定的货物。如电力、交通运输和水等。

特殊投入物,一般指劳动力、土地和自然资源。

二、市场定价货物的影子价格

西方经济学理论认为:在完全竞争的市场条件下,市场机制可以自发地实现资源的最优配置,价格可以反映资源的真实价值。因此,在进行经济评价时,可以将市场价格加上或减去运杂费作为项目投入物或产出物的"厂门口"影子价格。外贸货物以国际市场价格为基础调整为"厂门口"影子价格;非外贸货物以国内市场价格为基础调整为"厂门口"影子价格。

1.外贸货物的影子价格

外贸货物的影子价格以实际发生的口岸价格为基础,通过影子汇率将以外币表示的口岸价格转换为以人民币计量的口岸价格,并考虑国内运费和贸易费来测算影子价格。具体方法如下。

(1)产出物影子价格的测算(按出厂价格计算)

①直接出口的货物。直接出口的货物可以用以外币表示的出口离岸价乘以影子汇率转换为国内价格,然后扣除口岸到项目的运费和贸易费,即可求出项目的出厂价。

$$SP_{出厂价} = FOR \times SER - T_1 \qquad (7-1)$$

式中 $SP_{出厂价}$——产出物的影子价格;

FOB——产出物的出口离岸价;

SER——影子汇率;

T_1——口岸到项目的运费和贸易费。

[例7-1] 某项目产品出口离岸价为100美元/件,国内运费和贸易费为30元人民币/件,若美元兑人民币的外汇牌价为:1美元=6.8元人民币,影子汇率换算系数为1.08。求该项目产品的影子价格。

解 SP出厂价=100×6.8×1.08-30=704.4元人民币/件

②间接出口货物。在计算间接出口产品的影子价格时,首先将原供应厂商产品出口离岸价扣除国内相关运费和贸易费即可得到原供应商的出厂价,再加上供应商到国内市场的运费和贸易费即可得到国内市场价格,然后减去项目到市场的运费和贸易费,即可得到以国际市场价格为基础的项目出厂价。

$$SP_{出厂价} = FOR \times SER - T_2 + T_3 - T_4 \qquad (7-2)$$

式中 T_2——从口岸到原供应商的运费和贸易费;

T_3——从供应商到国内市场的运费和贸易费;

T_4——从国内市场到项目的运费和贸易费;

[例7-2] 已知甲企业生产A产品,年产1 000 t,其中70%用于出口,30%满足国内市场。现有一新项目上马也生产相同的A产品,年产量200 t,主要用于国内市场销售,求A产品的影子价格,已知口岸到甲厂的运费和贸易费为:50元人民币/t,甲厂到国内市场的运费和贸易费为30元人民币/t,国内市场到项目的运费及贸易费为20元人民币/t,A产品的国际市场价格为200美元/t(出口离岸价),若美元兑人民币的外汇牌价为:1美元=6.8元

人民币,影子汇率换算系数为1.08。

解　SP 出厂价 $= 200 \times 6.8 \times 1.08 - 50 + 30 - 20 = 1\,428.8$（元人民币/t）

③替代进口的货物。替代进口货物的影子价格可以用原进口货物的国际市场到岸价加上口岸到国内市场的运费和贸易费,即可得到国内市场价格,然后再减去国内市场到项目的运费和贸易费,就可以得到以国际市场价格为基础的项目产出物出厂价。

$$SP_{出厂价} = CIF \times SER + T_5 - T_4 \qquad (7-3)$$

式中　CIF——原进口货物的到岸价格;

T_5——从口岸到国内市场的运费和贸易费;

（2）投入物影子价格的测算（按到厂价格计算）

①直接进口的产品。直接进口的产品的影子价格用进口货物到岸价格乘以影子汇率,再加上口岸到项目的国内运费和贸易费,就得到了进口货物的到厂价格。

$$SP_{出厂价} = CIF \times SER + T_1 \qquad (7-4)$$

式中　$SP_{出厂价}$——投入物的影子价格;

②间接进口的产品。间接进口产品的影子价格的计算用投入物到岸价格乘以影子汇率,再加上进口口岸到国内市场的运费和贸易费,得到国内市场价格,然后减去国内市场到国内供应商的运费和贸易费,得到供应商的出厂价,再加上供应商到项目的运费和贸易费,就得到了以国际市场价格为基础的项目投入物到厂价。

$$SP_{出厂价} = CIF \times SER + T_5 - T_3 + T_6 \qquad (7-5)$$

式中　T_6——供应商到项目的运费和贸易费;

③减少出口的货物。减少出口货物的影子价格,应首先用出口离岸价乘以影子汇率,减去供应商到口岸的运费和贸易费,得到供应商的出厂价,再加上供应商到项目的运费和贸易费,就得到项目投入物的到厂价。

$$SP_{到厂价} = FOB \times SER - T_2 + T_6 \qquad (7-6)$$

[**例7-3**]　某项目运营所需物资甲物资是国内市场紧俏物资,由于该项目上马导致甲物资进口增加,进口价格为300美元/t,到达国内市场的售价为2 700元人民币/t,国内市场到国内供应商的运费和贸易费为100元/t,供应商到项目的运费和贸易费为60元/t。若美元兑人民币的外汇牌价为:1美元 = 6.8元人民币,影子汇率换算系数为1.08。求该物资的影子价格。

解　$SP_{出厂价} = 2\,700 - 100 + 60 = 2\,660$元人民币

2.市场定价的非外贸货物影子价格的测算

市场定价的非外贸货物,由于没有国际市场价格,可以以国内市场价格为基础测定影子价格。

若该货物或服务处于竞争性市场环境中,市场价格能够反映支付意愿或机会成本,应采用市场价格作为计算投入物或产出物影子价格的依据。

如果项目的投入物或产出物规模很大,项目实施将足以影响市场价格,导致市场价格变化很大,则取"有项目"和"无项目"两种情况下市场价格的平均值作为测算影子价格的依据。

（1）产出物

①增加供应数量满足国内消费的产出物，影子价格按照支付意愿确定，包含流转税。

②不增加国内供应数量，只是替代其他相同或类似企业的产出物，致使被替代企业停产或减产的，影子价格按照机会成本确定，不包含流转税，产出物按上述原则定价后，再计算出厂价格。

（2）投入物

①当项目的投入物是新增供应时，项目建设不会影响国内其他厂商对该投入物的需求，投入物的影子价格按机会成本确定，不包含流转税。

②如果项目计算期内无法通过扩大生产规模增加供应，而必须挤占原有用户的供应量时，按照支付意愿确定影子价格。

投入物按上述原则定价后，再计算到厂价格。

三、非市场定价货物的影子价格

非市场定价货物实际上是一种特殊的非外贸货物，由于这类货物具有公益性强、社会影响大、市场机制失灵等特点，需要政府调控其价格。这些产品或服务的价格不能完全反映真实价值，因此，影子价格的测定不能简单地以市场价格确定。通常可以采用成本分解法、消费者支付意愿和机会成本等方法测定影子价格。

成本分解法是确定非外贸货物影子价格的一种重要方法。对于非市场定价货物，也可将其生产成本按成本构成要素分解成外贸货物、特殊投入物，分别代入相应的影子价格公式，合成非市场定价货物的影子价格。

支付意愿是消费者为获得某种商品和服务所愿意支付的价格，是消费者对商品或服务使用价值的一种判断，在一定程度上可以代表货物的真实价值。因此，可以作为影子价格测定的一种途径。

机会成本是指项目所用资源由于用在本项目上，而丧失了用在其他用途上的收益。机会成本是资源优化配置的一个重要概念，经济评价的目标就是资源的优化配置。因此，机会成本也可以作为测定影子价格的重要方法之一。

四、特殊投入物影子价格的测算

建设项目的特殊投入物主要指劳动力、土地和自然资源，由于其既不是外贸货物，也没有具体的生产过程，因此，无法使用国际市场价格或边际生产成本分解法。我们需对其做特殊处理。

1. 劳动力的影子价格——影子工资

劳动力的影子价格体现国家和社会为建设项目使用劳动力所付出的代价。它由劳动力的机会成本和劳动力就业或转移而引起的社会资源消耗两部分构成。其中劳动力的机会成本是指拟建项目占用的人力资源由于本项目使用而不能用于其他地方或享受闲暇而被迫放弃的价值。它与劳动力的技术熟练程度和人力资源市场供求状况有关，技术熟练程度要求高的稀缺劳动力，其机会成本高；反之，机会成本低。劳动力的机会成本是影子工资的主要组成部分,一般按下列原则确定劳动力的机会成本。

(1)由于项目实施而从他处转移过来的人员,其劳动力机会成本是放弃过去就业机会的工资(含工资性福利)及支付的税金之和。

(2)项目雇佣的是原来的自愿失业人员,其劳动力机会成本是本项目所支付的税后净工资,以反映边际工人投入到劳动力市场所必须支付的金额。

(3)项目雇佣的是非自愿失业劳动力,其劳动力机会成本应反映他们为了工作而放弃休闲所愿意接受的最低工资金额,其数值应低于本项目所支付的税后净工资,并大于项目所在地的最低生活保障收入。新增资源耗费是指劳动力从别处转移到本项目而发生的经济资源消耗,主要包括交通费、搬迁费、城市管理费等。

在经济分析中,为了计算简便,常用影子工资换算系数将财务工资转换为影子工资。影子工资换算系数是项目经济评价参数,是影子工资与财务分析中的职工个人实得货币工资及提取的福利基金之比。影子工资换算系数的大小主要取决于劳动力在项目建设及运营中的贡献大小,即劳动力的边际产出。根据我国劳动力状况、结构以及就业水平,技术劳动力的影子工资换算系数一般取值为1;非技术劳动力的影子工资换算系数一般取为0.25~0.8。在有充分依据的情况下,项目评价人员可根据项目所在地区劳动力的充裕程度及项目雇佣劳动力的技术熟练程度,适当调整影子工资换算系数,如在就业压力很大的地区雇佣大量非熟练劳动力,影子工资换算系数就可以取值较低;而劳动力不太富余的地区,影子工资换算系数可取值较高;中间状况可取值为0.5。

2.土地的影子价格

土地是项目的特殊投入物,也是一种稀缺资源,其稀缺程度与土地的地理位置密切相关。因此,需针对不同类型的土地分别测算影子价格。

(1)生产性用地

主要是指农业、林业、牧业、渔业及其他生产性用地。生产性用地的影子价格包括拟建项目占用土地而使国民经济为此放弃的效益,即土地的机会成本,以及国民经济为项目占用土地而新增加的资源消耗。

$$土地的影子价格 = 土地机会成本 + 新增资源消耗费用$$

土地的机会成本按照拟建项目占用土地而使国民经济为此放弃的该土地"最好可替代用途"的净效益测算。原则上应由项目评价人员根据项目占用土地的种类,分析项目计算期内技术、环境、政策、适宜性等多方面的约束条件,选择该土地最可行的替代用途两到三种(包括现行用途)进行比较,以其中效益最大者作为机会成本的计算基础。由于土地可以长期使用,因此在估算土地的经济效益时,不仅要估算目前的经济效益,而且要估算未来的经济效益。同时由于土地供给总量具有固定性及土地使用具有不可磨损性,土地的经济效益应该是逐步增长的,在估算经济效益时应根据地区经济发展合理估算其增长率。土地的机会成本可按下式计算:

$$OC = \sum_{t=1}^{n} NB_0 \left(\frac{1+g}{1+i} \right)^t \tag{7-7}$$

式中　OC——土地的机会成本;

NB_o——基年土地的"最好可替代用途"的单位面积净效益;

g——该土地的"最好可替代用途"的年平均效益增长率;

i——社会折现率;

n——项目占用土地的期限,项目计算期。

新增资源耗费应该按照项目征地造成原有地上附属物财产的损失及其他资源消耗来计算。新增资源耗费主要包括拆迁费和农村剩余劳动力安置费。土地平整等开发成本应计入工程建设成本,在土地的影子价格中不再重复计算。

实际的项目评价中,生产性土地的影子费用可以按实际征地费进行调整。按照国民经济费用与效益划分的原则,项目实际征地费可以划分为以下三部分。

①属于机会成本性质的费用,如土地补偿费、青苗补偿费等。

②新增资源消耗费用,如拆迁费用、剩余劳动力安置费用、养老保险金等。

③转移支付,如粮食开发基金、耕地占用税等。

在经济分析中,第一部分费用应按机会成本的计算方法重新计算。第二部分费用可根据费用支出的用途及性质,选择恰当的影子价格转换系数,将其转换为影子费用。第三部分费用在经济评价中不作为经济费用,即不考虑其支出。

(2)非生产性用地

非生产性用地如住宅、休闲用地等,应按照支付意愿原则,根据市场交易价格测算影子价格。如果是通过市场竞争取得国有土地使用权,则市场交易价格就是影子价格;如果未通过正常市场交易取得土地使用权,应分析价格优惠或扭曲程度,参照当地正常市场交易价格,调整或类比计算影子价格。

(3)荒地

荒地由于原来就是闲置不用的土地,项目占用土地提高了土地利用效率,不会丧失什么收益,或引起新增资源耗费,因此荒地的影子费用为零。

3. 自然资源影子费用

自然资源是指自然形成的,在一定的经济、技术条件下可以被开发利用以提高人们生活福利水平和生存能力,并同时具有某种稀缺性的实物性资源的总称,包括土地资源、森林资源、矿产资源和水资源等。项目经济评价将自然资源分为资产性资源和非资产性资源。在影子价格的计算中只考虑资产性资源。

资产性资源是指所有权已经界定,或随着项目的实施可以界定,所有者能够有效控制并能在目前或可以预见的未来产生预期经济效益的自然资源。资产性资源是有限的,如果项目使用了自然资源,就会产生社会费用,因此,这些资源具有影子价格。不可再生资源的影子价格一般按机会成本计算;可再生资源的影子价格可以按资源再生费用计算。

第四节　经济分析指标及评价参数

经济分析报表的编制可以直接根据"项目投资经济费用效益流量表"的构成项目分别测算数据,直接编制报表;也可以在财务分析基础上调整编制经济评价报表。

一、直接法编制经济分析报表的步骤

（1）对于项目的各种投入物，应按照机会成本原则计算其经济价值。

（2）识别项目产出物可能带来的各种影响效果。

（3）对于具有市场价格的产出物，应以市场价格为基础计算其经济价值。

（4）对于没有市场价格的产出效果，应按照支付意愿及接受补偿意愿的原则计算其经济价值。

（5）对于难以进行货币量化的产出效果，应尽可能地用其他量纲进行量化。难以量化的，进行定性描述，以全面反映项目效果。

（6）按项目投资经济费用效益流量表的构成项目，编制项目投资经济费用效益流量表。

二、在财务分析基础上调整编制经济分析报表

在财务分析的基础上编制经济分析报表，主要工作包含费用效益范围、内容的调整和影子价格调整。

第一，剔除财务现金流量中的通货膨胀因素，得到以实价表示的财务现金流量。

第二，剔除运营期财务现金流量中不反映资源真实流动状况的转移支付。

第三，识别项目的间接效益与费用，对能量化的应进行定量计算，不能量化的应进行定性分析。

第四，对下列项目进行调整：

（1）建设投资的调整。剔除进口设备及材料中属于国民经济内部转移支付的关税和增值税，并用影子价格对进口设备及材料价值进行调整；对国内设备价值用影子价格进行调整；建设投资中的劳动力按影子工资计算费用；若安装费用中材料费用占很大比重，则按材料的影子价格调整安装费用；项目占用土地的实际费用用土地的影子费用替代；剔除涨价预备费；调整其他费用。

（2）流动资金的调整。流动资金是项目建成后维持项目正常运营所需要的资金，流动资金－流动资产－流动负债。在项目评价中，流动资金应主要考虑现金、应收账款、存货和应付、预收账款。在流动资金的调整中，首先应剔除未造成资源实际消耗或增加的现金和应收、应付、预收、预付款项；然后按影子价格对流动资金进行详细的分项调整。

（3）经营费用的调整。可以用货物的影子价格、影子工资等参数调整主要费用要素，然后加总即可求得经营费用。

（4）营业收入的调整。先确定项目产出物的影子价格，然后按照项目产量重新计算营业收入。

（5）在涉及外汇借款时，用影子汇率调整外汇借款本金及利息的偿还额。

上述各项调整之后，即可以编制国民经济费用效益流量表。

一般情况下，经济分析只进行项目投资赢利能力分析。项目投资赢利能力分析主要是考察项目的经济赢利水平。为此需编制"项目投资经济费用效益流量表"，并据此计算项目的经济内部收益率和经济净现值；对使用国外贷款的项目，还应编制国内投资国民经济效

益费用流量表,并据此计算国内投资的经济内部收益率和经济净现值。

1. 经济净现值

经济净现值(ENPV)是项目按照社会折现率将计算期内各年的经济效益流量折现到建设期初的现值之和,是经济评价的主要指标。计算公式为

$$ENPV = \sum_{t=1}^{n} (B - C)_t (1 + i_s) \qquad (7-8)$$

式中　B——经济效益流入量;

　　　C——经济费用流出量;

　　　$(B-C)_t$——第 t 年经济净效益流量;

　　　n——项目计算期;

　　　i_s——社会折现率。

当 $ENPV \geq 0$ 时,表明项目对国民经济的净贡献率达到或超过了社会折现率,项目可行。当多个方案比较时,经济净现值大的方案较优。

2. 经济内部收益率

经济内部收益率(EIRR)是项目在计算期内经济净效益流量的现值累计等于 0 时的折现率,是经济评价的辅助评价指标。计算公式为

$$\sum_{t=1}^{n} (B - C)_t (1 - EIRR)^{-t} = 0 \qquad (7-9)$$

式中　B——效益流入量;

　　　C——费用流出量;

　　　$(B-C)_t$——第 t 年净效益流量;

　　　n——项目计算期。

当 $EIRR \geq i$(社会折现率)时,表明项目对国民经济的净贡献达到或超过了要求的最低水平,项目可行。当计算全部投资的经济内部收益率时,净效益流量对应的是全部投资的净效益流量;当计算国内投资的经济内部收益率时,净效益流量对应的是国内投资的净效益流量。

3. 效益费用比

效益费用比($R_{B/C}$)是项目在计算期内的效益流量现值与费用流量现值的比率,是经济评价的辅助评价指标。计算公式为

$$R_{B/C} = \frac{\sum\limits_{t=1}^{n} B_t (1 + i_s)^{-t}}{\sum\limits_{t=1}^{n} C_t (1 + i_s)^{-t}} \qquad (7-10)$$

当 $R_{B/C} > 1$ 时,表明项目资源配置的经济效益达到了可以接受的水平,项目可行。

三、经济分析参数

经济分析参数是在项目的经济分析中,计算和分析项目费用与效益、衡量技术经济指标,以及判断项目宏观经济合理性而使用的基础数据和判别标准。它是经济分析的重要基

础。经济分析参数分为两类:一类是通用参数,包括社会折现率和影子汇率换算系数,这些参数在各类建设项目的经济分析中必须采用,它由国家行政主管部门统一测算并发布;另一类是专用参数,包括各种货物、服务、土地、自然资源等的影子价格,需由项目评价人员和决策者根据项目具体情况,在国家参数的基础上自行测定。在此仅介绍通用参数。

1. 社会折现率

社会折现率是从国家的角度对资金机会成本和资金时间价值的估量,是建设项目经济分析中判断项目取舍的重要参数,也是计算项目经济净现值的折现率。社会折现率是社会对投资项目占用资金所要求达到的最低赢利标准。

从微观角度看,社会折现率是计算项目经济净现值的折现率,是衡量项目经济内部收益率的标准,也是项目不同时期现金流量转换的依据。社会折现率的取值会影响项目优选的结果。社会折现率高,则较为不利于初始投资大而后期费用节约或收益增大的方案;社会折现率较低时,情况正好反过来。

从宏观角度看,社会折现率是国家控制投资规模、调节投资方向、优化投资结构和提高投资效益的主要政策工具之一。社会折现率取值提高,会使一些本来可以通过的项目达不到判别标准而被舍弃,从而使可以通过的项目总数减少,使投资总规模下降,间接地起到调控国家宏观投资规模的作用。当需要缩小投资规模时,就提高社会折现率;需要扩大投资规模时,就降低社会折现率。

我国对社会折现率的确定一般是根据一定时期内的社会经济发展目标、发展战略、发展优先顺序、发展水平、社会成员的费用效益时间偏好、社会投资收益水平、资金机会成本、资金供求状况等因素来综合测定。目前我国的社会折现率确定为8%,对于受益期长的建设项目,如果远期效益较大,项目风险较小,社会折现率可适当降低,但不应低于6%。

2. 影子汇率

汇率是一国货币兑换成另一国货币的比率。只要两国之间发生经济联系,就必然涉及货币收付及兑换活动。汇率有官方汇率和市场汇率两类。官方汇率是政府根据本国外贸政策及国际收支状况确定的汇率。市场汇率是在外汇市场进行外汇交易中形成的汇率,它一般是由各国货币的购买能力及外汇供求决定的,能够比较真实地反映本国货币的价值。大多数发展中国家由于外汇短缺,都实行了不同程度的外汇管制,本国货币与外汇之间不能自由兑换,官方汇率也往往偏离市场汇率。因此,在项目评价中需要采用影子汇率,将外贸货物的国际市场价格转换为本国货币表示的边境价格。

影子汇率是一个重要的经济分析参数,它体现了从国家角度对外汇价值的估量,在项目经济分析中用于人民币与外汇之间的换算。影子汇率的高低直接影响着项目比选中进出口的抉择。影子汇率高,有利于采用国内货物的项目,而不利于引进方案。因此,影子汇率的大小直接影响到项目采用进口设备还是国内设备的决策。影子汇率应由国家统一制定并定期调整。国家一般公布的是影子汇率换算系数。目前我国的影子汇率换算系数为1.08。在项目评价中,用国家外汇牌价乘以影子汇率换算系数就得到影子汇率。

影子汇率的确定方法有:购买力平价法、进出口加权平均法、外汇溢价法、出口换汇成本法、边际外贸货物比价法、加权平均关税率法、进出口弹性加权平均关税率法等。

第五节　费用效果分析

费用效果分析是指通过比较项目预期的效果与所支付的费用,判断项目的费用有效性或经济合理性。有些项目以社会效益为主,效益难以用货币形式量化,或货币化的效果不是项目的主要效果时,可以采用费用效果分析方法。如公益事业项目、行政事业项目和某些基础设施项目,以服务社会为主要目的,项目目标具有多样性,而经济效益是其中的辅助目标。

费用效果分析应按下列步骤进行。

(1)识别和定义项目所要实现的目的、目标。这个目标可以是单一的非货币指标,也可以是多个目标。当项目具有多个目标时,要用加权平均的方法处理为一个统一的量纲。

(2)根据项目目标探索不同的实现途径,构建备选方案。

(3)对各个方案的效果和费用进行识别和测算。

(4)确定评价方法和准则,综合比较各个方案的优缺点,推荐最佳方案,或提出优先采用的次序。

费用效果分析的基本指标是效果费用比,其计算公式为

$$R_{E/C} = E/C \qquad\qquad (7-11)$$

式中　$R_{E/C}$——效果费用比;

　　　E——项目效果;

　　　C——项目的计算期费用。

有时为了方便起见,也可以采用费用效果比指标,其计算公式为

$$R_{C/E} = C/E \qquad\qquad (7-12)$$

式(7-11)和式(7-12)中的费用是指为实现项目预定目标所付出的财务代价或经济代价,采用货币形式计量,是项目的寿命周期费用,正常情况下应包含投资、运营成本及寿命周期结束时资产回收和拆除、恢复环境的处置费用。根据分析的需要和便利性,可选择费用现值或费用年值计算。效果是项目的结果所起到的作用、效应或效能,是项目目标的实现程度,效果指标的选取要既能切实度量项目目标的实现程度,又要便于计算。多方案比选时,各备选方案必须具有共同的实物目标,否则方案就不具可比性。

费用效果分析用于多方案比选时,通常采用最小费用法和最大效果法。当任务的目标是明确固定的,能够完成任务的各种可能方案中费用最低的是最好的。这种固定效果寻求费用最低方案的方法称为"固定效果法"。比如,建一所学校,事先已经确定了学校的建设规模及标准,此时可以采用固定效果最小费用法;反之,当对费用有明确的规定时,例如用于某一贫困地区的扶贫资金通常是事先固定的,扶贫效用的最大化是通常要追求的目标。此时应采用相同费用条件下效果最大的方案。

有时,各个方案的费用和效果都不固定,则必须进行增量分析,分析增加的效果与增加的费用相比是否值得。不可盲目选择效果费用比最大的方案。当 $\Delta E/\Delta C \geqslant [E/C]_0$ 或 $\Delta C/\Delta E \leqslant [C/E]_0$ 时,选择费用高的方案;否则,选择费用低的方案。其中,$[E/C]_0$ 为费用

效果比的基准值。

一般情况下,费用效果分析的重点是制订实现项目目标的途径和方案,并根据以尽可能少的费用获得尽可能大的效果原则,通过多方案比选,推荐优选方案或进行方案优先次序排队,以供决策。在方案比选阶段不需对方案可行性提出质疑,只对方案优劣进行比较。

第六节 区域经济与宏观经济影响分析

特大型建设项目的区域经济影响分析是指从区域经济的角度出发,综合分析特大型建设项目的建设对项目所在区域乃至较大区域的经济活动各方面的影响,包括对区域现存发展条件、经济结构、城镇建设、劳动就业、土地利用、生态环境等方面现实和长远影响的分析。特大型建设项目的区域经济影响分析的目的在于通过分析做到有效地开发利用资源,合理配置人、财、物,使部门之间、企业之间、项目之间在地区分布上协调组合,提高社会经济效果,保持良好的生态环境,促进地区开发建设顺利进行。

特大型建设项目的宏观经济影响分析是指从国民经济整体角度出发,综合分析特大型建设项目的建设对国家宏观经济的各个方面影响,包括对国民经济总量增长、产业结构调整、生产力布局、自然资源开发、劳动就业结构变化、物价水平、收入分配等方面影响的分析,以及国家承担项目建设的能力即国力的分析、项目时机选择对国民经济影响的分析等。特大型建设项目的宏观经济影响分析目的在于通过分析判断国家承担项目投资建设的能力、项目可能存在的各种风险,从而选择有利的投资机会和上马时间,实现生产力在全国范围内的合理布局,推动国民经济协调发展。

一、区域经济和宏观经济影响分析与经济评价的关系

特大型建设项目的区域经济和宏观经济影响分析与一般的经济分析既有相同的方面,又有很大的区别。相同方面表现在两者都是着眼于项目对经济整体的影响,分析项目可能带来的各方面效益和需要的各种投入,都以促进资源优化配置、提高社会福利水平为目标。不同主要表现在以下几方面。

1. 立足点不同

一般的经济分析立足于项目,分析项目实施后对国民经济的净贡献。假设项目实施后评价价格和时间因素都具有不变性,通过社会折现率对费用、效益进行折现体现动态分析的要求。而特大型建设项目的区域经济与宏观经济影响分析立足于区域经济环境,项目是实施区域经济发展战略的一个组成部分,特大型建设项目实施会对区域经济发展环境产生多方面的影响,包括经济态势的变化,因此区域经济影响分析是多方面的,不仅仅包括经济方面的影响,还包括收入分配、产业结构、社全协调发展等方面,而这些都是经济评价无法覆盖的内容。

2. 分析基础不同

一般项目的经济分析基于完全竞争的市场可以实现资源的有效配置的假设,以国际市场价格作为评价价格的比较基础,来引导投资,调整产业结构。这可能会背离我国国情,反

而降低资源配置效率。特大型建设项目的区域经济与宏观经济影响分析则立足于国家或地区经济发展战略,注重项目与经济发展的其他部分的协调,促进区域经济协调和持续发展。

3.分析指标不同

一般项目的经济分析可采用总量指标(如净产值、社会纯收入、国内生产总值等)来衡量项目的经济效益,认为只要项目有净效益,就必然会对社会有利,不考虑社会收入分配结构问题;对于特大型建设项目来说,仅考虑总量指标是不够的,还需进行结构分析才能真正把握项目的影响,如产业结构、部门结构、收入分配结构等,进行结构分析目的是促进经济的协调发展。

二、特大型项目的特征与分类

1.特大型建设项目的特征

(1)在国民经济和社会发展中占有很重要的战略地位。

(2)建设工期或实施周期很长。

(3)投入的社会资源数量很大,且年度投入量很不均衡。

(4)项目上马前和完成后国家经济发展水平变化很大,潜在需求变化大,因而导致效益的突变性大。

(5)项目的技术风险大。

(6)项目实施后对生态环境会产生很大影响。

(7)由于投入了大量社会资源,对国家的经济安全带来较大影响。

2.特大型建设项目的类型

(1)特大型基础设施项目,如铁路、高速公路、水利工程、港口等。

(2)特大型资源开发项目,如油气田开发、矿藏开采、长距离油气输送等。

(3)特大型重工业企业建设,如大型化工项目、大型钢铁厂等。

(4)大规模区域开发项目,如西部大开发项目。

(5)特大型高科技攻关项目,如尖端科研国际合作项目,航空、航天、国防等高科技关键技术攻关项目等。

(6)特大型生态保护工程。

三、特大型项目对区域和宏观经济的影响

1.特大型建设项目对区域经济的影响

(1)可能改变项目所在区域的功能和发展条件。伴随着特大型建设项目的建设,项目所在区域的基础设施,如交通、能源供应条件等首先得到相应发展,其他有利于投资建设的环境也会应运而生,使项目所在区域的发展条件得到极大改善。

(2)可能改变项目所在区域的产业结构。在一个原有基础比较薄弱的地区,特大型建设项目的建设可能会建立起一套全新的经济结构,通过国家强制性布置产业,迅速推动地方经济的成长与进步。在原有经济基础、经济实力较强的地区,特大型建设项目所在区可

能会分离而成为某城市的卫星城、大功能区或新城区,促进城市规模迅速扩大,从而改变原有经济结构,推动经济发展。

(3)可以促进区域产业循环的形成。特大型建设项目由于投入大、产出多、占地广、技术水平高等特点,很容易形成所在区域的核心产业,并可能围绕核心产业出现一系列辅助产业,或者利用特大型建设项目的建设提供的基础设施形成一定规模的地方产业聚集,有利于推动项目所在区域的整体发展。

(4)也可能对项目所在区域带来负面影响,主要表现在耕地减少、环境污染、历史文化遗产遭破坏、冲击区域经济等。

2. 特大型建设项目对宏观经济的影响

(1)可以促进经济总量的增长。特大型建设项目的建设对经济总量的影响,一方面表现为项目自身发挥效益,促进国民经济总量增长;另一方面,由于特大型建设项目的建设需要投入大量的资源,通过乘数效果也会带动相关行业的发展,进而引起经济总量的增加;另外,特大型建设项目的建设,可以提供国民经济发展亟须的基础设施或能源或技术等,减轻乃至消除经济发展中的"瓶颈"制约,加速经济增长。

(2)可以优化经济结构。特大型建设项目的建设对经济结构的影响,一方面表现为对地区间产业合理布局的影响,尤其是在一些产业基础比较薄弱的地区,建设特大型项目可以增强地方的经济发展实力;另一方面表现为对就业结构的影响,特大型建设项目通过吸收大量劳动力,可以增加就业,有利于改善就业结构(包括就业的产业结构、知识结构等);再一方面表现为对收入分配结构的影响,通过在贫困地区建设特大型建设项目,可以充分利用地方资源,增加地方财政收入,改善地方投资环境,从而帮助贫困地区脱贫致富。

(3)有利于加快技术进步。由于特大型建设项目一般都采用先进技术设备和最新技术成果,因而有利于加快技术进步,提高技术进步对经济增长的贡献份额。同时,由于特大型建设项目雇佣了大量的地方劳动力,这些劳动力可以在特大型建设项目的运行过程中接受现代化生产的培训,有利于技术扩散,增强对地方其他企业的示范效应。

(4)增加国家经济安全风险。特大型建设项目的建设由于大量增加了对某些类型投入资源或物品的需求,导致这些资源或物品价格上涨,进而影响到价格总水平。同时,项目建成后,由于其产量巨大,会改变某些物品的供求格局,可能导致这些物品供应的瓶颈制约作用消除或者供给大大超过需求,对国家经济安全带来有利或不利影响。

(5)特大型建设项目的建设对生态环境也会带来较大影响。特大型建设项目由于在规划建设过程中越来越强调以人为本,追求人与环境的和谐统一,因而会有利于环境保护、生态改善。而且特大型建设项目建成后,提供的产出物一般具有档次高、质量好、资源利用率高等特点,这也为环境保护和资源开发与保护提供了有利的条件。当然,也可能情形相反,某些特大型建设项目也可能在短期或局部范围内造成环境污染,破坏生态平衡。

四、特大型建设项目区域和宏观经济影响分析的原则

1. 系统性原则

特大型建设项目本身就是一个系统,但是从国民经济的全局来看,它又是国民经济大

系统中的一个子系统。一个子系统的产生与发展对原有系统内部结构和运行机制将会带来冲击。原有的大系统会由于特大型建设项目的加入而改变原来的运行轨迹或运行规律。按照协同学理论,系统总是可以按照自身的结构与机制,使得原有的大系统能够"容忍"或"接纳"特大型建设项目的存在。这种协调过程,或者使特大型建设项目与国民经济融为一体,或者特大型建设项目适当改变自己的结构与机制,以适应国民经济大系统的运行规律,或者特大型建设项目被排除在国民经济大系统之外。为了保证特大型建设项目的成功和国民经济系统稳定运行,对特大型建设项目一定要从全局出发,用系统论的方法来分析其可能带来的各方面影响,尤其是对区域经济和宏观经济的影响。

2. 综合性原则

特大型建设项目建设周期长,投资巨大,影响面广泛。特大型建设项目的投入(包括建设和投产)将给原来的经济系统结构(包括产业结构、投资结构、就业结构、供给结构、消费结构、价格体系和区域经济等)、状态和运行带来重大的变化。它不仅影响到经济总量,而且影响到经济结构;不仅影响到资源开发,而且影响到资源利用,人力、物力、财力配置,不仅对局部区域有影响,而且对国民经济整体产生影响。因此,分析特大型建设项目对区域经济和宏观经济的影响要坚持综合性原则,进行综合分析,不能仅分析某一方面的影响而忽略其他方面。

3. 定量分析与定性分析相结合原则

特大型建设项目对区域和宏观经济的影响是广泛而深刻的,既包括实实在在的有形效果和经济效果,可以用价值型指标进行量化,也包括大量的无形效果和非经济效果,难以用价值型指标进行量化。对于前者无疑要以定量分析为主,对于后者必须进行定性分析或进行比较性描述,或者用非价值型指标进行数量分析,以便对其作出准确评价,为项目决策提供充分依据。

五、特大型建设项目区域和宏观经济影响评价指标体系

特大型建设项目的建设由于既影响经济总量,又影响经济结构,同时还会对国民经济大系统的运行环境和运行机制产生较大影响。因此,特大型建设项目的区域和宏观经济影响评价指标体系应包括总量指标、结构指标、社会与环境指标和国力适应性指标四大类。

1. 总量指标

评价特大型建设项目对区域和宏观经济影响的总量指标包括增加值、净产值、社会纯收入等经济指标。

(1)增加值,是指项目投产后对国民经济的净贡献,即每年形成的国内生产总值。对项目而言,按收入法计算增加值较为方便。

增加值 = 项目范围内全部劳动者报酬 + 固定资产折旧 + 生产税净额 + 营业盈余

$$(7-13)$$

(2)净产值,即企业销售产品所得扣除生产过程中消耗的物质资源后的余额。经过收入初次分配,"净产值"又分为"工资"及"社会纯收入"两个部分。即

$$P - C = V + M = 净产值$$

（3）社会纯收入，指企业销售产品所得扣除成本后的余额，或者说是净产值扣除工资后的余额，主要表现为"利润"和"税金"两部分。用公式表示为

$$M = P - (C + V) = (P - C) - V \tag{7-14}$$

式中　M——纯收入；

　　　P——销售产品所得；

　　　C——生产过程中消耗的物质资源；

　　　V——工资；

　　　$(C + V)$——产品总成本；

　　　$(P - C)$——净产值。

后两个指标的差异是在国民经济效益中是否包括职工工资。主张净产值方法的认为，国民收入是全面反映国民生产活动的总成果及其给国家的净收益。从国家角度看，工资总额是国民收入的一部分，工资总额的增长意味着就业人数和人均收入的增加，因而在计算国民收入指标时应包括工资在内，把工资看成是国民经济效益而不列为费用。社会纯收入观点认为，社会纯收入是物质生产部门的劳动者在一定时期内为社会新创造的社会财富。由于工资是对劳动者消耗掉的劳动价值的补偿，它表示增加一定的收入所耗费的劳动力价值，这样工资应作为经济费用看待。采用社会纯收入指标有利于推动企业采用先进技术，改进项目管理，努力降低成本，提高劳动生产率，加速资金的周转，为社会创造更多的新增财富和提高国家财政收入。但是，在采用"纯收入"目标来衡量项目国民经济效益贡献的同时，还应考虑就业目标。

2. 结构指标

评价特大型建设项目对区域和宏观经济影响的结构指标主要有影响力系数、三次产业结构、就业结构等。

（1）影响力系数，也被称为带动度系数，是指特大型建设项目所在的产业增加产出满足社会需求时，每增加一单位产出对国民经济各部门增加产出所产生的影响。用公式表示为

$$影响力系数 = \frac{\sum_{i=1}^{n} b_{ij}}{\sum_{j=1}^{n} \sum_{i=1}^{n} b_{ij}/n} \tag{7-15}$$

式中　b_{ij}——列昂惕夫逆矩阵系数，即完全消耗系数，表示第 j 个部门单位产出对第 i 部门的完全消耗量，为国民经济的产业部门总数。

影响力系数大于 1 表示该产业部门增加产出对其他产业部门的影响程度超过社会平均水平，影响力系数越大，该产业部门对其他产业部门的带动作用越大，对经济增长的影响越大。

（2）产业结构，分别计算三次产业部门的产值占国民生产总值的比重，分析特大型建设项目建设前后三次产业结构的比例变化情况。

（3）就业结构，包括就业的产业结构、就业的知识结构等。前者指各产业就业人数的比例，后者指不同知识水平就业人数的比例，也主要分析特大型建设项目建成前后的变化

情况。

3. 社会环境指标

（1）就业效果指标。实现充分就业是宏观经济调控的重要目标之一。特大型建设项目由于需要大量的投入，对劳动力的需求也将十分巨大，对于解决我国大量的过剩劳动力具有十分重要的意义。劳动力的就业效果一般用项目单位投资带来的新增就业人数表示，即

单位投资就业效果 = 新增总就业人数（包括本项目与相关项目总投资）/项目总投资（包括直接投资与间接投资）（人/万元）　　　　　　　　　　　　　　（7-16）

总就业效果可以分为直接投资所产生的直接就业效果和与该项目直接相关的其他项目的投资产生的间接就业效果。

直接就业效果 = 本项目新增就业人数/本项目的直接投资（人/万元）　　　（7-17）

间接就业效果 = 相关项目新增就业人数/相关项目投资（人/万元）　　　　（7-18）

（2）收益分配效果。分配效果指标用于检验项目收益在国家、地方、企业、职工间的分配比重是否合理。主要有以下几项：

国家收益分配比重 = （项目上缴国家的收益/项目的总收益）×100%　　（7-19）

地方收益分配比重 = （项目上缴地方的收益/项目的总收益）×100%　　（7-20）

企业收益分配比重 = （企业的收益/项目的总收益）×100%　　　　　（7-21）

职工收益分配比重 = （项目的收益/项目的总收益）×100%　　　　　（7-22）

为体现国家对老、少、边、穷等贫困地区的重视，使这类地区的项目得以优先通过，也可以设置贫困地区收益分配指标，通过对贫困地区赋予较高的收益分配权重，判定项目对贫困地区收益分配的贡献。

（3）对资源和环境的影响效果指标。对资源和环境的影响效果指标主要有节能效果指标、节约时间效果指标、节约用地效果指标、节约水资源效果指标等几类。

①节能效果，一般以项目的综合能耗水平（可以折合成"年吨标煤消耗"）来反映。

项目的综合能耗水平 = 项目的年综合能耗/项目的年净产值　　　（7-23）

项目的综合能耗水平低于社会平均能耗水平，则说明项目具有较好的节能效果。

②节约时间效果，一般指交通类特大型建设项目的建设使得交通运输网络的通达性提高，运输时间缩短所带来的效益。节约时间的效果应结合具体项目进行分析。

③节约用地效果，用单位投资占用土地面积来反映，即

单位投资占地 = 项目土地占用量/项目总投资（m^2/万元）　　　　（7-24）

当单位投资占地低于社会平均水平时，则说明项目具有较好的节约用地效果。

④节约用水效果，以项目单位产值或产品耗水量来反映。

项目单位产值耗水量 = 项目总耗水量/项目总产值[m^3/（人·日）]

项目单位产值耗水量与国家和地区规定的定额比较，可以判定项目的节水效果。对生产性项目应分别计算单位产品生产用水和项目人均耗水量。单位产品耗水量应与行业规定的定额进行比较。

4. 国力适应性指标

特大型建设项目由于建设规模巨大，需要消耗大量的人力、物力、财力及自然资源等，

这自然会产生国力能否承受的问题。如果特大型建设项目挤占资源过多,导致其他领域所需资源无法满足而阻碍了项目的发展进程;或者由于特大型建设项目使用的投入品过多,引发该物品供应紧张,抬升了重要物品的价格,乃至加剧通货膨胀,则说明国力不足以承担该项目。

由于我国劳动力资源丰富,对国力承担能力的影响很小,因而国力适应性评价主要对财力和物力进行分析。但是,项目对特殊技能人才的需求、对人才资源的开发与利用等也需做专门分析。

(1)国家财力。国家财力是指一定时期内国家拥有的资金实力,其构成要素包括:国内生产总值(或国民收入)、国家财政收入、信贷总额、外汇储备、可利用的国外资金等。其中最主要的指标是国内生产总值(或国民收入)和国家财政收入。国内生产总值(或国民收入)水平和增长速度反映了国家当前的经济实力和未来实力增长趋势,对特大型建设项目的投资规模具有直接的影响。财力承担能力一般通过国内生产总值(或国民收入)增长率,特大型建设项目年度投资规模分别占国内生产总值(或国民收入)、全社会固定资产投资和国家预算内投资等指标的比重等来衡量。对运用财政资金的项目,财政投入占财政收入比例的高低反映财政对项目资金需求承受能力的大小。

(2)国家物力。国家物力是指国家拥有的物质资源,包括工农业主要产品及储备量,矿产资源储备量,森林、草场以及水资源等。物力取决于国家可供追加的生产资料和消费资料的数量和构成。一般特大型建设项目物力承担能力主要指能源、钢材、水泥和木材等主要物资能否支持项目兴建。物力承担能力评价一般通过特大型建设项目对这几类主要物资的年度需要量占同期产量的比重来衡量。

特大型建设项目的国力承担能力评价需要结合对国家未来经济发展的预测来进行。

第八章 不确定性与风险分析

投资项目风险分析是让参与项目的各方清楚地认识到有哪些风险、风险的等级,并采用定性分析和定量分析的方法估计个别风险因素对项目的影响程度,解释影响项目成败的关键风险因素,提出相应的风险对策,从而提高投资决策的科学性和正确性。

第一节 概 述

一、不确定性的概念及产生原因

由于项目所存在的环境具有很大的不确定性,导致组成现金流量的要素具有很大的不确定性,使得方案经济效果的实际值与评价值相偏离,增加了投资决策的风险。为了说明这些不确定因素对项目经济评价指标的影响,应根据拟建项目的具体情况,分析各种外部条件发生变化或者测算数据误差对方案经济效果的影响程度,以估计项目可能承担的不确定性的风险及其承受能力,确定项目在经济上的可靠性。产生不确定性的原因一般有以下几个方面:

1. 拟建项目数据的统计偏差。是指由于原始统计上的误差、统计样本点的不足、公式或模型的套用不合理等造成的误差。例如,项目建设投资和流动资金是项目经济评价中重要的基础数据,但在实际中,往往会由于各种原因而高估或低估其数额,从而影响项目评价的结果。

2. 通货膨胀。由于有通货膨胀的存在,会产生物价的浮动,从而影响项目评价中所涉及的价格,进而导致诸如年营业收入、年经营成本等数据与实际发生偏差。

3. 技术进步。技术进步会引起新老产品和工艺的替代,这样,根据原有技术条件和生产水平所估计出的年营业收入等指标就会与实际值发生偏差。

4. 市场供求结构的变化。这种变化会影响到产品的市场供求状况,进而对产量、成本等指标值产生影响。

5. 其他外部影响因素。如政府政策的变化,新的法律、法规的颁布,国际政治经济形势的变化等,均会对项目的经济效果产生一定的甚至是难以预料的影响。

为了有效地减少不确定性因素对项目经济效果的影响,提高项目的风险防范能力,进而提高项目投资决策的科学性和可靠性,除对项目进行确定性分析以外,对项目进行不确定性分析也很有必要性。常见的不确定性分析方法有盈亏平衡分析方法和敏感性分析方法。

二、风险和风险分析

风险是指未来发生不利事件的概率或可能性。投资项目风险通常是指由于有一些不确定因素的存在,导致项目实施后偏离预期结果而带来不利影响的可能性。在决策前要充分考虑各种不确定因素,确定风险程度,以调整投资决策模型,使之能够反映风险。项目风险分析是在已进行的市场风险、技术风险、资金风险和社会风险等风险识别基础上,采用定性或定量分析的方法估计各风险因素发生的可能性及其对项目的影响程度,揭示影响项目成败的关键风险因素,提出风险预警、预报和相应的对策,为投资决策服务。风险分析的程序包括风险因素识别、风险估计、风险评价与风险防范。

三、不确定性分析与风险分析

首先,风险与不确定性既有紧密的联系,又有区别。人们对未来事物认识的局限性、可获信息的不完备性以及未来事物本身的不确定性使得未来经济活动的实际结果偏离预期目标,这就形成了经济活动结果的不确定性,从而使经济活动的主体可能高于或低于预期的效益,甚至遭受一定的损失,导致经济活动"有风险"。

正是由于不确定性是风险的起因,不确定性与风险总是相伴而生,如果不是从定义上去刻意区分,往往会将它们混为一谈。即使从理论上刻意区分,实践中这两个名词也常常混用。

两者的区别在于不确定性的结果可以优于预期,也可能低于预期,而普遍的认识是将结果可能低于预期,甚至遭受损失称为"有风险"。还可以用是否得知发生的可能性来区分不确定性与风险,即不知发生的可能性时,称之为不确定性;而已知发生的可能性,就称之为有风险。

其次,不确定性分析(指敏感性分析)与风险分析的主要区别在于两者的分析内容、方法和作用不同。不确定性分析只是对投资项目受各种不确定因素的影响进行分析,并不知道这些不确定因素可能出现的各种状况及其产生影响的可能性;而风险分析则要通过预知不确定因素(以下称风险因素)可能出现的各种状况的可能性,求得其对投资项目影响发生的可能性,进而对风险程度进行判断。不确定性分析与风险分析之间也有一定的联系。由敏感性分析可以得知影响项目效益的敏感因素和敏感程度,但不知这种影响发生的可能性,如需得知可能性,就必须借助于概率分析。但是通过敏感性分析所找出的敏感因素又可以作为概率分析风险因素的确定依据。

四、风险分析在项目评价决策中的作用

1. 通过风险分析,识别项目中的风险因素,确定各风险因素间的内在联系,避免因忽视风险的存在而蒙受损失。投资项目的决策分析与评价旨在为投资决策服务,如果忽视风险的存在,仅仅依据基本方案的预期结果,如某项经济评价指标达到可接受水平来简单决策,就有可能蒙受损失,多年来项目建设的历史经验证明了这一点。

2. 通过风险分析,确定风险因素对项目建设与运营的影响程度。项目拟建单位在充分了解了风险因素的影响程度后可以有的放矢地制定相关的风险防范措施,改进或优化设计方案,使风险发生的可能性降到最低。

3. 通过风险分析,改善决策分析工作并将风险转化为机会。例如,承包商对工程项目施工总承包,和分项施工承包相比,存在较多的不确定性,如对某些子项目没有施工经验。但如果承包商把握机会,将部分不熟悉的子项目分包给某个专业施工队,对总承包来说,这可能会获得更多的收益。

第二节　不确定性分析

一、盈亏平衡分析

盈亏平衡分析就是通过分析建设项目运营期间收入、成本及利润之间的关系,找到项目由亏损到盈利的分界点——盈亏平衡点,据以判断项目对产品数量变化的适应能力和抗风险能力的分析方法。

盈亏平衡分析的核心就是确定盈亏平衡点,在盈亏平衡点有:总收入 = 总成本。总收入和总成本都是产量的函数,根据其函数形式不同,盈亏平衡分析可以分为线性盈亏平衡分析及非线性盈亏平衡分析。项目评价中仅进行线性盈亏平衡分析,其示意图如图8-1所示。

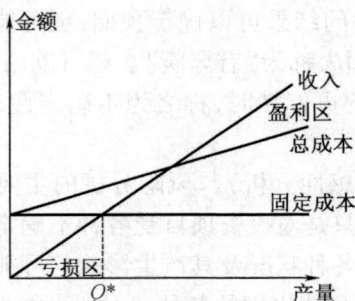

图8-1　线性盈亏平衡分析示意图

1. 线性盈亏平衡(BEP)分析的假设条件

项目的收入和成本都与产量之间呈线性关系时,相应的盈亏平衡分析就是线性盈亏平衡分析。线性盈亏平衡分析有以下假设条件:

(1)生产量等于销售量。

(2)单位可变成本不随产量的变化而变化,从而使总成本函数是产量的线性函数。

(3)产品售价不变,从而使销售收入是销量的线性函数。

(4)只生产单一产品,或虽生产多种产品,但可以换算为单一产品。

2. 基本的损益方程

盈亏平衡分析是基于以下基本的损益方程式进行分析的:

$$TR = (P - t)Q \tag{8-1}$$

$$TC = C_F + C_V Q \tag{8-2}$$

$$利润 = TR - TC = (P - t)Q - (C_F + C_V Q) \tag{8-3}$$

式中　TR——项目总收入;

$\quad\quad TC$——项目总成本;

$\quad\quad P$——产品价格(常数);

$\quad\quad t$——单位产品销售税金及附加;

$\quad\quad C_F$——固定成本;

$\quad\quad C_V$——单位产品可变成本(常数);

Q——产量(销售量)。

3. 盈亏平衡点的计算

盈亏平衡点的表达形式有多种,项目评价中最常用的是以产量和生产能力利用率表示的盈亏平衡点。在盈亏平衡点:$TR = TC$,盈亏平衡产量(亦称产量)BEP 记为 Q^*,则

$$(P - t)Q^* = C_F + C_V Q^* \tag{8-4}$$

$$Q^* = \frac{C_F}{P - t - C_V} \tag{8-5}$$

盈亏平衡点(BEP)除了经常用产量表示外,还可以用生产能力利用率、单位产品价格和单位产品可变成本等表示。其表达式为

$$BEP(生产能力利用率) = Q^*/Q_d \tag{8-6}$$

$$BEP(价格) = F/Q_c + C_V + t \tag{8-7}$$

$$BEP(单位产品可变成本) = P - t - C_F/Q_d \tag{8-8}$$

式中　Q_d——项目设计生产能力。

盈亏平衡产量表示项目可以接受的最低产量,低于此水平项目就亏损。盈亏平衡生产能力利用率表示项目开始赢利的起点。项目运营中,只要生产能力利用率高于此水平,项目都有利可图。盈亏平衡价格表示项目可以接受的最低市场价格,BEP(单位产品可变成本)表示在既定产量、价格、固定成本的条件下,项目可接受的最高单位产品可变成本。除BEP(单位产品可变成本)之外,其他盈亏平衡指标都表示项目要求的最低水平,该水平越低,越容易实现,项目的抗风险能力越强。但是,项目运营中有很多不确定因素,即使我们已经知道了项目正常情况下是在赢利区域,但也不排除项目进入亏损区域的可能性。因此,有必要引入运营安全度指标 A:

$$A = (Q_c - Q^*)/Q^* \times 100\% \tag{8-9}$$

运营安全度表示项目在正常运营情况下远离保本点的程度。当运营安全度较大时,即使不确定性因素发生了不利的变化,项目在赢利区的可能性仍很大。因此,运营安全度反映了项目赢利的可能性,运营安全度越大,项目风险越小。

[例8-1]　某项目设计生产能力为年产 100 万件产品,根据资料分析,估计单位产品价格为 100 元,单位产品可变成本为 80 元,全年固定成本为 600 万元,试用产量、生产能力利用率、单位产品价格分别表示项目的盈亏平衡点。已知该产品营业税金及附加合并税率为 5%。

解　$TR = (P - t) \times Q = 100 \times (1 - 5\%) \times Q$

　　$TC = C_F + C_V \times Q = 6\,000\,000 + 80Q$

由 $TR = TC$ 可得:

(1)$Q = 6\,000\,000/[100 \times (1 - 5\%) - 80] = 400\,000$ 件

(2)$BEP(生产能力利用率) = (400\,000/1\,000\,000) \times 100\% = 40\%$

(3)$BEP(价格) = 6\,000\,000/1\,000\,000 + 80 + BEP(价格) \times 5\% = 90.5$ 元

盈亏平衡分析虽然能够度量项目风险的大小,但是并不能揭示产生项目风险的原因。比如我们知道降低盈亏平衡点可以降低项目风险,提高项目的安全性。根据

$$Q^* = \frac{C_F}{P - t - C_V}$$

可知,降低固定成本 C_F 和(或)单位产品可变成本 C_V,可以降低盈亏平衡产量。但采

取哪些措施、控制哪些不确定因素来降低 C_F 和 C_V, 盈亏平衡分析并没有给出答案, 还需借助敏感性分析确定敏感因素。

二、敏感性分析

敏感性分析是通过分析、预测项目主要影响因素发生变化时对项目经济评价指标(如 NPV、IRR 等)的影响, 从中找出敏感因素, 并确定其影响程度的一种分析方法。

一个项目在建设和运营过程中, 许多因素都会发生变化, 如投资、价格、成本、产量、工期等, 我们将这些可能发生变化的因素称为不确定因素。如果某个不确定因素发生微小的变化, 将导致项目经济评价指标发生很大的变动, 我们认为这个不确定因素对项目的影响是很大的, 将其称为敏感因素。敏感性分析的核心就是寻找项目的敏感因素, 并采取措施控制敏感因素, 使其向对项目效益有利的方向变动, 严格控制不利变化的发生。敏感性分析按同时分析的不确定因素的多少, 分为单因素敏感性分析和多因素敏感性分析。单因素敏感性分析是指在进行敏感性分析时, 假定只有一个因素是变化的, 其他因素均保持不变, 分析这个可变因素对项目经济评价指标的影响程度和敏感程度。多因素敏感性分析就是要考虑几个不确定因素同时变动时, 对项目经济评价指标的影响。项目评价通常只进行单因素敏感性分析。

进行敏感性分析首先要选定一种或多种评价指标; 其次选定待分析的不确定因素, 并确定其偏离基本情况的程度; 再次计算敏感度系数和临界点或者绘制敏感性分析图, 并汇总敏感性分析结果; 最后对敏感性分析的结果进行分析, 并提出减轻不利影响的措施。

1. 分析指标的确定

分析指标的确定一般是根据项目特点、不同的研究阶段、实际需求情况和指标的重要程度来选择: 如果主要分析方案状态和参数变化对投资回收快慢的影响, 则可选用投资回收期作为分析指标; 如果主要分析产品价格波动对方案净收益的影响, 则可采用净现值作为分析指标; 如果主要分析投资大小对方案资金回收能力的影响, 则可选用内部收益率指标。

在机会研究阶段, 一般选用静态评价指标, 如投资回收期和总投资收益率等; 如果在初步可行性研究和可行性研究阶段, 则需采用动态评价指标, 如净现值、内部收益率, 通常还辅之以投资回收期。

2. 不确定因素的选取

影响项目经济评价的不确定因素很多, 敏感性分析没必要也不可能对项目所涉及的全部因素都进行分析, 而往往选取一些主要的影响因素, 选取时应考虑以下原则:

(1)预计这些因素在其可能的变动范围内对经济评价指标影响较大。

(2)在确定性经济分析中采用的该因素的数据准确性把握不大。

不确定因素的变化程度一般假设 ±5% 或 ±10%。百分数的取值并不重要, 只是借助它进一步计算敏感性分析指标。

3. 敏感性分析的计算指标

(1)敏感度系数法。即设定要分析的因素都从确定性经济分析中所采用的数值开始变动, 且各因素每次变动的幅度相同, 比较在同一变动幅度下各因素变动对经济评价指标的影响, 据此判断经济评价指标对各因素变动的敏感程度。一般用敏感度系数指标来反映因素的敏感程度。敏感度系数越大的因素越敏感。

$$\beta = \left| \frac{评价指标变化程度}{受变量因素变化幅度} \right| = \left| \frac{\Delta y_i}{\Delta x_i} \right| = \left| \frac{\dfrac{y_{i_1} - y_{i_0}}{y_{i_0}}}{\Delta x_i} \right|$$

式中　Δx_i——第 i 个因素的变化幅度（变化率）；

$\quad\quad Y_{i_1}$——第 j 个指标受变量因素变化影响后所达到的指标值；

$\quad\quad Y_{i_0}$——第 j 个指标未受变量因素变化影响时的指标值；

$\quad\quad \Delta_{y_i}$——第 j 个指标受变量因素变化影响的变动率。

（2）临界点法。临界点是指项目允许不确定因素向不利方向变化的极限值。超过该极限值，评价指标将变为不可行。如令净现值为零，内部收益率等于基准收益率，投资回收期等于标准投资回收期等，即可以求出不确定因素的临界点。临界点可以采用不确定因素相对基本方案的变化率或其对应的具体数值表示。

临界点的高低与计算临界点的参数有关。若选取基准收益率为评价参数，对同一项目，随着基准收益率的提高，临界点就会降低；而在一定的基准收益率下，临界点越小的因素越敏感。

4. 敏感性分析图的绘制

敏感性分析图是通过在坐标图上作出各个不确定因素的敏感曲线，进而确定各个因素敏感程度的一种图解方法。其作图的基本方法如下：

（1）以纵坐标表示项目的经济评价指标（敏感性分析对象），横坐标表示各个变量因素的变化幅度（以% 表示）。

（2）根据敏感性分析的计算结果绘出各个变量因素的变化曲线，其中与横坐标相交角度（锐角）越大的因素就是越敏感的因素。

（3）在坐标图上作出项目经济评价指标的临界曲线（如 $NPV = 0$，$IRR = i$ 等），求出变量因素的变化曲线与临界曲线的交点，即临界点，它表明项目由可行到不可行的极限变化值，横截距越小的因素越敏感。

5. 单因素敏感性分析的应用

[例8 -2]　某投资项目设计生产能力为 10 万件产品。计划总投资为 1 200 万元，期初一次性投入，预计产品价格为 35 元/件，年经营成本为 140 万元，项目寿命期为 10 年，到期时预计设备残值收入为 80 万元，标准折现率为 10%，试就投资额、单位产品价格、经营成本等影响因素进行敏感性分析。

解　选择净现值作为敏感性分析对象，首先计算基本方案的净现值。

$NPV_0 = 1\ 200 + (35 \times 10 - 140)(P/A, 10\%, 10) + 80(P/F, 10\%, 10) = 121.21$ 万元。

由于 $NPV_0 > 0$，该项目可行。

下面对项目进行敏感性分析。选定三个不确定性因素：投资额、产品价格和经营成本，然后令其逐一在初始值的基础上按 ±10%，±20% 的变化幅度变动。分别计算相对应的净现值，结果如表8 -1 所示。

表8-1 单因素敏感性分析表

变化幅度 净现值 项目	-20%	-10%	0	+10%	+20%	敏感系数β	临界点
投资额	361.21	241.21	121.21	1.21	-118.79	9.9	10.11%
产品价格	-308.91	-93.85	121.21	336.28	551.34	17.75	-5.64%
经营成本	293.26	207.24	121.21	35.19	-50.83	7.10	14.10%

表中数据 0 对应的一列是确定条件下项目的净现值。其余各列的计算方程为

$$NPV = -I + (B - C)(P/A, 10\%, 10) + S(P/F, 10\%, 10)$$

式中 I——投资额；

B——项目营业收入；

C——项目经营成本；

S——项目期末残值。

当投资额变动为 -20% 时，$I = 1\,200 \times (1 - 20\%) = 960$ 万元

$NPV = -960 + (35 \times 10 - 140) \times 6.145 + 80 \times 0.386 = 361.21$ 万元

其中灵敏度的计算过程为

$$\beta_{投资} = \frac{\left| \dfrac{361.21 - 121.21}{121.21} \right|}{|-20\%|} = 9.9$$

各变动因素的最大允许变化范围的计算过程是：

设：投资额的变动幅度为 x，经营成本的变动幅度为 y，产品价格的变动幅度为 z，则

$$NPV = -I \times (1 + x) + (B - C)(P/A, 10\%, 10) + S(P/F, 10\%, 10)$$
$$= -1\,200 \times (1 + x) + (35 \times 10 - 140) \times 6.145 + 80 \times 0.386$$

令 $NPV = 0$，可得 $x = 10.11\%$

$$NPV = -I + [B - C \times (l + y)](P/A, 10\%, 10) + S(P/F, 10\%, 10)$$
$$= -1\,200 + [350 - 140(l + y)] \times 6.145 + 80 \times 0.386$$

令 $NPV = 0$，可得 $y = 14.10\%$

$$NPV = -1\,200 + [35(1 + z) \times 10 - 140] \times 6.145 + 80 \times 0.386$$

令 $NPV = 0$，可得 $Z = -5.64\%$

由表8-1可知，灵敏度最大的是产品价格，其次是投资额，最后是经营成本。由表8-1 数据可得到图8-2。图8-2中横坐标就是临界曲线 $NPV = 0$，由此图可知，经营成本的横截距最大，为14.1%，说明当经营成本增加幅度超过14.1%时，净现值由正变负，项目由可行变为不可行；其次是投资额，横截距为10.11%，说明当投资增加超过10.11%时，NPV 由正变负，项目变为不可行；最后是产品价格，横截距为-5.64%，即当产品价格下降5.64%时，项目净现值由正变负，项目变为不可行。因此，产品价格是最敏感的因素，其次是投资额，最后是经营成本。因此，企业在可行性研究中，产品价格的估计应该保守些，在项目实施过程中应重点控制投资支出，在项目运营过程中，努力提高产品价格，降低经营成本。

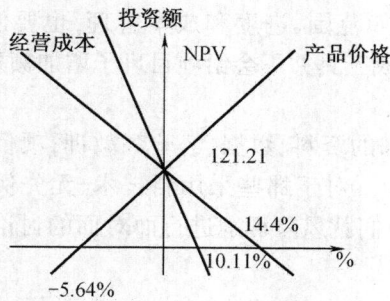

图 8 - 2　单因素敏感性分析图示

敏感性分析在一定程度上就各种不确定因素的变动对方案经济效果的影响作了定量描述,有助于决策者了解方案的风险状况,明确在项目实施过程中需要重点研究与控制的因素。但是,敏感性分析没有考虑各不确定因素发生变化的可能性。可能会有这样的情况:通过敏感性分析找出的敏感因素可能恰恰是最不可能变动的因素,而不太敏感的因素可能是变化可能性最大的因素。这类问题是敏感性分析无法解决的,必须借助于概率分析。

第三节　风 险 分 析

一、风险识别

风险分析的第一步是风险识别,其目的是减少项目的结构不确定性。风险识别首先要弄清项目的组成、各变数的性质和相互间的关系、项目与环境之间的关系等。在此基础上利用系统的、有章可循的步骤和方法查明对项目可能形成风险的事项。在这个过程中还要调查、了解并研究对项目以及项目所需资源形成潜在威胁的各种因素的作用范围。

1. 风险识别的方法

风险因素识别要注意借鉴历史经验,同时可运用"逆向思维"方法来审视项目,寻找导致项目"不可行"的因素,以充分揭示项目的风险来源。风险识别应根据项目的特点选用适当的方法,常用的风险识别方法如下。

(1)核对表

人们考虑问题有联想的习惯,在过去经验的启示下,思想常常变得很活跃,浮想联翩。风险识别实际是关于将来风险事件的设想,是一种预测。如果把人们经历过的风险事件及其来源罗列出来,写成一张核对表,那么,项目管理人员看了就容易开阔思路,容易想到本项目会有哪些潜在的风险。核对表可以包含多种内容,例如以前项目成功或失败的原因、项目其他方面规划的结果(范围、成本、质量、进度、采购与合同、人力资源与沟通等计划成果)、项目产品或服务的说明书、项目班子成员的技能、项目可用的资源等,还可以到保险公司去索取资料,认真研究其中的保险例外,这些东西能够提醒还有哪些风险尚未考虑到。

(2)项目工作分解结构

风险识别要减少项目的结构不确定性,就要弄清项目的组成、各个组成部分的性质、它们之间的关系、项目同环境之间的关系等。项目工作分解结构是完成这项任务的有力工具。项目管理的其他方面,例如范围、进度和成本管理,也要使用项目工作分解结构。因此,在风险识别中利用这个现成工具并不会给项目班子增加额外的工作量。

(3)常识、经验和判断

以前搞过的项目积累起来的资料、数据、经验和教训,项目班子成员个人的常识、经验和判断在风险识别时非常有用。对于那些采用新技术、无先例可循的项目,更是如此。另外,把项目有关各方找来,同他们就风险识别进行面对面的讨论,也有可能触及一般规划活动中未曾或不能发现的风险。

(4)实验或试验结果

利用实验或试验结果识别风险实际上是花钱买信息。例如,在软件开发项目中,预先做一个原型,就是一种实验;在地震区建设高耸的电视塔,预先做一个模型,放到振动台上进行抗震试验等。实验或试验还包括数学模型、计算机模拟或市场调查等方法。进行文献调查也属于这种办法。

(5)敏感性分析

敏感性分析研究在项目寿命期内,当项目变数(例如产量、产品价格、变动成本等)以及项目的各种前提与假设发生变动时,项目的性能(例如现金流量的净现值、内部收益率等)会出现怎样的变化以及变化范围如何。敏感性分析能够回答哪些项目变数或假设的变化对项目的性能影响最大。这样,项目管理人员就能识别出风险隐藏在哪些项目变数或假设中。

2. 投资项目风险分类

(1)按照项目风险的阶段性划分

根据项目发展的时间顺序,其风险可以划分为三个阶段:项目建设开发阶段风险、项目试生产阶段风险、项目生产经营阶段风险。在每个阶段里,项目风险都有不同的特点。

①项目建设开发阶段的风险,是从项目正式动工建设开始计算的。项目动工建设之后,大量的资金投入到购买工程风险水平用地、购买工程设备、支付工程施工费用当中,贷款的利息也由于项目还未产生任何收入而计入资本成本。从贷款银行和投资者的角度,在这一阶段随着资金的不断投入,项目的风险也随之增加,在项目建设完工时项目的风险也达到或接近了最高点。

②项目试生产阶段风险仍然是很高的。即使这时项目建成投产了,如果项目不能按照原定的成本计划生产出符合质量要求的产品,也就意味着项目现金流量的分析和预测是不正确的,项目有可能产生不出足够的现金流量支付生产费用和偿还债务。

③项目生产经营阶段风险。项目进入正常运转,如果项目可行性研究报告中的假设条件符合实际情况的话,项目应该产生出足够的现金流量支付生产经营费用、偿还债务,并为投资者提供理想的收益。这一阶段的项目风险主要表现在生产、市场、金融以及其他一些不可预见因素方面。

(2)按照项目风险的表现形式划分

项目风险可以分为:完工风险、生产风险、市场风险、金融风险、政治风险、环境风险。

①项目的完工风险存在于项目建设阶段和试生产阶段。其主要表现形式为:项目建设超期;项目建设成本超支;由于种种原因,项目迟迟达不到"设计"规定的技术经济指标;在极端情况下,由于技术和其他方面的问题,项目完全停工放弃。完工风险对项目造成综合性的负面影响使项目建设成本增加,项目贷款利息负担增加,项目现金流量不能按计划

获得。

②生产风险是在项目试生产阶段和生产运行阶段存在的技术、资源储量、能源和原材料供应、生产经营、劳动力状况等风险因素的总称。项目的生产风险直接关系着项目是否能够按照预订的计划正常运转，是否有足够的现金流量支付生产费用和偿还债务。项目生产风险的主要表现形式包括：技术风险、资源风险、能源和原材料供应风险、经营管理风险、配套设施不健全的风险等。

③市场风险包含着价格和市场销售量两个要素。有些产品，如黄金、白银、石油等，被认为只具有价格风险而没有市场销售量风险；但是对于绝大多数产品而言，则是同时具有价格和市场销售量双重风险。其中，价格风险既包含着产成品价格变化的风险，也包含着原材料价格变动导致成本变化的风险。

④金融风险表现在利率风险、汇率风险以及项目资金来源的可靠性、充足性和及时性不能保证等方面。

⑤项目的政治风险可分为两大类：一类表现为国家风险，即项目所在国政府由于某种政治原因或外交政策上的原因，对项目实行征用、没收，或者对项目产品实行禁运、联合抵制，中止债务偿还的潜在可能性；另一类表现为国家政治经济法律稳定性风险，即项目所在国在外汇管理、法律制度、税收制度、劳资关系、环境保护、资源主权等与项目有关的敏感性问题方面的立法是否健全，管理是否完善，是否经常变动。项目的政治风险可以涉及项目的各个方面和各个阶段，从项目的选址、建设，一直到生产经营、市场销售、现金流量、利润回收等项目全过程。

⑥环境风险。对于许多项目，外部环境因素包括自然环境和社会环境。如项目选址不当，项目对社区的影响、生态环境影响估计不足，或者环境保护措施不当，项目建成后导致当地社区或者社会的反对，增加项目生产成本，或者需要增加新的资产投入改善项目的生产环境，更严重的甚至会迫使项目无法继续生产。

（3）按项目风险的可控制性划分

项目风险可以划分为两类：项目的核心风险和项目的环境风险。

①项目的核心风险是指与项目建设和生产经营管理直接有关的风险，包括完工风险、生产风险、技术风险和部分市场风险。这类风险是项目投资者在项目建设或生产经营过程中无法避免而且必须承担的风险，同时也是投资者应该知道如何去管理和控制的风险。因此，项目的核心风险亦称为可控制风险。

②项目的环境风险是指项目的生产经营由于受到超出企业控制范围的经济环境变化的影响而遭受到损失的风险。这类风险企业无法控制，并且在很大程度上无法准确预测，因而项目的环境风险也被称为项目的不可控制风险。项目的环境风险包括：项目的金融风险（利率风险和汇率风险）；部分项目的市场风险；项目的政治风险。

3.风险识别应注意的问题

（1）建设项目在不同阶段存在的主要风险有所不同，风险识别时应分阶段识别。

（2）风险因素因项目不同而具有特殊性，没有统一的风险识别模式，要根据项目的具体情况进行风险识别。

（3）项目的有关各方关注的风险有所不同，风险识别时要明确风险管理主体。

（4）风险的构成具有明显的递阶层次，在风险识别时，应根据项目目标进行层层分解，尽可能深入到最基本的风险单元，以明确风险的根本来源。

(5)正确判断各风险因素之间的关系,对于具有相关性的风险因素,应统一起来提出对策。

(6)识别风险要注意借鉴历史经验,同时要求分析者要有系统观念。

二、风险估计

风险估计又称风险测定、风险衡量或风险估算等。风险估计是在风险识别之后,通过定量分析的方法测度风险发生的可能性及风险损失程度。

1.概率估计

风险估计是估算风险事件发生的概率及其后果的严重程度。因此,风险与概率密切相关。概率是度量风险事件发生可能性大小的指标,可以分为主观概率和客观概率。主观概率是基于人们所掌握的大量信息或长期经验的积累,而对某一风险事件发生可能性的主观判断;客观概率是根据大量的实验数据,用统计方法计算某一风险事件发生的可能性,它是不以人的意志为转移的客观存在的概率。客观概率的计算需要足够多的数据支持。在可行性研究中,由于时间及资金的限制,不可能获得大量的实验数据,而决策又需要对事件发生的概率作出估计。因此,可行性研究中风险估计最常用的是主观概率。可以根据风险事件发生的频率将风险事件发生的概率分为5个等级,即经常、很可能、偶然、极小、不可能,如表8-2所示。

表8-2 风险事件发生的概率指数

可能性	简单描述	等级指数
经常	很可能频繁出现,在所关注的期间多次出现	4
很可能	在所关注的期间出现几次	3
偶然	在所关注的期间偶尔出现	2
极小	在所关注的期间出现的可能性极小	1
不可能	在所关注的期间不可能出现	0

主观概率通常采用专家调查法获取。采用专家调查法时,专家应熟悉该行业及所评估的风险因素,并能做到客观公正。为减少主观性,聘用的专家应有一定的数量,一般应在10~20位之间。将项目可能出现的风险因素、发生风险的可能性及风险对项目的影响程度采取表格形式一一列出,请每位专家凭经验独立地对各类风险因素的可能性及影响程度进行选择,最后将各位专家的意见汇总,填写专家调查表如表8-3所示。

表8-3 风险因素专家调查表

风险因素	出现的可能性				风险后果			
	经常	很可能	偶然	极小	灾难性	关键的	严重的	次要的
技术风险								
资源风险								
能源、原材料供应风险								

表 8 - 3（续）

风险因素	出现的可能性				风险后果			
	经常	很可能	偶然	极小	灾难性	关键的	严重的	次要的
经营管理风险								
市场风险								
利率风险								
汇率风险								
国家风险								
政策法律风险								
社会风险								

2. 风险损失估计

风险由于具有不确定性,因此损失可能会出现多种情况。可以用概率分布来描述发生各种损失的分布情况。概率分布有离散型和连续型两种。连续型概率分布较难确定,实践中,离散分布使用较多。确定风险事件概率分布常用的方法有风险因素取值评定法、概率树、蒙特卡洛模拟及 CIM 模型等方法。

（1）风险因素取值评定法

这是一种专家定量评定方法,是估计风险因素的最乐观、最悲观和最可能值,计算期望值,将期望值的平均值与可行性研究中所采用的数值相比较,求出两者的偏差值和偏差程度,以此来评判风险程度。显然,偏差值和偏差程度越大,风险程度越高。具体方法归纳如表 8 - 4 所示。

表 8 - 4　风险因素取值评定可行性研究采用值

专家号 i	最乐观值 A	最悲观值 B	最可能值 C	期望值 D $D = [A + 4C + B]/6$
1				
2				
3				
……				
n				
期望平均值	$[\sum_{i=1}^{n}(D_i)]/n$			
偏差度	期望平均值 - 可行性研究采用值			
偏差程度	偏差值/可行性研究采用值			

风险因素取值评定法只能就单个风险因素进行风险程度判别。如果希望了解风险因素导致项目的影响程度时,就要采用概率分析法。

（2）概率分析法

概率分析是假定风险变量之间是相互独立的，在构造概率树的基础上，将每个风险变量的各种状态取值组合计算，分别计算每种组合状态下的评价指标值及相应的概率，得到评价指标的概率分布，计算评价指标的期望值、方差和离散系数，并统计出评价指标大于等于基准值的累计概率。其计算步骤如下：

①通过敏感性分析，确定风险变量。

②判断风险变量可能发生的情况及每种情况的概率，即风险变量的概率分布。

③画概率树，并确定评价指标的概率分布。

④计算期望净现值，并用插入法求出净现值大于等于零的累计概率。

[例8-3]　通过敏感性分析已知某投资方案的敏感因素是投资额和年净收益，其概率分布如表8-5所示。假设投资发生在期初，年净现金流量均发生在各年的年末。试求其净现值的期望值（已知基准折现率为10%）。

表8-5　投资方案变量因素值及其概率

投资额 K/万元		年净收益 B/万元		寿命期/年	
数值	概率	数值	概率	数值	概率
120	0.30	20	0.25	10	1.00
150	0.50	28	0.40		
175	0.20	33	0.35		

解　（1）根据已知条件画概率树，如图8-3所示。

（2）根据 $NPV = -K + B(P/A,10\%,10)$ 计算每种状态下的净现值，计算结果如图8-3所示。

（3）将每种状态从起点到终点经过的概率枝上的概率相乘得到各状态的概率。

（4）计算期望净现值：

$$E(NPV) = 2.89 \times 0.075 + 52.05 \times 0.120 + 82.77 \times 0.105 - 27.11 \times 0.125 + 22.05 \times$$
$$0.200 + 52.77 \times 0.175 - 52.11 \times 0.050 - 2.95 \times 0.080 + 27.77 \times 0.070$$
$$= 24.51 \text{万元}$$

（5）将各种状态的净现值从小到大排序，并计算累计概率，计算结果如表8-6所示。

投资额 万元	年净收益 万元	寿命期 万元	发生的可能性（概率值）	净现值（万元）	加权净现值（万元）
		⑤ 20 0.25 10/1	0.075	2.89	0.22
	② 28 0.40	⑥ 10/1	0.120	52.05	6.25
120 0.3		⑦ 33 0.35 10/1	0.105	82.77	8.69
		⑧ 20 0.25 10/1	0.125	-27.11	-3.39
① 150 0.5	③ 28 0.40	⑨ 10/1	0.200	22.05	4.41
		⑩ 33 0.35 10/1	0.175	52.77	9.23
175 0.2		⑪ 20 0.25 10/1	0.050	-52.11	-2.61
	④ 28 0.40	⑫ 10/1	0.080	-2.95	-0.24
		⑬ 33 0.35 10/1	0.070	27.77	1.94

合计：1.000　　　　　　　　　　　期望值：24.51

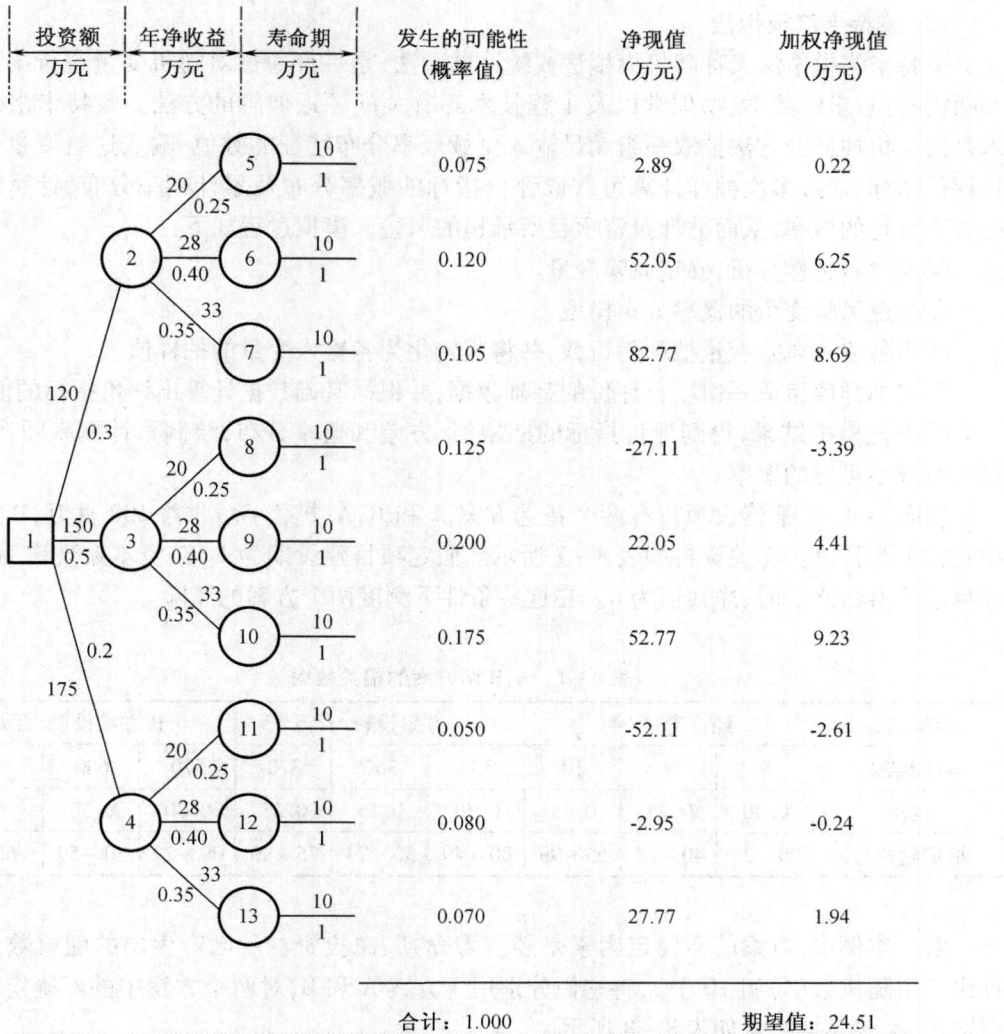

图 8 - 3　决策树结构图

表 8 - 6　净现值排序及累计概率表

净现值排序	1	2	3	4	5	6	7	8	9
净现值/万元	-52.11	-27.11	-2.95	2.89	22.05	27.77	52.05	52.77	82.77
概率	0.05	0.125	0.08	0.075	0.2	0.07	0.12	0.175	0.105
累计概率	0.050	0.175	0.255	0.330	0.530	0.600	0.720	0.895	1.000

由表 8 - 6 可知,累计概率由 0.255 到 0.330 时,净现值由负变正,因此可用插入法计算净现值为零时的累计概率 P,计算公式如下:

$$[2.89 - (-2.95)]/0.33 - 0.255 = [0 - (-2.95)]/P - 0.255 = P - 0.293$$

即

$$P(NPV \leqslant 0) = 0.293。$$

$$P(NPV > 0) = 1 - P(NPV \leqslant 0) = 1 - 0.293 = 0.707$$

即项目可行的概率是 0.707。

（3）蒙特卡洛模拟法

蒙特卡洛模拟法又称随机模拟法或统计试验法,是一种通过对随机变量进行统计试验和随机模拟,求解数学、物理学以及工程技术等有关问题近似解的方法。蒙特卡洛模拟技术是用随机抽样的方法抽取一组满足输入变域概率分布特征的数值,输入这组变量计算项目评价指标,通过多次抽样计算可获取评价指标的概率分布及累计概率分布,计算项目可行或不可行的概率,从而估计投资项目所承担的风险。模拟过程如下:

①通过敏感性分析,确定风险变量。

②构造风险变量的概率分布模型。

③为各输入风险变量抽取随机数,并将其转化为各输入变量的抽样值。

④将抽样值组成一组项目评价的基础数据,并根据基础数据计算出评价指标的值。

⑤整理模拟结果,得到评价指标的期望值、方差和概率分布,绘制累计概率图,计算项目可行或不可行的概率。

[**例8-4**]　某建设项目有两个备选方案 A 和 B,A 方案年净收益 100 百万,B 方案年净收益 165 百万。有关资料如表 8-7 所示。假定项目建设期为 1 年,资本贴现率为 15%,项目经济寿命终了时,净残值为 0。在这些条件下测度两个方案的风险。

表8-7　A,B 两方案的相关数据

模拟指标	经济寿命/年			A 方案投资/百万			B 方案投资/百万		
可能结果	8	9	10	350	360	370	570	600	670
概率	0.40	0.25	0.35	0.50	0.25	0.25	0.30	0.30	0.40
指定随机数	00～39	40～64	65～99	00～49	50～74	75～99	00～29	30～59	60～99

解　本例中,方案的不确定因素是经济寿命期、总投资。从已产生出的随机数序列中抽出三组随机数(每组 10 个),将它们分别用于方案 A 和 B,对两个方案中的不确定因素进行限定,实验模拟结果如表 8-8 所示。

表8-8　实验模拟结果

试验次数	经济寿命		A 方案投资		B 方案投资	
	随机数	模拟值	随机数	模拟值	随机数	模拟值
1	52	9	61	360	67	670
2	80	10	26	350	73	670
3	45	9	48	350	27	570
4	62	10	75	370	18	570
5	59	9	42	350	16	570
6	45	9	05	350	54	600
7	12	8	82	370	96	670
8	35	8	00	350	56	600
9	91	10	79	370	82	670
10	89	10	89	370	89	670

然后对确定后的量进行常规计算分析，$NPV_A = [100(P/A,15\%,n-l) - K_a]/(1 + 15\%)$；$NPV_B = [165(P/A,15\%,n-l) - K_b]/(1 + 15\%)$，计算结果如表 8 - 9 所示。

表 8 - 9 A，B 两方案的净现值分布

序号	经济寿命 n	A 方案投资 KA	B 方案投资 KB	(P/A, 15%, n-1)	NPV_A	NPV_B
1	9	360	670	4.487	77.130 43	61.178 26
2	10	350	670	4.772	110.608 70	102.069 60
3	9	350	570	4.487	85.826 09	148.134 80
4	10	370	570	4.772	93.217 39	189.026 10
5	9	350	570	4.487	85.826 09	148.134 80
6	9	350	600	4.487	85.826 09	122.047 80
7	8	370	670	4.160	40.000 00	14.260 87
8	8	350	600	4.160	57.391 30	75.130 43
9	10	370	670	4.772	93.217 39	102.069 60
10	10	370	670	4.772	93.217 39	102.069 60
期望值						

最后，计算两个方案的主要经济指标标准差或风险度，测度其风险大小。

根据表 8 - 8 中各值，计算方案 A，B 的标准差为

$$FD_A = 20.09 \text{ 百万元}, FD_B = 49.58 \text{ 百万元}$$

方案 A，B 的风险度为

$$FD_A = 20.09/82.23 = 0.24 \quad FD_B = 49.58/106.41 = 0.47$$

根据标准差和风险度可以判断，方案 A 的风险较小。

（4）CIM 方法

CIM 模型（Controlled Interval and Memory Model）是控制区间和记忆模型，也称概率分布的叠加模型或记忆模型。它是 C·钱伯曼（C·Chapman）和 D·库泊（D. Cooper）在 1983 年提出的。CIM 模型包括串联响应模型和并联响应模型，它们分别是以随机变量的概率分布形式进行串联、并联叠加的有效方法。

CIM 方法的特点是：用离散的直方图表示随机变量的概率分布，用"和"代替概率函数的积分，并按串联或并联响应模型进行概率叠加。在概率叠加的时候，CIM 方法可将直方图的变量区间进行调整，即所谓的"控制区间"，一般是缩小变量区间来减少叠加误差，提高计算精度。利用"记忆"方式考虑前后变量间的相互影响，把前面概率叠加的结果记忆下来，应用"控制区间"的方法将其与后面变量的概率分布叠加，直到最后一个变量为止。

三、风险评价

风险评价是在风险识别和风险评估的基础上，综合考虑风险属性、风险管理目标和风险管理主体的风险承受能力，确定风险等级，找出关键风险因素，以便确定风险是否需要处理和处理的程度。

1. 风险评价目标

(1)对项目各风险进行比较和评价,确定它们的先后顺序。

(2)弄清各风险事件之间的关系。表面上看起来不相干的多个风险事件常常是由一个共同的风险来源所造成的。例如,若遇上未曾预料到的技术难题,则项目会造成费用超支、进度拖延、产品质量不合要求等多种后果。风险评价就是要从项目整体出发,弄清各风险事件之间确切的因果关系,只有这样,才能制订出系统的风险管理计划。

(3)确定风险转化条件。考虑各种不同风险之间相互转化的条件,研究如何才能化威胁为机会。还要注意,原以为是机会的状况,在什么条件下会转化为威胁。

(4)量化风险。尽可能量化已识别风险的发生概率和后果,减少风险发生概率和后果估计中的不确定性。必要时根据项目形势的变化重新分析风险发生的概率和可能的后果。

2. 风险评价步骤

(1)确定风险评价基准。风险评价基准就是项目主体针对每一种风险后果确定的可接受水平。单个风险和整体风险都要确定评价基准,可分别称为单个评价基准和整体评价基准。风险的可接受水平可以是绝对的,也可以是相对的。

(2)确定项目整体风险水平。项目整体风险水平是综合了所有的个别风险之后确定的。

(3)将单个风险与单个评价基准、项目整体风险水平与整体评价基准对比,看一看项目风险是否在可接受的范围之内。进而确定该项目应该就此止步呢,还是继续进行。

3. 风险评价判别标准

(1)以经济评价指标的累计概率、标准差为判别标准。评价指标(净现值或内部收益率)可行的累计概率越大,项目风险越小;评价指标的标准差(变异系数)越小,项目风险越小。

(2)以综合分析等级为判别标准。将风险因素出现的可能性及对项目的影响程度构造一个矩阵,将风险事件的概率指数和风险后果等级指数相乘,所得数值即可对风险重要性进行评定,评定结果如表 8-10 所示。

表 8-10　项目风险重要性评定

后果(等级) 可能性(等级)	灾难性的(4)	严重的(3)	较大的(2)	一般的(1)	可忽略的(0)
经常(4)	16	12	8	4	0
很可能(3)	12	9	6	3	0
偶然(2)	8	6	4	2	0
极小(1)	4	3	2	1	0
不可能(0)	0	0	0	0	0

表 8-10 中最大值 16,最小值为 0,中间值 8 分以上的表明风险重要性很高,需要重点予以关注。8 分以下的表示风险适度,可以接受,具体的等级划分如表 8-11 所示。

表 8 - 11　综合风险等级分类

可能性 ＼ 后果	灾难性的	严重的	较大的	一般的	可忽略的
经常	K	M	M	R	l
很可能	M	M	M	R	l
偶然	T	T	T	l	l
极小	R	R	R	l	l
不可能	l	I	I	l	l

注:K(Kill)表示项目风险很强,出现这类风险就要放弃项目;重要性评定值:16。

　　M(Modify plan)表示项目风险强,需要修改拟议中的方案;重要性评定值:12,9。

　　T(Trigger)表示项目风险较强,设定某些指标临界值,一旦到达临界值,就要修改方案,或采取补救措施;重要评定值:8,6。

　　R(Review and reconsider)表示项目风险适度,采取适当措施后不影响项目;重要性评定值:4,3。

　　I(Ignor)表示项目风险弱,可以忽略;重要性评定值:2,1,0。

4.风险评价方法

(1)主观评分法

主观评分法是一种定性评分方法,它首先将风险因素按照风险程度排序,并对各风险因素赋予一个相应的权值,例如从 0 到 10 之间的一个数。0 代表没有风险,10 代表风险最大。然后把各个风险的权值加起来,再同风险评价基准进行比较,判断项目风险水平是否可以接受。

[例 8 - 5]　某项目要经过 5 个工序,假定项目整体评价基准为 0.6,试根据表 8 - 12 中数据计算该项目的整体风险水平,并判断该项目是否可行。

表 8 - 12　主观评分法

工序 ＼ 风险因素	费用风险	工期风险	质量风险	组织风险	技术风险	各工序风险权值和
可行性研究	5	6	3	8	7	29
设计	4	6	7	2	8	26
试验	6	3	2	3	8	22
施工	9	7	5	2	2	25
试运行	2	2	3	1	4	12
合计	26	23	20	16	29	114

表 8 - 12 中的最大风险权值是 9,因此最大风险权值和 = 5 × 5 × 9 = 225

全部风险权值和 = 114,该项目整体风险水平 = 114/225 = 0.506 7

将此结果同事先给定的整体评价基准 0.6 比较后可知,该项目整体风险水平可以接受,可以继续进行下去。

主观评分法容易使用,其作用大小则取决于填入表中数值的准确性。

（2）层次分析法

层次分析法（Analytic Hierarchy Process，AHP）是美国著名运筹学家匹兹堡大学教授 T. L. *saaty* 于 20 世纪 70 年代中期提出的一种定性与定量相结合的决策分析方法。它在风险分析中有两种用途：一是将风险因素逐层分解识别，直至最基本的风险因素，也称正向分解；二是两两比较同一层次风险因素的重要程度，列出该层风险因素的判断矩阵，判断矩阵的特征根就是该层次各风险因素的权重，利用权重与同层次风险因素概率分布的组合，求得上一层风险的概率分布，也称反向合成。层次分析法处理问题的步骤是：先确定评价的目标，再明确方案评价的准则，然后把目标、评价准则连同行动方案一起构造一个层次结构模型。在这个模型中，目标、评价准则和行动方案处于不同的层次，彼此之间有无关系用线段表示。评价准则可以细分为多层。层次结构模型做出之后，评价者根据自己的知识、经验和判断，从第一个准则层开始，向下逐步确定每层各因素相对于上一层各因素的重要性权数，然后经过计算，排出备选方案的风险大小顺序。

层次分析法可以将无法量化的风险按照大小排出顺序，把它们彼此区别开来。下面就结合一个具体例子说明如何运用层次分析法进行风险评价。

[**例 8 - 6**]　现有一个小型国有企业重组项目。有两个重组方案：中外合资或改成股份制。该项目识别出三个风险：经济风险、技术风险和社会风险。经济风险主要指国有资产流失；技术风险指企业重组后生产新产品，技术上的把握性；社会风险指原来的在职和退休职工的安排问题等。现在要求企业决策者回答的问题是，哪一个重组方案的风险较大？

解　本例中的三种风险均不易量化。此外，要确定两个方案应避免哪一个风险，不能只考虑一种风险，而是三种风险都要考虑。因此，首先作层次结构模型图，如图 8 - 4 所示。

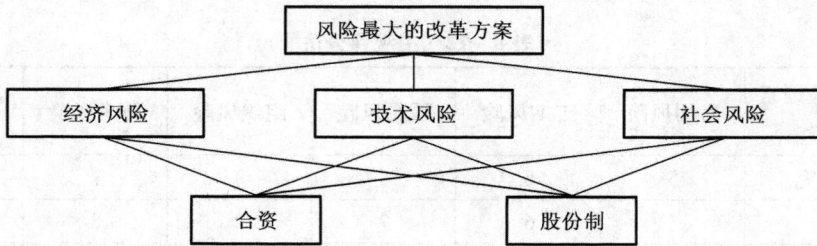

图 8 - 4　企业重组方案风险评价模型图

其次，确定各层不同因素相对于上一层各因素的重要性权数，进而计算表示方案风险大小顺序的权数向量。

层次分析法在确定各层不同因素相对于上一层各因素的重要性权数时，利用了这样一个事实：三个以上的对象放在一起不易比较，但两个对象就容易比较。所以，层次分析法使用了两两比较的方法，两两比较，孰轻孰重则以表 8 - 13 中的标度表示。

表 8 – 13　风险因素对比标度

标度 a_{ij}	定义
1	i 因素与 j 因素同样重要
3	i 因素比 j 因素略重要
5	i 因素比 j 因素较重要
7	i 因素比 j 因素重要得多
9	i 因素比 j 因素重要很多
2,4,6,8	i 与 j 因素重要性比较结果处于以上结果中间
倒数	j 与 i 因素重要性比较结果是 i 与 j 因素重要性比较结果的倒数

有了两两比较,孰轻孰重的标度,就可以具体地确定各层不同因素的重要性权数。先看评价准则层。该层有经济风险、技术风险和社会风险三个因素。评价者从评价目标"风险最大的重组方案"的角度,将这三个因素的重要性两两相比,得到的结果写在下面 3×3 的判断矩阵 A 中:

$$A = \begin{pmatrix} 1 & 5 & 1/2 \\ 1/5 & 1 & 1/8 \\ 2 & 8 & 1 \end{pmatrix}$$

再看方案层。该层有两个因素:合资和实行股份制。评价者分别从"经济风险""技术风险"和"社会风险"的角度,将这两个因素的重要性两两相比,得到的结果写在下面三个 2×2 的判断矩阵 A_1, A_2, A_3 中:

$$A_1 = \begin{pmatrix} 1 & 4 \\ 1/4 & 1 \end{pmatrix}, A_2 = \begin{pmatrix} 1 & 1/5 \\ 5 & 1 \end{pmatrix}, A_3 = \begin{pmatrix} 1 & 5 \\ 1/5 & 1 \end{pmatrix}$$

判断矩阵写出后,就要计算判断矩阵的特征向量。A, A_1, A_2, A_3 的特征向量分别用 W, W_1, W_2, W_3 表示。下面以 W 为例介绍特征向量的一种计算方法。

首先,计算 A 的各行之和。

$$\begin{pmatrix} 1 + 5 + 1/2 = 13/2 \\ 1/5 + 1 + 1/8 = 53/40 \\ 2 + 8 + 1 = 11 \end{pmatrix} = \begin{pmatrix} 6.500 \\ 1.325 \\ 11.000 \end{pmatrix}$$

其次,计算各行的平均值,因为 A 有 3 列,所以求平均值时用 3 除。

$$6.500/3 = 2.1667$$
$$1.325/3 = 0.4417$$
$$11.000/3 = 3.6667$$

再次,标准化。即将各行除以三行之和 $2.1667 + 0.4417 + 3.6667 = 6.2751$,于是得到 A 的特征向量:

$$W = \begin{pmatrix} 0.3453 \\ 0.0704 \\ 0.5843 \end{pmatrix}$$

特征向量 W 中的三个数告诉评价者,从评价目标"风险最大的重组方案"的角度,社会风险最重要,经济风险次之,技术风险第三。另外,这三个因素之间的差异在 W 中也是一目了然。

至于 A_1，A_2 和 A_3 的特征向量 W_1，W_2，W_3，按照上面同样的计算步骤，计算结果如下：

$$W_1 = \begin{pmatrix} 0.8 \\ 0.2 \end{pmatrix}, W_2 = \begin{pmatrix} 0.166\,7 \\ 0.833\,3 \end{pmatrix}, W_3 = \begin{pmatrix} 0.833\,3 \\ 0.166\,7 \end{pmatrix}$$

W_1 中的两个数告诉评价者，从"经济风险"的角度，"合资"方案比"实行股份制"风险大。W_2 表明，从"技术风险"的角度，"合资"方案比"实行股份制"风险小。W_3 告诉决策者，从"社会风险"的角度，"合资"方案比"实行股份制"风险大。

特征向量 W_1，W_2，W_3 分别从"经济风险""技术风险"和"社会风险"的角度比较了合资和实行股份制两个方案。那么，从评价目标"风险最大的重组方案"的角度来看，这两个方案哪个风险大呢？为了回答这个问题，我们先用特征向量 W_1，W_2，W_3 构造一个所谓"综合矩阵"C，即

$$C = (W_1 \quad W_2 \quad W_3) = \begin{pmatrix} 0.8 & 0.166\,7 & 0.833\,3 \\ 0.2 & 0.833\,3 & 0.166\,7 \end{pmatrix}$$

然后，用矩阵 C 乘以特征向量 W，得到一个新向量 W_f，即

$$W_f = CW = \begin{pmatrix} 0.8 & 0.166\,7 & 0.833\,3 \\ 0.2 & 0.833\,3 & 0.166\,7 \end{pmatrix} \begin{pmatrix} 0.345\,3 \\ 0.070\,4 \\ 0.584\,3 \end{pmatrix} = \begin{pmatrix} 0.774\,9 \\ 0.219\,1 \end{pmatrix}$$

向量 W_f 表明，从评价目标"风险最大的重组方案"的整体角度，即综合了"经济风险""技术风险"和"社会风险"三个方面之后，显示"合资"方案比"实行股份制"风险大。

四、风险防范

项目风险分析的目的是研究如何降低风险发生的概率或者降低风险因素给项目可能带来的损失。在风险的识别、评估的基础上，我们找到了关键的风险因素，了解了项目的总体风险水平，需要采取应对措施，以降低风险的不利影响。

1. 选择风险应对措施的原则

(1)风险防范措施应贯穿可行性研究的全过程。

(2)风险对策研究应结合项目特点，具有针对性。

(3)风险应对应立足于客观现实，提出的应对措施应在财务、技术上具有可行性。

(4)防范风险是要付出代价的，提出风险应对措施时应进行成本效益分析，以求用最少的代价获取最大的风险效益。

2. 决策阶段主要风险应对措施

(1)进行多方案比较，选择最优方案。

(2)对重大工程技术难题应进行专题研究，准确把握有关问题，消除模糊认识。

(3)对影响投资、质量、工期和效益等的有关数据，在编制投资估算、制订建设计划和分析经济效益时，应留有余地，谨慎决策，并在项目执行过程中有效监控。

3. 建设运营阶段的风险应对措施

(1)风险回避。风险回避指的是彻底规避风险，即断绝风险的来源。这样就意味着提出彻底改变原方案甚至否决项目的建议。对于风险回避对策的采用应是慎重的，只有在对风险的存在与发生、对风险损失的严重性有充分的把握后才有积极的意义。因此，此方法一般适用于以下两种情况：第一种是风险可能带来的损失很大，项目无法承受，且发生的频

率较高;第二种是采用其他风险对策代价太高,得不偿失。

(2)风险控制。对于可控制的风险,我们可以提出降低风险发生的可能性和减少风险损失程度的措施,并从技术和经济相结合的角度论证其可行性与合理性。风险控制措施必须是针对项目具体情况提出的,既可以是项目内部采取的技术措施、工程措施和管理措施等,也可以采取向外分散的方式来减少项目承担的风险。比如几家银行共同向某一项目发放贷款,从而分散了原来由一家银行承担的风险。同样,项目发起人在融资时采用多方出资的方式也是风险分散的一种方法。

(3)风险转移。风险转移是通过契约方式在风险事故发生时将损失的一部分转移到项目以外的第三方身上。转移风险主要有四种方式:出售、发包、开脱责任合同、保险与担保。

①出售。通过买卖契约将风险转移给其他单位。例如,项目可以通过发行股票或债券筹集资金。股票或债券的认购者在取得项目的一部分权利时也同时承担了部分风险。

②发包。发包就是通过从项目执行组织外部获得货物、工程或服务而把风险转移出去。

③开脱责任合同。在合同中列入开脱责任条款,要求对方在风险事故发生时,不需要项目班子自己承担责任。

④保险与担保。保险是风险转移最常用的方法,只要向保险公司缴纳一定的保费,当事故发生时就能获得保险公司的补偿,从而将风险转移给保险公司。

(4)风险自留。与前三种方式不同,风险自留是指面临风险的项目班子自己承担风险损失,并做好相应的资金安排。风险自留的实质是当损失发生后受损单位通过资金融通来弥补经济损失,即在损失发生后自行提供财务保障。当采取其他风险规避的费用超过风险事件造成的损失数额时,可采取风险自留的方法。

第九章 环境影响和社会影响评价

备受关注的圆明园环境综合整治工程因为项目环境影响评价没有达到国家标准,不符合生态和环境的要求被有关部门叫停,此事在国内引起轩然大波,工程拖延给有关各方和国家财产造成了不可估量的损失,由此可以看出,对项目的环境影响评价将直接关系到一个项目能否正常进行。

一般来说,建设项目都会对当地的环境产生不同程度的影响,有时后果会十分严重。随着世界各国日益重视对环境的保护和环境质量的提升,我们有必要在项目的全寿命周期对项目可能对涉及的环境影响做全面的评价,使项目产生的效益和产生的环境影响相匹配。

第一节 环境影响评价概述

一、环境影响评价相关概念

1. 环境

环境,泛指人类生存的全部空间,通常包括大气、水、陆地、海洋、森林及生物等。环境为人类提供了基本的生活条件,是人类赖以生存的物质基础。随着经济的发展,人类对自然资源的需求不断增长。人类一面肆无忌惮地掠夺地球资源,一方面又随心所欲地排出废气、废水和废渣,造成环境质量急剧下降,降低了人类的生活质量。主要表现在大气污染,臭氧层损耗,地球变暖及酸性沉降(如酸雨)范围日益扩大;淡水资源枯竭、水体污染、森林毁坏、水土流失、"三废"污染及化肥农药施用的残留等,已使土、河流、湖泊甚至海洋遭受污染破坏;生物多样性锐减,由于大气、水体的严重污染,森林面积的减少,使得生物的生存环境急剧恶化,生物的种类和数量不断减少,不少珍惜品种濒临灭绝。

综上所述,保护环境是各国共同的使命。对我国来说,加强环境保护是一项极其紧迫又极其必要的艰难任务。因此,我们首先要在可行性研究中搞好环境设计,对建设项目环境影响有一个比较全面的认识。

2. 环境影响及其分类

环境影响是指人类的各种活动对环境的作用和导致的环境变化以及由此引起的对人类社会和经济的效应。环境影响可分为以下类别:

(1)按影响的来源分,可分为直接影响、间接影响和累积影响。

(2)按影响效果分,可分为有利影响和不利影响。

(3)按影响的性质划分,可分为可恢复影响和不可恢复影响。

此外,环境影响还可分为短期影响与长期影响,区域影响与全球影响,建设(施工)阶段影响与运行(运营)阶段影响等。

3. 环境影响评价

环境影响评价(EIA)就是在项目实施之前,充分调查涉及的各种环境因素,据此识别、预测和评价该项目可能给环境带来的影响,并按照社会经济发展与环境保护相协调的原则提出治理和保护环境的措施,比选和优化环境保护方案的一项技术方法。

二、环境影响评价的作用和基本准则

1. 环境影响评价的作用

（1）通过环境影响评价，可以促进经济、社会和环境的协调发展，保障和促进国家可持续发展战略的实施。

（2）通过环境影响评价，可以改善工程项目决策的效果。

（3）通过环境影响评价，能够减少工程费用和工程设计时间，提高效率。

2. 我国环境影响评价的基本准则

（1）符合国家环境保护法律法规和环境功能规划的要求。

（2）对于所选工艺和污染物排放状况要结合能源和资源利用政策去评价其技术经济指标的先进性。

（3）实行预防为主，防治结合的政策。尽量在生产过程中解决环境问题，而不是等环境污染和资源破坏产生以后再去想办法治理。

（4）坚持"三同时"原则，即环境治理设施应与项目的主体工程同时设计、同时施工、同时投产使用。

（5）实行污染者负担、受益者补偿、开发者恢复的政策。

（6）注重资源综合利用，对环境治理过程中项目产生的废气、废水、固体废弃物，应提出回收处理和再利用方案。

（7）力求环境效益与经济效益相统一。在研究环境保护治理措施时，应从环境效益和经济效益相统一的角度进行分析论证，力求环境保护治理方案技术可行和经济合理。

三、环境影响评价管理

1. 我国环境影响评价管理制度的特点

（1）以建设项目环境影响评价为主

近20年来我国进行的环境影响评价绝大多数都是建设项目的评价，近年来也开展了一些开发区的环境影响评价，但是战略环境评价开展很少。今后，后两种评价将逐步增多。

（2）具有法律强制性

我国的环境影响评价制度是国家环境保护法明确规定的一项法律制度，以法律形式约束人们必须遵照执行，具有不可违背的强制性，所有对环境有影响的建设项目必须执行这一制度。

（3）已纳入基本建设的程序

建设项目的环境影响评价已经进入了基本建设的程序，为建设单位所熟知。目前环境影响评价和项目的可行性研究处于同一个阶段，各种投资类型的项目都要求在可行性研究阶段或开工建设之前，完成环境影响评价的报批。

（4）实行分类管理

对造成不同程度环境影响的项目实行分类管理：对环境有重大影响的项目，必须编写环境影响报告书；对环境影响较小的项目，可以编写环境影响报告表；而对环境影响很小的项目，可只填报环境影响登记表。

（5）实行评价资格审核认定制

1998年国务院颁发的《建设项目环境保护管理条例》第十三条明确规定："国家对从事

建设项目环境影响评价工作的单位实行资格审查制度,从事建设项目环境影响评价工作的单位,必须取得国务院环境保护行政主管部门颁发的资格证书,按照证书规定的等级和范围从事建设项目环境影响评价工作,并对评价结论负责。"持证评价是中国环境影响评价制度的一个重要特点。

2. 我国环境影响评价制度的法律法规体系

我国环境影响评价制度的法规体系是由国家法律、行政法规、部门行政规章和地方法规几个层次组成的。

国家法律:《中华人民共和国环境保护法》《中华人民共和国海洋环境保护法》《中华人民共和国水污染防治法》《中华人民共和国大气污染防治法》《中华人民共和国噪声污染防治法》《中华人民共和国固体废物污染防治法》《中华人民共和国土地管理法》《中华人民共和国森林法》《中华人民共和国草原法》等。

行政法规:《建设项目环境保护管理条例》。

部门行政规章:国家环境保护总局、国务院有关部委关于环境保护的有关规定。

地方法规:各省、自治区、直辖市有关建设项目环境保护管理的条例、办法、政府令等。

3. 环境影响评价管理程序

(1)环境影响分类筛选

凡新建或改扩建工程,根据国家环境保护总局"分类管理名录"确定应编制环境影响评价报告书、环境影响报告表或填报环境影响登记表。

编写环境影响报告书的项目:对环境可能造成重大的不利影响,这些影响可能是敏感的、不可逆的、综合的或以往尚未有过的。这类项目需要作全面的环境影响评价。

编写环境影响报告表的项目:可能对环境产生有限的不利影响,这些影响是较小的,或减缓影响的补救措施是容易找到的。这类项目可编写环境影响报告表,对其中个别环境要素或污染因子需进一步分析的,可附单项环境影响专题报告。

只填写环境影响登记表的项目:对环境不产生不利影响或影响极小的项目,不需要开展环境影响评价,只需要填报环境影响登记表。

(2)评价大纲的审查

编制环境影响报告书的项目,应编制环境影响评价大纲。环境影响评价大纲是环境影响报告书的总体设计,应在开展评价工作以前编制。环境影响评价大纲由建设单位向负责审批的环境保护主管部门申报,并抄送行业主管部门。环境保护主管部门根据情况确定审批方式,提出审查意见。

(3)环境影响评价的质量管理

环境影响评价工作一旦确定,承担单位要根据批准的大纲开展工作,同时要制订详细的质量保证计划。为了获得满意的环境影响报告书,必须按照环境影响评价的管理程序和工作程序进行有组织、有计划的活动,成立质量保证小组,把好各个阶段、各个环节的质量关,将质量保证工作贯穿于评价工作的全过程。在评价工作中,应向各个方面有经验的专家咨询,最后请权威专家审评报告。

(4)环境影响报告书的审批

环境影响报告书由建设单位报主管部门预审,主管部门提出预审意见后转报负责审批的环境保护行政主管部门审批。各级主管部门和环境保护部门在审批时应贯彻以下原则:

①审查该项目是否符合国家产业政策。

②审查该项目是否符合城市环境功能区划和城市总体发展规划,做到合理③审查该项目的技术与装备政策是否符合清洁生产的要求。

④审查该项目是否做到污染物达标排放。

⑤审查该项目是否满足国家和地方规定的污染物排放总量控制指标。

⑥审查该项目建成后是否能维持地区环境质量,符合功能区环境质量的要求。

⑦审查该项目的环境影响评价工作是否符合有关法律和行政规章规定的程序。

环境影响报告书的审查以技术审查为基础,审查方式是专家评审会还是其他形式可由环境保护主管部门根据具体情况而定。我国对建设项目环境影响评价的管理程序可以概括如表 9-1 所示。

表 9-1　环境影响评价与工程建设程序对照表

工程建设项目程序	相应的环境影响评价工作
1. 现场调查研究	现场环境情况调查
2. 编制项目建议书	编制环境影响评价大纲
3. 编制工程项目的可行性研究	进行环境影响评价,编写环境影响评价报告书
4. 工程设计	监督设计,落实环境影响评价结论
5. 施工	监督环保设施在施工中实施
6. 运行	进行周围环境检测

4. 环境影响评价与项目建设程序的关系

工程建设项目的环境影响评价工作必须在项目可行性研究阶段进行。因此,环境影响评价的技术依据是已被有关部门批准并纳入前期工作计划的项目建议书。尽管环境影响评价与可行性研究分别进行,但作为建设项目决策的主要依据之一,它应该与工程项目的可行性研究同时完成。

第二节　环境影响评价的步骤和内容

一、环境影响评价的步骤

项目决策分析与评价阶段的环境影响评价工作程序大体可分为四个阶段:第一阶段为准备阶段,其主要内容是研究有关文件,进行初步的工程分析和环境现状调查,筛选重点评价项目,确定建设项目环境影响评价的工作等级,编制评价工作大纲;第二阶段为正式工作阶段,其主要工作是进一步做工程分析和环境现状调查,并进行环境影响预测和评价环境影响;第三阶段为报告书编制阶段,其主要工作是汇总、分析第二阶段工作所得到的各种资料、数据,作出结论,完成环境影响报告书的编制;第四阶段是运营跟踪检测阶段,即对项目运营后的环境做检测和检验,并做事后评价。

二、建设项目环境影响评价的工作内容

建设项目环境影响评价的工作内容取决于项目对环境所产生的影响。一般根据工程

项目的类型及其产生的影响可分成五个部分,即工程分析、环境条件调查、环境影响因素确定及分析、环境影响程度分析和环境保护措施。下面对工程项目环境影响评价的工作内容进行简要介绍。

1. 工程分析

工程分析是从有可能对环境产生影响的角度对建设项目的性质、生产规模、原料、能源、工艺、土地利用和污染特征进行系统全面的分析,以确定主要影响因子,查清其影响的过程及危害特性。工程分析是环境影响评价工作的基础,并且贯穿于整个评价工作的全过程,可为项目决策提供基础资料,弥补可行性研究中对项目的产污环节和源强估算的不足,为环境保护设计提供优化建议,为项目的环境管理提供建议指标和科学数据。

工程分析的工作内容,原则上应根据建设项目的工程特性,包括项目的类型、规模、开发建设的方式与强度、能源和资源用量、污染物排放特征以及项目所在地的环境条件来决定。对于环境影响以污染因素为主的项目来说,其工作内容通常包括以下内容:

(1)工程概况:包括工程名称、建设性质、建设地点、项目组成、建设规模、车间组成、产品方案、辅助设施、配套工程、储运方式、占地面积、职工人数、工程总投资及发展规划、物料及能源消耗定额、主要技术经济指标等。

(2)工艺路线与生产方法及产污环节分析:用流程图的方式说明生产过程,同时在工艺流程中表明污染物产生的位置和污染物的类型,必要时列出主要的化学反应式和副反应式。

(3)污染物源强分析与核算:按建设过程、生产过程和服务期满后(退役期)三个时期详细核算污染源分布、污染物类型和排放量,按排放点编号,列表逐点统计各种污染物的排放浓度、强度及数量,并说明排放方式、排放去向和处理方式等。污染物源强情况可按表 9 – 2 的方式表示。

表 9 – 2　污染物源强一览表

序号	排放点	主要污染因子	排放浓度	排放总量	其他
1					
2					
3					
……					

(4)清洁生产水平分析:重点比较建设项目与国内外同类项目按单位产品或万元产值的排放水平,并论述其差距。对废气排放应按能源政策评述其合理性,对其中可燃性气体说明其回收利用的可能性;对废水排放应通过水量平衡,并按照资源利用和环境保护政策评述一水多用或循环利用的合理程度;对于固体废物应根据其性质、组成,论述其综合利用的前景。

(5)环境保护措施方案分析:应对建设项目可行性研究阶段环境保护措施方案进行分析,并提出进一步改进的意见;分析污染物处理工艺有关技术经济参数的合理性,分析环境保护设施投资构成及其在总投资中所占的比例。

(6)总图布置方案分析:要分析厂区与周围保护目标之间所定的卫生防护距离和安全防护距离的可靠性,根据气象、水文等自然条件分析工厂和车间布置的合理性,对有些需要搬迁的情况分析村镇居民搬迁的必要性。

（7）补充措施与建议：包括关于产品结构合理性与生产规模的建议，优化总图布置的建议，可燃性气体平衡与回收利用的建议，用水平衡及节水措施的建议，废渣综合利用的建议，污染物排放方式的建议，环境保护设备选型和实用参数的建议以及与建设项目和环境保护有关的其他建议。

2. 环境条件调查

环境现状调查要根据建设项目所在地区的环境特点，确定各环境要素的现状调查范围，并筛选出应调查的有关参数。环境现状调查，一般通过收集现有资料和现场调查与测试，其主要内容包括两方面，即自然环境现状调查和社会环境现状调查。自然环境调查主要包括地质、地貌、气象、地表水、地下水、土壤、植物、动物、自然保护区等，以及生态环境的现状与建设项目有关的环境过程和环境变化规律；社会环境调查主要包括对人口、经济、文化、教育、医疗、景观以及历史文物、古迹和风景区等的调查，其中尤其应对与建设项目有关的环境加以详细描述和研究。只有这样，才能对建设项目引起的所有重要的直接和间接的环境影响进行评价。

3. 环境影响因素确定及分析

在全面分析了项目所在地的环境信息后，就可根据工程项目类型、性质和规模来分析和预测该工程项目对环境的影响，找出全部环境影响因素，并确定主要影响因素。建设项目有众多类型，而可能受影响的有价值的环境资源也有不同类型。在对此作出分析之前，我们把环境本身分为自然环境、生态环境、美学环境和社会环境四类，并据此对不同环境分别进行论述（详见表9-3）。

表9-3　环境影响因素一览表

环境	影响因素	拟建工程考虑的典型事项
自然环境	水	①无组织排放的污染源是什么？②河水流量的减少是否受拟建工程分流的影响？③BOD，COD和悬浮物经过水处理会减少到符合国家水环境质量标准吗，情况如何？④废物处置对地下水的影响是什么？
	土地	①将会发生什么样的土地风化，原因是什么？②建设项目是否符合当地的土地利用条例和地区标准？③建设项目的液体和固体废弃物的处理方法是什么，这些做法在环境上安全吗？
	空气	①建设项目周围的空气质量如何，将怎样受拟建项目的影响？②由于兴建项目造成人口迁移引起的动力需求增加，会增加 SO_2 排放量吗？③固体废弃物处置场地会产生难闻的气味吗？
	噪声	①工程的施工爆破是否引起噪声强度的增大？②拟建项目所增加的卡车和铁路交通会增加周围地区的噪声频率吗？③项目所增加的噪声能淹没环境的自然声音？④轰鸣声会破坏周围地区的日常生活秩序吗？

表9-3(续)

环境	影响因素	拟建工程考虑的典型事项
生态环境	物种与种群	①由于拟建工程兴建造成的天然饲料场地的迁移对该地区的动物生存有不利影响吗？②拟建项目的排放物会损害水生生物吗？③拟建项目对该地区的动植物有重大影响吗？
	种群和生态环境	①拟建项目是否会引起珍稀和濒危物种生存环境的破坏？②项目引起的物种迁移是否会消灭当地生态系统的重要的生物群落？③由于废物处置场地的渗漏，是否会损害土壤层？
	生态系统	①拟建项目废水带入的营养物质是否会引起湖泊富营养化？②拟建项目由于使一个地区城市化，是否会减少原有农业用地和其他土地的产量？③植被的清除是否会破坏整个生态系统的能量流动？
美学环境	土地	①项目所带来的都市化是否会引起地区地貌的变化？②为输电线工程而进行的场地清理和树木砍伐是否会影响乡村的景观？
	空气	①由于拟建项目烟囱排放而降低大气能见度的烟雾是由什么物质组成？②工程的化学工艺过程能释放出有气味的排放物吗？③工程噪声会淹没鸟的叫声吗？
	水	①筑坝引起的河流改造会减少任何天然景色吗？②项目的排放物是否会污染河流并改变河水颜色？
	生物	①清除植被建设高速公路是否会破坏动物的天然栖息地？②项目所需的土地开发会引起植物种类的变异吗？
	人造景物	①拟建项目的设计造型与现有景观协调吗？②项目引起的进一步开发与现有环境协调吗？
社会环境	个人环境利益	①拟建项目会破坏历史背景，打断其连续性吗？②娱乐设施有被事故（例如油罐漏油）破坏的危险吗？
	个人福利	①频繁的轰鸣声如超音速运输机对人的心理效应是什么？②受到项目排放物的短期与长期影响将引起什么健康问题？
	社会相互影响	①拟建项目会引起大规模的人口迁移吗？②该项目所创建的经济和社会的发展前景如何？③人们现有的生活方式会有什么变化？
	集体福利	①拟建工程以什么方式影响集体？②居民区的整体环境受工程影响后是改善了，降级了，还是没有变化？

4. 环境影响程度分析

在确定了环境影响因素之后，我们应对各因素的环境影响程度进行分析和研究，根据项目的实际情况确立影响程度比较大的环境因素，为环境保护方案的设计提供决策依据。在这里我们对四类环境(自然环境、生态环境、美学环境、社会环境)的影响程度进行简单的分析：

（1）对自然环境的影响

主要包括对水、大气、土壤等环境要素的影响。

a.对水质的影响。包括对地下水和地表水的影响。许多工程需要大量的水用于生产或冷却。这会严重影响地表水文，如径流路径堵塞、流量和水位发生变化、使河床岸线的固定性受到影响等。同时，需要考虑由于工厂兴建带来的服务业，特别是人口的增长，都会增加地表水文和供水需要的矛盾。伴随着工业发展而来的新兴城镇与其他行业的发展对水质也要发生影响。对水质影响评价不仅要考虑现状和未来，还要特别注意目前的排水状况和历史上的洪水排泄状况。因为排水不佳会使大量污染物质流入水体中去。在地下水是主要供水水源的地区尤其要强调工程建设项目对地下水文、水质的影响。

b.对大气环境质量的影响。主要是指排放的气体污染物对人类和动物的健康和生产力产生不利的影响，如酸雨对建筑物的破坏等。在进行影响评价时，应充分注意大气运动的无界特性，需要对风向、风速、温度等进行足够的论述。逆温层的存在对大气污染物的输送扩散很不利，而有些地区很容易形成逆温层，应对明显的大气污染物及其发生源进行分析，并应掌握排放的数量及形式。

c.对土壤质量的影响。一般包括三个方面的影响：①污染影响，指由于大气悬浮物沉降、地表水的渗透、污水灌溉和固体废弃物的自然淋滤和机械风化；②引起土壤沙化，指由于建设活动引起的水土流失、土壤沙化、土壤酸化、土壤次生盐渍化以及沼泽化等；③造成土壤和土地资源破坏。

（2）对生态环境的影响

这是指对动植物种类的分布和丰度造成的影响。物种多样性是衡量某一生态系统的重要指标，而某一区域内物种的多少是相互依赖的，因而其影响并不仅限于直接的影响，间接的影响可能也很重要。例如，动物常常由于在其生活地区赖以生存的食物或植物遭到破坏而间接受到影响。一般地说，植被和野生生物均有可能受工程项目的不利影响，尤其是珍稀物种。维持陆生生物群落和水生生物群落的多样性，应是选择影响因子所必须考虑的，也是工程项目设计中的一个重要目的。

（3）对美学的影响

这是指工程建设项目对与美感有关事物的作用。美感是人们对具有审美价值的客体（环境质量），从耳、鼻、眼感官开始，通过想象、情感、道德等多种心理要素的相互作用，综合而成的一种心理感受状态。尽管美感在性质上是主观的，是反映个人感觉和文化修养的，然而一些基本性质，如清新的空气、和谐的色彩和尺寸等，对于大多数人来说都能有比较一致的观点，因而存在公正评价的基础。选择美学环境影响因子，首先要看该因子是否对美感产生影响。

有关美学影响因子的选择可考虑土地、空气、水、生物和人造景观。前四种因子已经介绍了许多，但此处则强调它们的美学价值。如山脉和溪流、大气的能见度和气味、水文景观、生物景观等方面。而人造景物对环境产生影响的主要因素有：拟建项目的设计造型与原有景观是否协调。

（4）对社会经济环境的影响

简单地说是工程建设项目对人的影响，这些影响可能是过程建设项目对经济、社会、人类健康和福利产生的直接影响，也可能是由于通过改变各种环境因子而造成的间接影响。工程建设项目的环境影响评价不能仅仅局限于生物、物理、化学影响的考虑，还应该对社会或人的影响予以足够的重视。这是因为社会经济影响是环境影响的组成部分。通常从下面四个范畴中选择社会经济影响因子：

a. 对人口的影响。由于从事工程项目工人的移入而引起项目所在地人口大量增加，使人口的组成、分布等产生变化，以致影响劳动力市场，影响本地居民就业。

b. 厂区服务设施的影响。为就业者及其家属提供住房、交通、卫生、教育等社会服务是这一类影响的主要因子。

c. 对经济的影响。对经济影响是好是坏的判别具有社会性，影响的后果不可能均匀地分配于全社会或每个人。可以设想，如果某一工程建设项目没有经济效益，是不会建设的。因此，关键的问题是要了解经济利益是怎样分配的，社会的受益、受害程度如何。

d. 对价值观的影响。主要是对生活方式和生活质量的影响。由于受工程建设的经济活动影响，使厂区附近的居住、文化、精神水平以及生活方式发生了改变，生活质量发生了变化。

5. 环境保护措施

在分析了环境影响因素及其影响程度的基础上，按照国家有关环境保护法律、法规的要求，研究提出治理方案，然后比选治理方案。

（1）治理方案

对于废气污染治理，可采取冷凝、吸附、燃烧和催化转化等方法；废水污染治理，可采用物理法（如重力分离、离心分离、过滤、蒸发结晶、高磁分离等）、化学法（如中和、化学凝聚、氧化还原等）、物理化学法（如离子交换、电渗析、反渗透、气泡浮上分离、溶气吹脱、吸附萃取等）、生物法（如自然氧池、生物过滤、活性污泥、厌氧发酵）等方法；对于废弃物如有毒废弃物可采用防渗漏池堆存、放射性废弃物可采用封闭固化、无毒废弃物可采用露天堆存、生活垃圾可采用卫生填埋、堆肥、生物降解或者焚烧方式处理、利用无毒害固体废弃物加工制作建筑物材料或者作为建材添加物，进行综合利用；而粉尘污染治理，可采用过滤除尘、湿式除尘、电除尘等方法；噪声污染治理，可采用吸声、隔音、减振、隔振等措施。

（2）比选治理方案

对环境治理的各局部方案和总体方案进行技术经济比较，并作出综合评价。比较方法包括：

a. 技术水平对比——分析对比不同环境保护治理方案所采用的技术和设备的先进性、适用性和合理性；

b. 治理效果对比——分析对比不同环境保护治理方案在治理前及治理后环境指标的变化情况，以及能否满足环境保护法律法规的要求；

c. 管理及监测方式对比——分析对比各治理方案所采用的管理和监测方式的优缺点；

d. 环境效益对比——将环境治理保护所需投资和环保设施运行费用与所得的收益相比较，效益费用比值较大的方案为优。

治理方案经比选后，提出推荐方案，并编制环境保护治理设施设备表。

三、建设项目环境影响报告书的编制

1. 环境影响报告书的编制原则

环境影响报告书是环境影响评价程序和内容的书面表现形式之一，是项目环境影响评价的重要技术文件。在编写时，应遵循下列原则：

（1）环境影响报告书应该全面、客观、公正、概括地反映环境影响评价的全部工作。评价内容较多的报告书，其重点评价项目另编分项报告书。主要的技术问题另编专题报告书。

（2）文字应简洁、准确，图表要清晰，论点要明确，大型项目或比较复杂的项目，应有主报告和分报告（或附件），主报告应简明扼要，分报告要把专题报告、计算依据列入。环境影响报告书应根据环境和工程特点及评价工作等级进行编制。

2. 环境影响报告书的编制基本要求

（1）环境影响报告书总体编排结构应符合《建设项目环境保护管理条例》的有关要求，内容全面，重点突出，实用性强。

（2）基础数据可靠。基础数据是评价的基础，基础数据如果有错误，将导致污染源排放量产生错误，即使选用正确的计算模式和精确的计算方法，其计算结果都是错误的。因此，基础数据必须可靠。对不同来源的同一参数数据出现不同时应进行核实。

（3）预测模式及参数选择合理。环境影响评价预测模式都有一定的适用条件，参数也因污染物和环境条件的不同而不同。因此，预测模式和参数选择应"因地制宜"。

（4）结论观点明确、客观可信。结论中必须对建设项目的可行性、选址的合理性做出明确回答，不能模棱两可。结论必须以报告书中客观的论证为依据，不能带有感情色彩。

（5）语句通顺、条理清楚、文字简练、篇幅不宜过长。凡带有综合性、结论性的图表应放到报告书的正文中，对有参考价值的图表应放到报告书的附件中，以减少篇幅。

（6）环境影响报告书中应列有报告书编制人员评价资格证书及署名，报告书编制人员按行政总负责人、技术总负责人、技术审核人、项目总负责人依次署名盖章，报告编写人署名。

3. 环境影响报告书的编制要点

（1）总论。

（2）建设项目概况。

（3）污染源调查与评价。

（4）大气环境现状及影响评价：包括大气环境现状调查及大气环境影响预测与评价两部分。

（5）地面水环境现状及影响评价：包括地面水环境现状调查及地面水环境影响预测与评价两部分。

（6）地下水环境现状及影响评价：包括地下水环境现状调查及地下水环境影响预测与评价两部分。

（7）环境噪声现状及影响评价：包括环境噪声调查及环境噪声影响预测与评价两部分。

（8）土壤及农作物现状与影响预测分析：包括土壤及农作物现状调查和土壤及农作物环境影响分析两部分。

（9）人群健康现状及影响预测和评价：包括评价区内人体健康及地方病调查和人群健康影响分析两部分。

（10）生态环境现状及影响预测和评价：包括陆生生态、水生生态、海洋生态等不同的生态系统。也可分为森林、草原、农田等典型生态系统。自然生态系统的要素有野生动物、野生植物等，评价其现状及建设项目对生物及生态的影响。生态环境影响评价还涉及土壤、农田、水产等资源问题。

（11）特殊地区的环境现状及影响预测和评价：自然保护区、风景游览区、名胜古迹、温泉、自然遗迹、疗养区、学校、医院及重要政治文化设施等地区环境现状，建设项目对这些地区的影响预测及评价。

（12）建设项目对其他环境影响预测和评价：振动、电磁波、放射性的环境现状，建设项目对其环境影响预测及评价。

（13）环保措施的可行性分析及建议。

（14）环境影响经济损益简要分析。

（15）结论及对策建议。

第三节　环境影响评价指标体系

一、环境指标的分类

环境指标可以分为以下四大类：

1. 环境经济计划类指标

具体规定为环保投资计划指标——环保投资与国民生产总值的比值，它把环境保护的要求以投资的形式参与国民收入的分配与再分配过程，经过综合平衡，合理地确定环保投资规模，因而它是纳入国民经济预算、决算计划的决策指标。

2. 环境经济控制类指标

环境经济控制类指标由环境损失控制指标、环境污染控制指标、资源保护控制指标构成。这类指标是从经济社会发展规模和素质的角度提出确保合理的环境质量要求，控制环境污染和资源破坏程度以及相应的危害损失值。

3. 环境经济评价类指标

环境经济评价类指标由环境经济三要素（即环境损失、环保投资、环保投资效益）相互间的比值构成。这类指标以环境损失作为评价环境 – 经济系统中环保投资规模和流向合理性的基础，以环境损益评价指标来反映环保投资的有效性。

4. 环境经济约束类指标

环境经济约束类指标是对社会经济发展综合指数系统与环境经济指标"三要素"系统地进行综合平衡，把若干决策变量进行比较，形成若干约束指标，作为系统规划的约束条件，以实现投资最小、效益最大的目标。这类指标包括重污染部门产值对比约束、环境损失与经济密度对比约束、环保投资对发展生产影响对比约束、环保投资对就业影响对比约束以及环境质量标准及污染物总量控制等。

二、环境指标体系

环境指标体系由四类功能指标和18个单项指标组成（见表9 – 4）。采用环境损失、环保投资与环保投资效益三要素为定量化体系的内生变量，与社会、经济、环境三系统决策要素中筛选出来的外生变量综合平衡。该指标体系适用于地方、行业及企业各层次。

表9-4 环境经济指标体系

指标分类	指标名称	指标定义
计划指标	环保投资比例	环保投资与国民生产总值之比
控制指标	环境损失	环境损失与万元国民生产总值之比
	环境污染	污染物排放总量与万元国民生产总值之比
	资源保护	主要能源、资源、原材料消耗量与万元国民生产总值之比
评价指标	环保投资	环保损失与相应支付环保投资之比
	环保投资效果	环境损失减少量与环境损失之比
约束指标	产业结构	重污染部门产值之和的变化率与国民生产总值变化率之比
	经济密度	环境损失变化率与每平方千米产值变化率之比
	人口密度	环境损失变化率与每平方千米人口数变化率之比
	环保投资与效益评价	环境损失变化率与环境投资效益变化率之比
	资源保护	主要资源开采、利用及回收率的变化率与环境损失变化率之比
	环保与再生产投资效益平衡	万元环保投资的效益变化率与万元再生产投资的效益变化率之比
	环保对发展生产影响	环保投资变化率与国民生产总值变化率之比
	环保投资与消费总额对比	环保投资变化率与环境净损失的变化率之比
	环保投资与固定资产投资对比	环保投资变化率与固定资产投资变化率之比
	环保投资与消费总额对比	环保投资变化率与消费总额变化率之比
	环境损失与国民收入平衡	环境损失变化率与国民收入变化率之比
	污染物排放	污染物排放总量变化率与国民生产总值变化率之比

第四节 社会评价概述

新一轮投资体制改革要求更加重视从维护公众利益、协调社会发展等角度对投资项目进行评估论证,为科学决策提供依据。目前中国政府日益认识到社会、经济、环境协调及可持续发展的重要性,在保持国民经济持续快速健康发展的同时,密切关注可能带来的各种社会问题,如地区发展不平衡、贫富差距扩大等,越来越重视通过社会评价来规避经济发展中可能出现的社会问题。由此可以看出,社会评价在项目可行性研究中的重要性。

一、社会评价的基本概念

世界银行(WB)在1984年就首次要求"社会性评估"应成为世界银行项目可行性研究工作的一部分,在项目评价阶段,与经济、技术和机构评价同时进行。1985年世界银行出版的《把人放在首位》,介绍了社会分析在农业、农村发展项目设计中的应用。在20世纪80年代末90年代初,加勒比海发展银行(CDB)、泛美开发银行(IDB)、亚洲发展银行(ADB)等各自组织建立了社会发展部门。世界银行于 1997 年成立社会发展部门,强化了项目社会评价(Social Assessment,SA)的作用。项目评价已从单一的经济评价,发展到经济、技术、环境和社会等方面的评价,但仍以经济、技术评价为基础。而世界大坝委员会(WCD)项目决策的考虑次序为:社会评价、生态环境评价、经济与财务评价、管理评价、技术评价。这就体现了一种发展趋势:社会评价将在项目评价体系与决策中扮演越来越重要的角色。社会评价已经成为与财务评价、经济评价、环境影响评价相并列的一种独立的投资项目评价方法。随着社会发展从"以经济增长为中心"到"以人为中心",项目社会评价与经济评价、环境评价一样越来越被国际社会所重视。因此,社会评价是以人为中心,研究项目在其生命周期全过程中与其利益相关者的协调关系,从而促进项目的持续性,为社会、经济协调持续发展提供服务。

有关社会评价定义论述很多,论述的角度也不一样,但概括起来,对项目的社会效益的考察形成社会评价。社会评价旨在系统调查和预测拟建项目的建设、运营产生的社会影响与社会效益,分析项目所在地区的社会环境对项目的适应性和可接受程度。通过分析项目涉及的各种社会因素,评价项目的社会可行性,提出项目与当地社会协调关系、规避社会风险、促进项目顺利实施、保持社会稳定的方案。因此,社会评价主要是指分析拟建项目对当地社会的影响和当地社会条件对项目的适应性和可接受程度,评价项目的社会可行性。

二、社会评价的特点

相对于财务评价和国民经济评价,社会评价具有四大特点:

1. 重在人文分析

项目财务、经济评价一般是研究项目财务、经济状况,属于物质技术经济因素分析。而项目社会评价则是贯彻社会发展以人为本的原则,主要研究项目与人的关系,并在评价中及时调整项目与人的关系,以达到在项目寿命周期中,项目与相关的群体相互协调,促进项目的持续发展。

2. 宏观性和长期性

对投资项目的社会评价所依据的是社会发展目标,社会发展目标是依据国家和地区的宏观经济与社会发展需要来制定的,包括经济增长目标、国家安全目标、人口控制目标、减少失业和贫困目标、产业结构调整目标、环境保护目标等,涉及社会生活的方方面面。项目社会评价主要考察投资项目建设和运营后对实现社会发展目标的作用和影响,是促进了社会发展目标的实现还是阻碍了社会发展目标的实现。

在进行投资项目的社会评价时,必须认真考察与项目建设相关的各种可能的影响因素,这种分析和考察是全面的,是全社会性质的,是广泛而宏观的。同时,社会评价也是长期性的。一般经济评价时只需考察投资项目大约 20 年的经济效果,而社会评价通常要考虑一个国家或地区的中期和远期发展规划和要求,涉及对有些领域的影响或效益可能不是短短的几十年,而是上百年,甚至是关乎几代人的。例如新建电站这样的工程项目,在考察项目对生态环境、人类生活、国家安全的影响时,考察的时间跨度势必是几代人、上百年。

3. 目标的多层次性和多样性

投资项目社会评价的主要目的是判断项目的社会可行性,评价工程项目的投资建设和运营活动对社会发展目标所作出的贡献。由于社会发展目标具有多层次性和多样性,所以社会评价的目标也必然是多层次和多样的。社会评价需要从国家、地方、社区三个不同的层次进行分析,做到宏观分析与微观分析相结合。

在宏观层面上,投资项目社会评价的目的主要包括:①实现社会和经济的稳定、持续和协调发展;②满足人民的基本需求;③保证不同地区之间的公平协调发展;④充分利用地方资源、人力、技术和知识,增强地方的参与;⑤减少或避免项目建设和运行可能引发的社会问题。

在微观层面上,投资项目社会评价的目的主要包括:①制定一个能够切实完成项目目标的机制和组织模式;②保证项目收益在项目所在地区不同利益相关者之间的公平分配;③预测潜在风险,分析减小不可预见的不良社会后果和影响的对策措施;④提出为实现各种社会目标而需要对项目设计方案进行改进的建议;⑤通过采用参与途径使项目所在地区民众有效参与项目建设和管理,以维持项目效果的可持续性;⑥防止或尽量减少项目对地区社会文化造成的损毁。

社会评价的目标分析其次是多样性的。它要综合考察社会生活的各个领域与项目之间的相互关系和影响,必须分析多个社会发展目标、多种社会政策、多种社会效益和多样的人文因素和环境因素。

4. 评价标准的差异性和难量化性

每个行业都有自己的评价指标和相应的评价标准。如财务评价通常采用同行业平均投资收益率、基准投资回收期、加权平均资本成本、国家规定的基准收益率等标准;经济评价通常采用影子价格、社会净贡献等评价指标。而社会评价由于涉及的社会因素多种多样,社会目标多元化和社会效益本身的多样性使得难以使用统一的量纲、指标和标准来计算和比较社会效益,因而在不同行业和不同地区的项目评价中差异明显。同时,社会评价的各个影响因素,有的可以定量计算,如就业、收入分配等,但更多的社会因素是难以定量计算的,如项目对当地文化的影响,对当地社会稳定的影响,当地居民对项目的支持程度等。这些难以量化的影响因素,通常使用定性分析的方法加以研究。因此,项目的社会评价宜采用定性与定量相结合的方式,并以定性分析为主,这是国际上社会评价发展的趋势。

三、社会评价的作用

社会评价有如下所述的作用:

1. 有利于国民经济发展目标与社会发展目标顺利实现,防止单纯追求项目的经济效益。

对投资项目仅做经济评价是不够的,如果在项目建设前没有做社会评价,项目的社会、环境问题未能在实施前解决,将会阻碍项目预期目标的实现。有些项目的经济效益不错,但可能导致生态环境污染严重;有些项目建成了,社会安全问题解决不好,严重影响项目的生产运营;有些项目在少数民族地区建设,没有充分了解当地的风俗习惯,导致当地居民和有关部门的不配合;有些项目由于移民安置解决不好,导致人民生活水平下降,等等。实践证明,投资项目尤其是国家给予重大支持的投资项目的实施是实现国民经济发展目标的重要途径,直接关系到国家和当地的经济发展和社会发展水平。在项目评价中,社会评价处理好了,达到了项目建设与社会发展相协调,必将促进经济发展目标的实现和社会效益的提高,从而使国家和地区社会发展进入一个新的阶段。

2. 有利于项目与所在地区利益协调一致,减少社会矛盾和纠纷,防止可能产生的不利的社会影响和后果,促进社会稳定。

投资项目在客观上一般都存在对所在地区的有利影响和不利影响。有利影响与所在地区利益相协调,对地区社会发展和人民生活水平起到促进和推动作用,不利影响则会对地区的局部利益或社会环境带来一定的损害。分析有利影响和不利影响的大小,判断有利影响和不利影响在项目作用中的比例,是社会评价中判断一个项目好坏的标准。如一个核电站工程项目,有利影响包括发电、环保,不利影响就是由于核电站建设而导致的当地居民的恐慌和排斥情绪、人口迁移。迁移人口安置不当,致使当地人民生活水平下降,生活习惯改变,难以适应新的生活环境,从而引起移民的不满或过激行为,对当地社会稳定和项目的顺利进行都会产生不利的后果。因此,社会评价中应该始终把项目建设同当地人民的生活和发展联系起来,充分估计到项目建设可能造成的各种不利影响,预先采取适当的措施,把由项目建设引起的社会震荡减到最小。

3. 有利于避免或减少项目建设和运营的社会风险,提高投资效益。

项目建设和运营的社会风险是指由于在项目评价阶段忽视社会评价工作,致使在项目的建设和运营过程中与当地社区发生种种矛盾,长期得不到解决,导致工期拖延,投资加大,经济效益低下,与当初的经济评价结论大相径庭的风险。这就要求评价人员在进行社会评价时要侧重于分析项目是否适合当地人民的文化生活需要,包括文化教育、卫生健康、宗教信仰、风俗习惯等;考察当地人民的需求如何,对项目的态度如何,是支持还是反对。分析要广泛、深入、实际,并提出合理的针对性建议以减少项目的社会风险。只有消除了项目的不利影响,避免了社会风险,使项目与当地人民的需求相一致,才能保证项目的顺利实施,持续发挥项目的投资效益。

四、社会评价的一般原则

1. 认真贯彻我国社会主义现代化建设有关社会发展的方针、政策,遵循有关法律及规章。

2. 以国民经济与社会发展战略和计划期国家制订的国民经济与社会发展计划的社会发展目标为依据;以近期目标为重点,兼顾远期各项社会发展目标,并考虑项目与当地社会环境的关系,力求分析评价能全面反映项目投资引发的各项社会效益与影响,以及当地社区、人民对项目的不同反应,促进项目与当地社区、人民相互适应,共同发展。

3. 依据客观规律,从实际出发,实事求是,采用科学、适用的评价方法。

4. 应根据项目的具体特点选用不同的评估方法。不同类型投资项目所使用的社会评价方法应当有所区别。项目的社会影响因素将因项目的不同目标、不同位置和不同类型而异。这就导致不可能采用某种统一的社会评价方法来对所有类型的投资项目进行分析。社会评价的一条重要原则就是要依据不同项目的特定情况使用特定的评价方法。

5. 按目标的重要程度进行排序的原则。每个项目的建设都有其预先想要达到的主要社会目标和次要社会目标,由于项目建设对各目标的贡献程度不同,因此应该依据其重要程度进行排序,以之作为进行综合社会评价的基础。

6. 以人为中心的原则。在考虑国家及地方利益的前提下,把对人民负责和对国家负责统一起来,对项目的利益与当地人民的利益同等重视,尽力做到两者兼顾,并在涉及人民切身利益的问题上,把人民利益摆在首位。深入了解人民的意见与要求,积极采取措施,提高人民参与项目活动的水平,以保证项目与当地社会协调发展。

7. 要深入社会调查,搞准基线情况,提高分析评价的科学性。

8.社会评价人员必须以公正、客观、实事求是的态度从事社会评价工作。评价工作不应受到任何方面的人为干扰,力求使分析评价反映客观实际。

五、社会评价的适用对象及评价层次

社会评价多适用于那些社会因素较为复杂、社会影响较为深远、社会效益较为显著、社会矛盾较为突出、社会风险较大的投资项目。例如,需要大量移民搬迁或者占用农田较多的水利工程项目。

根据项目周期,社会评价可分为三个层次:①项目识别(初级社会评估);②项目准备(详细社会分析);③项目实施(建立监控和评估机制)。

第五节　社会评价内容

社会评价研究内容包括项目的社会影响分析、项目与所在地区的互适性分析和社会风险分析三个方面的内容,如表9-5所示。

表9-5　社会评价框架

	社会影响分析	对居民收入的影响
		对居民生活水平和生活质量的影响
		对居民就业的影响
		对不同利益群体的影响
社会评价		对弱势群体的影响
		对地区文化、教育、卫生的影响
		对设施、服务容量、城市化进程的影响
		对少数民族风俗习惯、宗教的影响
	互适性分析	不同利益群体的态度
		当地各类组织的态度
		当地技术文化条件
	社会风险分析	移民安置问题
		民族矛盾、宗教问题
		弱势群体支持问题
		受损补偿问题

1.社会影响分析

社会影响分析旨在分析和预测项目可能带来的正面影响(社会效益)和负面影响。

(1)项目对所在地居民收入的影响。主要分析预测由于项目实施可能造成当地居民收入增加或者减少的范围、程度及其原因;收入分配是否公平,是否扩大贫富收入差距,并提出促进收入公平分配的措施建议。扶贫项目,应着重分析项目实施后,能在多大程度上减轻当地居民的贫困和帮助多少贫困人口脱贫。

（2）项目对所在地区居民生活水平和生活质量的影响。分析预测项目实施后居民居住水平、消费水平、消费结构、人均寿命的变化及其原因。

（3）项目对所在地区居民就业的影响。分析预测项目的建设、运营对当地居民就业结构和就业机会的正面影响与负面影响。其中正面影响是指可能增加就业机会和就业人数，负面影响是指可能减少原有就业机会及就业人数，以及由此引发的社会矛盾。

（4）项目对所在地区不同利益群体的影响。分析预测项目的建设和运营使哪些人受益或受损，以及对受损群体的补偿措施和途径。兴建露天矿区、水利枢纽工程、交通运输工程、城市基础设施等一般都会引起非自愿移民，应特别加强这项内容的分析。

（5）项目对所在地区弱势群体利益的影响。分析预测项目的建设和运营对当地妇女、儿童、残疾人员利益的正面影响或负面影响。

（6）项目对所在地区文化、教育、卫生的影响。分析预测项目的建设和运营期间是否可能引起当地文化教育水平、卫生健康程度以及对当地人文环境变化的影响，提出减小不利影响的措施建议。公益性项目要特别加强这项内容的分析。

（7）项目对当地基础设施、社会服务容量和城市化进程等的影响。分析预测项目的建设和运营期间，是否可能增加或者占用当地的基础设施，包括道路、桥梁、供电、给排水、供气、服务网点，以及产生的影响。

（8）项目对所在地区少数民族风俗习惯和宗教的影响。分析预测项目建设和运营是否符合国家的民族和宗教政策，是否充分考虑了当地民族的风俗习惯、生活方式或者当地居民的宗教信仰，是否会引发民族矛盾、宗教纠纷，影响当地社会安定。

总结以上社会影响因素，编制项目社会影响分析表，如表9-6所示。

表9-6　项目社会影响分析表

序号	社会因素	影响的范围程度	可能出现的后果	措施建议
1	对居民收入的影响			
2	对居民生活水平与生活质量的影响			
3	对居民就业的影响			
4	对不同利益群体的影响			
5	对弱势群体的影响			
6	对地区文化、教育、卫生的影响			
7	对地区基础设施、社会服务容量和城市化进程的影响			
8	对少数民族风俗习惯和宗教的影响			

2. 互适性分析

互适性分析主要是分析预测项目能否为当地的社会环境、人文条件所接纳，以及当地政府、居民支持项目存在与发展的程度，考察项目与当地社会环境的相互适应关系。

（1）分析预测与项目直接相关的不同利益群体对项目建设和运营的态度及参与程度，选择可以促使项目成功的各利益群体的参与方式，对可能阻碍项目存在与发展的因素提出防范措施。因此，有必要在项目周期的各个阶段，对社区参与的可行性进行考察和评估，考察的内容包括：分析项目社区不同利益集团参与项目活动的重要性；分析对当地人民的参与有影响的关键社会因素；分析在项目社区中是否有一些群体被排斥在项目设计之外或在项目的设计中没有发表意见的机会；分析找出项目地区的人民参与项目设计、准备和实施的恰当的形式和方法。

（2）分析预测与项目所在地区的各类组织对项目建设和运营的态度，可能在哪些方面、在多大程度上对项目予以支持和配合。必须分析当地政府对项目的态度及协作支持的力度。如果投资者不是当地政府及其下属企业，则项目的建设和运营必须征得当地政府的同意并取得支持和协作，尤其是大型项目，在后勤保障等一系列问题上更离不开社会支撑系统。应当认真考察需要由当地提供交通、电力、通信、供水等基础设施条件，粮食、蔬菜、肉类等生活供应条件，医疗、教育等社会福利条件的，当地是否能够提供，是否能够保障。国家重大建设项目更要特别注重这方面内容的分析。

（3）分析预测与项目所在地区现有技术、文化状况能否适应项目建设和发展。主要为发展地方经济、改善当地居民生产生活条件兴建的水利项目、公路交通项目、扶贫项目，应分析当地居民的教育水平能否适应项目要求的技术条件，能否保证实现项目既定目标。

通过项目与所在地的互适性分析，就当地社会对项目适应性和可接受程度作出评价，编制社会对项目的适应性和可接受程度分析表，如表9-7所示。

表9-7　社会对项目的适应性和可接受程度分析表

序号	社会因素	适应程度	可能出现的问题	措施建议
1	不同利益群体			
2	当地组织机构			
3	当地技术文化条件			

3.社会风险分析

项目的社会风险分析是对可能影响项目的各种社会因素进行识别和排序，选择影响面大、持续时间长，并容易导致较大矛盾的社会因素进行预测，分析可能出现这种风险的社会环境和条件。那些可能诱发民族矛盾、宗教矛盾的项目要注重这方面的分析，并提出防范措施。如：进行三峡工程的建设，就要分析项目占用地的移民安置和受损补偿问题。如果移民群众的生活得不到有效保障或生活水平大幅降低，受损补偿又不尽合理，群众抵触情绪就会滋生，从而直接会导致项目工期的推延，甚至会给项目预期社会效益的实现带来社会风险。通过分析社会风险因素，编制项目社会风险分析表，如表9-8所示。

表9-8　社会风险分析表

序号	风险因素	持续时间	可能导致的后果	措施建议
1	移民安置问题			
2	民族矛盾、宗教问题			
3	弱势群体支持问题			
4	受损补偿问题			

三、社会评价的程序

社会评价一般分为开展社会调查、识别社会因素、论证比选方案三个步骤。

1. 开展社会调查

开展社会调查主要是为了获得项目所在地社会、环境等方面的第一手资料,调查的内容包括项目所在地区的基本情况和受影响的社区的基本社会经济情况在项目影响时限内可能的变化。包括:人口统计资料;基础设施与服务设施状况;当地的风俗习惯、人际关系;各利益群体对项目的反应、要求与接受程度;各利益群体参与项目活动的可能性,如项目所在地区干部、群众对参与项目活动的态度和积极性,可能参与的形式、时间,妇女在参与项目活动方面有无特殊情况等。社会调查可采用多种调查方法,如文献调查法、问卷调查法、专家讨论会法、访谈法(个人访谈法、集体访谈法)、参与式观察法等。

2. 识别社会因素

在完成第一步社会调查的基础上,我们应对调查的资料进行分析,对项目涉及的各种社会因素进行分类。一般将社会因素分成三类。

(1)影响人类生活和行为的因素。如:对就业的影响;对收入分配的影响;对社区发展和城市建设的影响;对居民身心健康的影响;对文化教育事业的影响;对社区福利和社会保障的影响,等等。

(2)影响社会环境变迁的因素。如:对自然和生态环境的影响;对资源综合开发利用的影响;对能源节约的影响;对耕地和水资源的影响,等等。

(3)影响社会稳定与发展的因素。如:对人民风俗习惯、宗教信仰、民族团结的影响;对社区组织结构和地方管理机构的影响;对国家安全和地区威望的影响,等等。

从这些因素中,识别与选择影响项目实施和项目成功的主要社会因素,作为社会评价的重点和论证比选方案的内容之一。

3. 论证比选方案

对项目可行性研究拟定的建设地点、技术方案和工程方案中涉及的主要社会因素进行定性、定量分析,比选推荐社会正面影响大、社会负面影响小的方案。主要步骤如下:

(1)确定评价目标与评价范围。根据投资项目建设的目的、功能以及国家和地区的社会发展战略,对与项目相关的各社会因素进行分析研究,找出项目对社会环境可能产生的影响,确定项目评价的目标,并分析出主要目标和次要目标。分析评价的范围,包括项目影响涉及的空间范围和时间范围。空间范围是指项目所在的社区、县市,有的大型项目如水利项目,影响区域涉及多个省市,地域较为广泛。时间范围是指项目的寿命期或预测可能影响的年限。

(2)选择评价指标。根据评价的目标,选择适当的评价指标,包括各种效益和影响的定性指标和定量指标。所选指标不宜过多(一般控制在 50 个以内),且要便于搜集数据和进行评定。

(3)确定评价标准。在广泛调查研究和科学分析的基础上,收集项目本身及评价空间范围内社会、经济、环境等各方面的信息,并预测在评价和项目建设阶段有无可能发生变化,然后确定评价的标准。定量指标的评价标准一定要明确给出。

(4)制定备选方案。根据项目的建设目标、不同的建设地点、不同的资金来源、不同的技术方案等,提出若干可供选择的方案,并采取拜访、座谈、实地考察等方式,了解项目影响区域范围内地方政府与群众的意见,将这些意见纳入方案比选的过程中。

(5)进行项目评价。根据调查和预测的资料,对每一个备选方案进行定量和定性评价。首先,对能够定量计算的指标,依据调查和预测资料进行测算,并根据一定标准评价其优劣。其次,对不能定量计算的社会因素进行定性分析,判断各种定性指标对项目的影响程度,揭示项目可能存在的社会风险。再次,分析判断各定性指标和定量指标对项目实施和社会发展目标的重要程度,对各指标进行排序并赋予一定的权重。对若干重要的指标,特别是不利影响的指标进行深入的分析研究,制定减轻不利影响的措施,研究存在的社会风险的性质与重要程度,提出防止风险的措施。最后,计算各指标得分和项目综合目标值,并对备选方案进行排序,得分高者中选;若出现得分相同情况,则以权重最大的某项指标为准,以该指标优者为优。

(6)专家论证。根据项目的具体情况,可召开相应规模的专家论证会,将选出的最优方案提交专家论证,对中选方案进行详细分析,就其不利因素、不良影响和存在的问题提出改进和解决办法,进一步补充和完善该方案。

(7)编制"项目社会评价报告",进行评估总结。将对所评价项目的调查、预测、分析、比较的过程和结论,以及方案中的重要问题和有争议的问题写成一定格式的书面报告。在提出方案优劣的基础上,提出项目是否可行的结论或建议,形成项目社会评价报告,作为项目决策者的决策依据之一。

第六节　社会评价的方法

由于项目的社会因素多而复杂,且大多是无形甚至是潜在的,不能用统一的指标、量纲去评价,因此我们必须根据项目自身的情况采用较为灵活的评价方法。这里我们介绍几种较为常见的评价方法,以供项目评价人员择优采用。

一、定性分析方法和定量分析方法

项目影响的社会因素通常多而繁杂。有的社会因素可以采用一定的计算公式定量计算,如就业效益、收入分配效益、节约资源效益等,而更多的社会因素则难以计量,更难以以一定的量纲用统一的计算公式进行计算。因此,社会评价通常采用定量分析与定性分析相结合、参数评价与经验判断相结合的方法。

1.定性分析法

定性分析方法基本上是采用文字描述,说明事物的性质。但是,定性分析与定量分析的区分也不是绝对的。定性分析在需要与可能的情况下,应尽量采用直接或间接的数据,以便准确地说明问题的性质或结论,一般很难用一定的数学公式表述。例如,分析项目对所在地区的文化教育的影响,就可以采用一些统计数据,如项目建设前后所在地区的小学生入学率,每百人拥有的大学毕业生人数,大专院校科研人员人数,人均图书拥有量等。

科学的定性分析,要求首先要合理确定所分析指标的标准;然后在可比的基础上按照有无分析法的原则对该指标进行对比分析,注意在调查时要制定定性分析的调查提纲,以利于调查和分析工作的有序和深入;最后在衡量影响重要程度的基础上,对各指标进行权重的确定和排序,为项目的综合评价做好准备。项目社会评价中需要定性分析的指标包含如先进技术的引进、社会基础设施、生态平衡、资源利用、时间节约、地区开发和经济发展、人口结构的改变,以及人民科学文化水平的提高等方面的社会效果指标。

2.定量分析法

定量分析方法就是根据一定的数学公式或模型,在充分调查分析得到的原始数据的基础上,通过一定的数学计算得出结果并结合一定的标准进行分析的评价方法。定量分析一般要有统一的量纲、一定的计算公式与判别标准(参数),通过数量演算反映评价结果。

我们将在后面的定量指标部分详细介绍我国社会评价中的几个主要指标。

二、几种常用的分析评价方法

1.有无对比分析法

有无对比分析法是指在有项目情况和无项目情况下的社会效益对比分析,通过有无对比分析,我们可以确定拟建项目可能产生的社会影响,预测各种效益和影响的性质、范围和程度,为项目评价人员的优选调整方案提供有效的依据。有项目情况减去同一时刻的无项目情况,就是由于项目建设引起的社会影响。例如,某一农业项目在没有项目情况时只有纯种植业一种经营活动,如果该农业项目重点是为了开发林果业,那么,项目区内的农业经营将由原来一种种植业经营活动变为既有种植业又有农林复合经营活动,如果采取有无对比分析方法,可以分析这种经营方式发生变化所产生的效益对农村社会变化的影响。又如,在某一项目区内拟安排农业加工项目,也可以采取这种方法分析有无项目时农业劳动力就业结构发生变化所产生的影响。这种分析方法可以采取一系列评价方法进行对比分析,然后通过一定的统计分析方法,得出一些令人满意的结果,这种评价可以丰富项目评价内容,同时为类似的项目提供一定的评价标准。

2.利益相关者分析法

项目利益相关者是指与项目有直接或间接的利害关系,并对项目的成功与否有直接或间接的影响的所有有关各方,如项目的受益人、受害人,与项目有关的政府组织与非政府组织等。利益相关者的划分依据一般是各利益主体与项目的关系及其对项目的影响程度与性质或其受项目影响的程度。

项目利益相关者一般划分为:(1)项目受益人;(2)项目受害人;(3)项目受影响人;(4)其他利益群体,包括项目的建设单位、设计单位、咨询单位、与项目有关的政府部门与非政府组织。

利益相关者分析的主要内容有:(1)根据项目单位的要求和项目的主要目标,确定项目所包括的主要利益相关者;(2)明确各相关者的利益所在以及与项目的关系;(3)分析各个利益相关者之间的相互关系;(4)分析各利益相关者参与项目的设计、实施的各种可能方式。

利益相关者分析一般按下列步骤进行:(1)构造项目利益相关者列表;(2)评价各利益相关者对项目成功与否所起作用的重要程度;(3)根据项目目标,对项目各利益相关者的重要性作出评价;(4)根据以上各步的分析结果,提出在项目实施过程中对各利益相关者应采取的措施。

3.矩阵分析总结法

矩阵分析总结法是将社会评价的各种定量和定性分析指标列一矩阵表——“项目社会评价综合表”,如表9-9所示。

表 9 – 9　项目社会评价综合表

顺序	社会评价指标 （定量与定性指标）	分析评价结果	简要说明 （包括措施、补偿及其费用）
1			
2			
3			
4			
……	……	……	……
总结评价			

将各项定量与定性分析的单项评价结果,按评价人员研究决定的各项指标的权重排列顺序,列于矩阵表中。由评价人员对矩阵中所列的各指标进行分析,阐明每一个指标整个项目社会可行性的影响程度。然后根据影响程度的大小对指标进行排序,重点分析那些对项目影响大而且存在风险的问题,权衡利弊得失,研究说明对其的补偿措施情况。最后,进行分析和归纳,指出对项目社会可行性具有关键作用和影响的决定性因素,从而得出对项目社会可行性作出的总结评价,并指出项目从社会因素方面考虑是否可行。

4. 综合分析评价法

分析项目的社会可行性时,通常要考虑项目的多个社会效益和目标的实现。对这种多个目标的评价决策问题,通常选用多目标决策科学中的一些方法,如矩阵分析法、层次分析法、模糊综合评价法、数据包络分析法等。评价人员可以根据项目定量与定性指标的复杂程度,选择合适的评价方法。多目标综合评价法一般都要组织若干专家,包括各行业和各学科的专家学者,根据国家的产业发展政策和地区的社会发展水平和社会发展目标,结合拟建项目的具体情况,对确定下来的各个分项指标视其对项目的重要程度给以一定的权重,并对每个指标进行分析和打分,最后计算出项目的综合社会评价效果,得出评价的结论。

在多目标综合分析评价中,项目的有利影响可视为效益,不利影响作为负效益。社会适应性分析部分的定性指标,如对社区居民收入的分配是否公平,参与、组织机构分析结论如何等,也可根据分析结论适当权重评分。但是,这种项目与社区的互适性分析,分析的目的是研究如何采取措施使项目与社会相互适应,以取得较好的投资效果。所以,综合分析评价得出项目社会评价的总分后,在方案比较中,除了要看总分高低,还要看各方案措施实施的难易和所需费用的高低以及风险的大小情况,才能得出各方案社会可行性的优劣。有些项目可能因某些方案社会风险大或受损群众数量较大,又难以减轻某项重大的不利影响而决定改变方案。因此,对于项目社会评价来说,多目标分析综合评价方法得出的结果,往往只能作为一种分析总结的参考数据,不能据以决策。

附　录

（一）滨海市 KJS 交通枢纽及综合改造工程项目可行性研究之市场分析（节选）

一、项目概况

1. 项目背景

滨海市的国民经济和社会发展在新世纪实现了新的飞跃。为进一步加快地区现代化、国际化的进程,到 21 世纪中叶使滨海市成为当代世界一流水平的现代化国际大都市,滨海市委、滨海市政府提出以我国加入 WTO 为契机,以办好 2008 年奥运会和 2010 年世界博览会为动力,在滨海市"十五"和"十一五"的发展中,重点加强城市交通、能源等基础设施建设,加快建设快速轨道交通工程和地铁建设,新建和改扩建一批公交枢纽站和运营场所。

本研究内容拟通过对全市未来发展、规划的研究来确立本项目立项的必要性,经综合市场分析来确定建设规模和市场定位,说明项目市场营销运作在经济上的合理性与可行性。

2. 承建单位概况及分析依据

承建单位概况:滨海市建设开发有限责任公司成立于 1992 年,法定代表人陈××。股东为银鑫投资公司和滨海建设集团,是专业从事房地产开发的国有大型企业。总资产 23 亿元人民币,注册资金 6.7 亿元人民币,并已取得了显著的经济效益和社会效益。

分析报告编制依据:

滨海市国民经济和社会发展第十个五年计划纲要;

KJS 综合交通枢纽规划设计条件;

KJS 综合交通枢纽咨询报告;

KJS 综合交通枢纽供电可行性咨询报告;

KJS - A 站区供热规划方案;

KJS - B 站区规划设计修改草案。

3. 基本结论

通过本报告的研究可以看出,本项目的建设符合滨海市总体发展战略,是完成第一步构筑地区城市现代化的具体措施;配合交通路网建设,促进西北部地区经济发展。本项目获得了滨海市政府的大力支持及有关各方的全力配合,为本项目的实施提供了先决条件,加上承建单位实力雄厚,经验丰富,为本项目的开发奠定了良好的基础。本项目的建设社会效益明显、经济效益较高,通过预测,本项目的投资回收期为 12.40 年,内部收益率为 68%,贷款偿还期为 5.06 年,从财务评价上看本项目也是可行的。

本项目主要技术经济数据及指标见表 1。

表1　主要技术经济数据及指标

序号	数据及指标	单位	建成后（正常）	备注
1	用地面积	平方米	59 900	
2	建筑面积	平方米	262 700	—
2.1	地铁站及换乘区	平方米	29 000	
2.2	公益配套	平方米	74 700	
	其中:地下车库	平方米	65 000	1 200 个车位
2.3	商务服务	平方米	159 000	
2.3.1	其中:商务	平方米	61 000	
2.3.2	酒店	平方米	16 000	343 个床位
2.3.3	写字楼	平方米	55 000	
2.3.4	公摊面积	平方米	27 000	270 套
3	总投资	万元	259 192	含铺底流动资金
4	年折合收入	万元	15 146	为出租部分
5	年企业税	万元	2 080	
6	年利润	万元	3 703	税后
7	年缴所得税	万元	1 824	
8	投资回收期	年	12.40	税前
9	投资利润率	%	1.41	税前
10	投资利税率	%	2.2	税前
11	内部收益率	%	6.88	税前
12	贷款偿还期	年	5.06	

二、交通枢纽规划

1. 项目地域现状（略）

2. 枢纽规划

（1）外部道路交通条件（略）

（2）枢纽内部交通组织分析

a. 枢纽区远期客流规模及结构

KJS 交通枢纽远期将主要为城市铁路、环线地铁、地铁 3 号线、城区公交、西北部公交、自行车及枢纽周边以步行方式进入枢纽等交通方式提供换乘服务。

分析表明,各种交通方式之间以城市铁路与环线地铁和地铁 3 号线之间的换乘量为最大,全日分别 2×42 108 和 2×24 355 人次,高峰小时为 2×6 460 和 2×3 752 人次。

b. 枢纽布置及客流组织评价

根据枢纽区各种交通方式车站及换乘厅和换乘通道的布局安排,本报告从枢纽乘客的方便性、舒适性、安全性、可靠性及经济性等多个方面对枢纽客流进行了评价。表 2 给出了客流运行特性系数表。

表 2　客流运行特性系数表

	环线地铁	城市铁路	城区公交	西北公交
环线地铁	–	1.49	1.23 (1.35)	1.17 (1.55)
城市地铁	1.58		1.59 (2.53)	1.23 (1.47)
城区公交	1.28	1.48		1.49 (1.56)
西北部公交		1.20	1.49 (2.56)	–

KJS 交通枢纽的设计充分体现了"以人为本"的设计理念,与其现代化大型公用设施的地位是相适应的。

3. 枢纽内部车辆交通组织及外部衔接

(1)公交车辆;

(2)社会车辆;

(3)非机动车辆与行人;

(4)枢纽外部交通组织分析;

(5)枢纽内部及区域环境研究。

4. 规划客运量及枢纽建设规模

根据地铁客流调查、城铁客流预测报告及公交客运资料,经 KJS 枢纽至西北郊地区、中心城区的现状及 2010 年各种交通方式规划的客运量如表 3 所示。

表 3　经 KJS 枢纽至西北郊地区、城区客运量(单位:万人次/日)

交通方式	西北地区		城区	
	现状	2010 年	现状	2010 年
公共汽车	6.15	5.8	0.65	8.6
城市铁路		22.45		
铁路	0.3	0.9		
环线铁路		—	5.88	13.02
地铁 3 号线		1.31	–	7.8
其他交通方式		—		1.04
小计	6.45	30.46	6.53	30.45

枢纽规划规模及设施建设要求如表 4 所示。

表 4　KJS 客运交通枢纽规划指标表

序号	规划设施内容	链数、面积	备注
1	市区公交线路	14 条,需设置 14 个发车站位	城区 6 条,西北近郊 4 条,动物园 4 条
2	公交站车位	42 个,面积约 5 000 平方米	白天运营周转及夜间停放单机车
3	公交到发车区	面积约 6 000 平方米	到发车区宜分开设置

表 4（续）

序号	规划设施内容	数链、面积	备注
4	出租车站	12 个到发车位，面积约 1 200 平方米	应设置少量运营周转车位
5	小汽车停车位	300 个，面积约 1.2 万平方米	可设置在地下
6	自行车停车位	4 000 个，面积约 4 800 平方米	设置在地下
7	枢纽管理用房	面积约 1.0 万平方米	管理、办公、治安、消防等
8	旅客集散空间	面积约 5 700 平方米	换乘集散厅及通道
9	配套商饮用房	面积约 1.0 万平方米	
10	城市广场	面积约 1.0 万平方米	北站站房南、至西外大街红线
11	面积合计	面积约 5.47 万平方米	不包含城市广场面积

三、市场分析

由于本项目附属配套工程的建设涉及商场、酒店、写字楼和商住公寓，本节将着重从 以下几点研究滨海市的市场概况。

1. 滨海市商业市场

（1）滨海市商业市场概况（略）

（2）FJS 枢纽地区的市场研究

KJS 枢纽地区的市场研究地处交通枢纽，KJS 枢纽主要是面向西北郊与城区的沟通，可以说 90% 以上是本市居民，潜在的有效需求大。周边缺少同类商业设施，市场优势明显为在 KJS 枢纽方圆 3 公里范围内大型综合商场较少，BR – MART 超市是本地区最大的 商场，具有潜在竞争力。该地区是滨海市居民居住密集地区之一，潜在市场广阔。

2. 滨海市酒店市场

（1）滨海市旅游、酒店业概况（略）

（2）KJS 枢纽地区酒店需求

KJS 枢纽地区酒店定位于中高级酒店，故对中高档酒店客房需求量预测如表 5 所示。

表 5　中高档酒店客房需求量预测

年份	客房实际接待数/间	客房预计接待数/间	年份	客房实际接待数/间	客房预计接待数/间
1992	32 418		2000	43 159	
1993	36 545		2001	—	
1994	37 955		2002		
1995	38 042		2003	—	46 217
1996	39 242		2004		47 279
1997	40 276		2005		48 341
1998	40 070		2006		49 403
1999	41 337		2007		50 465

绘制散点图，从散点图中可以看出，观察值的时间序列接近直线，故用直线趋势法进行预测。用线性回归拟合曲线预测得出的预测值如下：

$$Y(2003) = 33\ 473 + 1\ 062 \times 12 = 46\ 217$$
$$Y(2004) = 33\ 473 + 1\ 062 \times 13 = 47\ 279$$
$$Y(2005) = 33\ 473 + 1\ 062 \times 14 = 48\ 341$$
$$Y(2006) = 33\ 473 + 1\ 062 \times 15 = 49\ 403$$
$$Y(2007) = 33\ 473 + 1\ 062 \times 16 = 50\ 465$$

从上述计算中可以看出，在今后几年中社会对于中高档客房的需求量在逐年增加，每年增幅约为 1 000 间。按 65% 的客房出租率计算，2005 年的客房供应量应为 74 371 间，尚有 9 058 间的缺口，所以本项目新建客房 343 个床位出售方案是适应市场需要的。

3. 滨海市写字楼、商务公寓市场

（1）滨海市写字楼市场现状（略）

（2）滨海市写字楼市场未来发展（略）

（3）写字楼价格趋势预测

围绕本项目选择具有可比性的项目，分析结果如表 6 所示。

表 6　各物业价格影响因素权重系数表

		平均价格 元/平方米/天	权重系数（%）		
			繁华程度	交通条件	装修档次
1	A 商务写字楼	3.8	98	96	96
2	B 大厦	6	110	98	105
3	C 大厦	7	110	98	102
4	D 大厦	6.6	100	98	98
5	E 大厦	4.4	100	98	98

各物业的加权平均单价如下：

$$P_1 = 3.8 \times 100/98 \times 100/95 \times 100/96 = 4.25\ 元/（平方米·天）$$
$$P_2 = 6 \times 100/98 \times 100/96 \times 100/105 = 6.07\ 元/（平方米·天）$$
$$P_3 = 7 \times 100/100 \times 100/100 \times 100/102 - 7.00\ 元/（平方米·天）$$
$$P_4 = 6.6 \times 100/100 \times 100/98 \times 100/98 = 6.87\ 元/（平方米·天）$$
$$P_5 = 4.4 \times 100/100 \times 100/98 \times 100/98 = 4.58\ 元/（平方米·天）$$

得本项目市场价为

$$P = (4.25 + 6.07 + 7 + 6.87 + 4.58)/5 = 5.75\ 元/（平方米·天）$$

考虑到可变因素将本项目出租单价定为 5 元/（平方米·天）

预测本项目的出售价格：围绕本项目选择具有可比性的项目预测如下。

A 大厦售价：18 000 元/平方米；

B 大厦售价：20 000 元/平方米；

C 大厦售价：15 500 元/平方米。

分析如表 7 所示。

表7　各物业价格影响因素权重系数表

序号	物业名称	平均价格/ （元/平方米）	权重系数		
			繁华程度	交通条件	装修档次
1	A 大厦	18 000	98	96	105
2	B 大厦	20 000	110	98	102
3	C 大厦	15 500	100	98	98

各物业的加权平均单价如下：

$$F_1 = 18\,000 \times 100/98 \times 100/96 \times 100/105 = 18\,221 \ \text{元/平方米}$$

$$F_2 = 20\,000 \times 100/110 \times 100/98 \times 100/102 = 18\,189 \ \text{元/平方米}$$

$$F_3 = 15\,500 \times 100/100 \times 100/98 \times 100/98 = 16\,139 \ \text{元/平方米}$$

求得本项目市场价为

$$P = (18\,221 + 18\,189 + 6\,139)/3 = 17516 \ \text{元/平方米}$$

考虑到可变因素将本项目销售单价定为

$$17\,516 \times 0.9 = 15\,764 \approx 15\,800 \ \text{元/平方米}$$

（4）枢纽写字楼、商务公寓定位（略）

4.市场分析

通过本节前面的分析可以看出，由于本项目所处地理位置特殊、客流量大，会给本项目未来经营带来潜在购买力。商场出售单价可达 13 500～18 000 元/平方米，此价格会呈现低速稳步增长态势，因此本可行性研究将出售价定为 15 800 元/平方米，出租时出租价定为 5 元/（平方米·天）。

从市场分析看，中高档酒店能为入驻（租）星级写字楼的公司提供可靠的会议地点，便利舒适的招待资源，有利于提升公司整体形象。而写字楼亦能为酒店提供充足的客源，两者档次相近则为双赢格局。正是基于此，本方案中，酒店规划面积 18 000 平方米，销售压力小，鉴于所处地理位置并结合周边市场环境，酒店的销售相对具有优势，基于保守考虑，本可行性研究将销售价格定为 12 500 元/平方米。

本项目写字楼、商务公寓定位于中高档，并注重智能化配置，以吸引 IT 行业，根据滨海市场预测价格并综合考虑，销售价格定位在 15 800 元/平方米（均价），出租价 5 元/（平方米·天）。

市场分析结论：本项目地处滨海市中心区繁华路段及 KJS 交通枢纽，具有区位优势。鉴于滨海市的经济发展与城市建设的良好预期，只要项目经营者正确把握市场导向，根据市场环境适时调整经营战略，市场前景是比较乐观的。

（二）益智饮品公司投资核桃露罐装生产线项目
建设地址选择研究（节选）

背景简介：B 市益智饮品有限责任公司拟投资 4 500 多万元，上马年产 6 000 吨核桃露的易拉罐装产品生产线，主要生产以核桃为原料的核桃乳汁。预计年创产值 4 654 万元。可安排 221 人就业，生产过程中有轻微污染，经治理可达到国家规定环保标准。

第一部分　项目建设区域投资"软环境"分析

一、政策环境分析

核桃露项目建设地址,拟放在 B 市西部新城工业开发区内。该区为发展经济制订了一系列招商引资、对外开放政策,加大了服务力度,尤其鼓励支持绿色食品项目。在注册、各项许可、税务登记等方面实行多部门一站式办公,在材料齐全的情况下,七个工作日即可取得工商执照,六个工作日即可获得该开发区的土地、供电、规划、供水、建筑、环保等许可手续,并且能够引起政府及有关部门的高度重视。从优惠政策看主要有下述几个方面:

1. 税收减免

该区规定对于新产品开发项目,从获利年度起免征三年所得税,其后五年减半征收,同时对其他税种采用财政奖励的办法,予以返还,期限为五年。充分利用这些税收优惠,可获取较高利润。

2. 土地优惠

该开发区在土地使用上,政策优惠。全部土地费用支出只占全部土地开发成本的 60% 左右,这样每亩土地使用费仅 13 万元(使用期限 50 年),可节省土地投资。

3. 收费优惠

该区对入住开发区企业实行统一联合收费制度,各项行政事业收费标准控制在销售额的 2% 以下,同时该区规定未经开发区许可,任何部门不得入区检查,增大对入区企业的保护力度。

二、产业环境分析

首先,核桃露项目坐落在开发区规划区域内,周边企业众多,尤其是一些高科技企业。中外合资企业、国外独资企业分布在本项目周围,有的仅一墙之隔。涉及机械、电子、仪表、生物制药、建材、广告、纺织、食品等诸多行业。各企业内人才济济,聚集着一大批各行各业的高中级科技与工程技术人员及大量的先进仪器设备。施工与生产中遇到问题能够随时得到帮助与支持,这一条件可以说是得天独厚的。

其次,毗邻企业有很多是出口贸易产品生产的企业,有很强的国际营销能力及渠道,加强同其合作,有利于迅速打开出口渠道与市场。

第三,本项目处在该区林业部门规划开发的核桃生产基地范围之内。这种"公司－基地"的经营模式,使产品加工与原料生产联系紧密,有利于原料产品质量的提高,原料产品的运输和保存。

三、社会人文环境分析

核桃露项目建设地址所在区域,过去曾经是 B 市工业基地,传统工业较为发达。近年来由于产业结构的调整,减员增效,出现了大批下岗技工,可以为本项目的生产提供大量的人力资源。而且该行政区内有技工学校、职业学校多所,具备十分雄厚的培养人才的条件。由于本项目所属区域是工业基地,工业文明发达,人们容易接受新的经营理念和先进的管理经验,故对本项目品牌的打造、形象树立和企业文化的塑造有着十分有利的人文条件。

四、融资环境分析

该项目所在区域的金融业较为发达,有各种金融机构不下几十家,实力雄厚的企业也较多,有较好的融资、拆借条件,并且结算、汇兑方便,金融环境较好。

第二部分 项目具体位置分析

核桃露项目建设具体位置经过初步现场踏勘与分析,拟选在开发区平安路与时代路交界处十字路口东北侧,该处可利用规划用地 34.6 亩,共计 23 050 平方米,能够满足项目需要。具体条件分析如下:

一、必要条件分析

1. 地形地貌条件

项目建设地址地形平坦开阔,原为耕地,地面经开发区工程治理,已具备施工建设条件,无需任何处理。

2. 土地面积条件

该土地面积的分割随开发区统一规划,形状规则方正,呈东西走向,东西长 210 米,南北宽 110 米,合计 23 050 平方米(34.6 亩),除完全满足项目需要外,还留有一定面积的空余,以备将来扩建之用。

3. 地理位置条件

本项目因用水量较大,项目建设地址要求有好的供水条件和排水条件,所以必须有良好的水体来源。选在本址考虑原土地耕种时该处有一灌溉用的深井,地下水源较为充沛。该建设地址东侧 100 米处原为砂石场,为挖砂取土之地,形成了直径约为 500 米,深度为 20 米左右的大沙坑,并且附近无居民区,可供排放废水之用,因而该地址能够方便地满足项目给排水的要求,安全条件。该址虽然位于 YD 河西岸不足 200 米处,但 YD 河坝基础坚固,可抵御百年不遇洪水,所以不用考虑防洪要求。该址附近无易燃、易爆、有毒气体及无机污染源,并且地上、地下无杆塔预埋缆线,地区管网障碍较少,施工较为简便。

4. 地质条件

经挖深坑探查,该址地层 2 米以上为黏土,2 米以下为冲积砂砾土,能满足项目建设需要,无需特殊处理。

5. 能源动力条件

(1)电力供应条件。该项目由海科开发区 110 伏电站供电,完全能满足要求。厂区南侧有东西向跨越 10 千伏高压线缆,可直接接用,不需架设高压线。供电条件良好。

(2)燃料供应条件。两台蒸汽与热水锅炉,年耗煤量约为 1 200 吨。该区是无烟煤产区,所以燃煤供应不成问题。

6. 水源条件

该址有两处供水来源,一是管网供水,二是井水汲取,生产经营中可交叉使用,能够满足工艺需要。

7. 交通运输条件

该项目原料与产品主要是汽运,该开发区公路密集、运输方便,距该址 3 公里处为铁路货运站,可用于远途发运。

8.环保要求条件

本项目对粉尘有较高要求,该址附近无浮尘源,空气净化度较高,无需防尘特殊 处理。该项目所排废水含大量淀粉,夏季可能造成恶臭,经填埋处理可减轻危害程度,附 近无居民居住,对环境影响不大。

二、充分条件分析

本项目所选地址位于海科开发区内,该开发区固定电话安装便利。移动通讯效果 好,计算机联网简便,有良好的通讯条件,生活服务设施配套齐全,气候条件良好,外围环境秀美,是生产饮料产品的理想之地。

三、项目建设地址选择决策

经过上述必要与充分条件分析,同时又对该项目备选方案信安镇安阳村项目地址进行了对比和损益值计算。最后决定,尽管备选方案一次性投资较小,但经营费用过高。所以选定海科开发区内的项目建设地址为最终方案。